D1703486

böhlau

Verena Stagl & Helmut Sattmann

Der HERR der WÜRMER

Leben und Werk des
Wiener Arztes und Parasitologen
Johann Gottfried Bremser
(1767–1827)

2013

BÖHLAU VERLAG WIEN KÖLN WEIMAR

Gedruckt mit freundlicher Unterstützung durch Bayer Austria Ges. m. b. H.

Bibliografische Information der Deutschen Nationalbibliothek:
Die Deutsche Nationalbibliothek verzeichnet diese Publikation in der
Deutschen Nationalbibliografie; detaillierte bibliografische Daten
sind im Internet über http://dnb.d-nb.de abrufbar.

Umschlagabbildung:
Johann Gottfried Bremser, Lithografie von K. Lanzedelly,
Porträtsammlung der ÖNB (PORT_0007540_01)

© 2013 by Böhlau Verlag Ges. m. b. H & Co. KG, Wien Köln Weimar
Wiesingerstraße 1, A-1010 Wien, www.boehlau-verlag.com

Alle Rechte vorbehalten. Dieses Werk ist urheberrechtlich geschützt.
Jede Verwertung außerhalb der engen Grenzen des
Urheberrechtsgesetzes ist unzulässig.

Korrektorat: Sophie Gudenus
Umschlaggestaltung: Michael Haderer
Herstellung und Satz: Carolin Noack
Druck und Bindung: Theiss GmbH
Gedruckt auf chlor- und säurefreiem Papier
Printed in Austria

ISBN 978-3-205-78921-5

INHALT

Einleitung. 11
Wer war Johann Gottfried Bremser?. 15
  Kindheit und Jugend in Wertheim 15
    Die Familie Bremser. 15
    Das Gasthaus »Zur Krone«. 16
    Lehrjahre. 19
  Medizinstudium an der Universität Jena 20
Johann Gottfried Bremsers Leben und Wirken in Wien . . 25
  Das Leben in Wien Anfang des 19. Jahrhunderts 25
  Persönliches. 28
    Das Familienleben. 28
      Der Nachlass. 36
      Begegnungen. 40
  Praktischer Arzt in Wien. 45
    Ein Kämpfer für die Kuhpockenimpfung. 54
    Eine Autorität auf dem Gebiet der Galvanotherapie . . 65
      Arzt am Taubstummeninstitut in Wien 66
      Konstrukteur elektrisch-voltaischer Apparate 69
        Ein Apparat zur Entdeckung des Scheintodes . . 69
        Ein Apparat zur Wiederbelebung eines
        Scheintoten. 72
»Die Vereinigten k. k. Naturalien-Cabinete« 77
  Direktor Carl von Schreibers 77
  Die Eingeweidewürmer-Sammlung 85
    Sammeln und Präparieren 88
    Dokumentieren. 91
    Konservieren und präsentieren 94
  Johann Gottfried Bremser als Kurator mit vielen
  Pflichten 96

Der Stipendiat	96
Der Kustos	101
Die ersten Jahre (1808–1814)	101
Die Zeit des Wiener Kongresses (18. September 1814–9. Juni 1815)	104
Aufenthalt in Paris in den Sommermonaten 1815	106
Die letzten Jahre (Ende 1815 bis zu seinem durch Krankheit bedingten Ausscheiden 1825)	110
Mitgliedschaften	113
Der Helminthologe	115
Die Wissenschaft von den Eingeweidewürmern des Menschen	115
Fuchs- und Hundebandwurm – Beispiele gefährlicher Eingeweidewürmer	119
Blasenwürmer, Hülsenwürmer, Blasenschwänze	129
Bandwürmer und Kettenwürmer	132
Die Theorie der Urzeugung (Generatio spontanea)	139
Bremsers Weltbild	149
Johann Gottfried Bremsers Helminthologische Schriften	153
1811: Nachricht von einer beträchtlichen Sammlung thierischer Eingeweidewürmer, und Einladung zu einer literarischen Verbindung, um dieselbe zu vervollkommen, und sie für die Wissenschaft und die Liebhaber allgemein nützlich zu machen	153
1819: Über lebende Würmer im lebenden Menschen – ein Buch für ausübende Ärzte	153
1820: Etwas über Echinococcus hominis Rud	157
1824: Icones Helminthum Systema Rudolphii Entozoologicum illustrantes	157
Der Wurmdoktor	161
Zeitgenossen, Freunde, Förderer	169
Im Inland	169
Im Ausland	172
Schüler	175
Rivalen	183
Herr Brera und Herr Bremser	183

Reflexion des Werkes Bremsers auf die moderne Parasitologie	189
Verzeichnis der Schriften Johann Gottfried Bremsers	193
Ausgewählte Literatur	195
Nachschlagewerke	205
Danksagung	207
Register	209
Anmerkungen	215
Von den Farbstoffen zu einem führenden Hersteller von Parasitiziden	237

Tafelteil zwischen den Seiten 120 und 129.

So gut ist es, dass auch die unscheinbarsten Dinge geachtet und aufbewahrt werden, weil man immer einmal dadurch erfreuen und nutzen kann.

☞ Johann Wolfgang von Goethe über Bremsers
Wurm-Sammlung (29. Jänner 1815)

EINLEITUNG

Mittlerweile hatte das kaiserliche Naturalien-Cabinet einen schweren Verlust zu beklagen, da Custos Dr. Johann Gottfried Bremser, welcher eine Hauptzierde dieser Anstalt war und so viel zu ihrem Rufe beigetragen hatte, nach längerem Leiden am 21. August 1827 zu Wien in einem Alter von 60 Jahren verschied[1]. Es war der Zoologe Leopold Fitzinger, Wissenschaftler und Kurator im k. k. Zoologischen Hof-Cabinet, der dieses traurige Ereignis für das Jahr 1827 vermerkte, als er etwa 40 Jahre später die Geschichte dieser Institution in Wien niederschrieb.

Der Arzt und Kurator in den »Vereinigten k. k. Naturalien-Cabineten«, Johann Gottfried Bremser, war im angehenden 19. Jahrhundert eine der Koryphäen auf dem Gebiet der Helminthologie – der Wissenschaft von den sogenannten Eingeweidewürmern. Seine Verdienste um dieses Fach sind unbestritten und von großer Bedeutung.

Was sind nun Eingeweidewürmer? Darunter versteht man parasitische Würmer, die im Inneren des Körpers von Tieren und Menschen leben. Dazu zählen etwa Bandwürmer, Saugwürmer und Fadenwürmer. Im 18. und frühen 19. Jahrhundert waren diese Würmer die einzigen Krankheitserreger, die man kannte. Sie traten auch in Mitteleuropa häufig auf und bereiteten den Menschen, die unter ganz anderen hygienischen Bedingungen lebten als heute, beträchtliche Probleme. Eingeweidewürmer waren die Ursache von Verdauungsstörungen, Leibschmerzen, Mangelerscheinungen und Organerkrankungen. Manche führten sogar zum Tod. Allerdings muss auch gesagt werden, dass den Würmern mancherlei Symptome und Krankheiten in die Schuhe geschoben wurden, an denen sie nicht beteiligt waren, vielleicht nicht unähnlich der heute häufigen undifferenzierten

Diagnose »viraler Infekt«. Würmer waren deshalb so frühzeitig als Krankheitserreger erkannt worden, weil man viele auch ohne oder mit nur bescheidenen optischen Hilfsmitteln sehen konnte. Würmer wurden im Stuhl, im Erbrochenen oder spätestens in der Pathologie sichtbar. Dass sie im Zusammenhang mit vielerlei Beschwerden und Krankheiten standen, waren einerseits durch Erfahrung, andererseits durch vorgefasste Meinung konstruierte Anschauungen. Was diese Organismen wirklich bewirken, war jedenfalls umstritten. Wie sie überhaupt in den Körper gelangen konnten, wie sie sich vermehrten, all das waren ungeklärte Fragen mit teilweise aus heutiger Sicht eigentümlich anmutenden Erklärungsversuchen. Es sollte noch Jahrzehnte dauern, bis die komplizierten Lebenszyklen und die Biologie dieser Tiere entschlüsselt waren. Man machte noch bis in die Mitte des 19. Jahrhunderts die Urzeugung oder *generatio spontanea* für die Entstehung geltend. Darunter wurde das unerwartete Entstehen von Tieren aus toter, faulender organischer Materie, etwa durch entzündliche Prozesse kranker Gewebe oder aus dem Schweiß von Läusen, aus Darmzotten oder einfach aus Staub, Erde und Schlamm, verstanden. Bremser war ein überzeugter Anhänger der Urzeugungstheorie.

Johann Gottfried Bremser war im Wien des Biedermeier eine bekannte und allgemein geachtete Persönlichkeit, er gehörte zu den angesehenen und beliebten Ärzten der Stadt. Engagiert half er seinen Patienten, veröffentlichte Abhandlungen mit praktischen Ratschlägen zu einer besseren Gesundheit und war auch unter der Wiener Ärzteschaft überaus geachtet. Eingehend beschäftigte er sich mit der Galvanotherapie: der therapeutischen Wirkung konstant fließenden Gleichstroms auf den menschlichen Körper. Als ein vehementer Verfechter der Kuhpockenimpfung impfte Bremser in seiner Praxis und verfasste Schriften, die er unter der armen Bevölkerung unentgeltlich verteilen ließ, in denen er informierte und mit zündenden Worten die Menschen zur Impfung aufrief. Als Kustos im Tierkabinett der »Vereinigten k. k. Naturalien-Cabinete« gelang es ihm, die weltgrößte »Eingeweidewurm-Sammlung« anzulegen. Neben seiner Expertise als behandelnder praktischer Arzt, die ihm auch den Namen »Wurmdoktor« eingebracht hatte, konnte Bremser Beträchtliches zum zoologischen und morphologischen Wissen über die Eingeweidewürmer beitragen und seine Studien in hervorragenden wissenschaftlichen Schriften veröffentlichen. Die Persönlichkeit Bremsers und das Vorhandensein dieser bedeutenden Sammlung veranlassten zahlreiche Ärzte und Naturwissenschaftler aus dem In- und Ausland, nach Wien zu kommen, auch bildete Bremser einen Kreis von Mitarbeitern und Schülern um sich.

Johann Gottfried Bremser kann als Begründer, Vorreiter und Galionsfigur der Parasitologie in Österreich gelten. Er war auch international höchst anerkannt, ist aber heute nur mehr wenigen Parasitologen ein Begriff – ja er ist beinahe in Vergessenheit geraten. Für seine Zeitgenossen wäre das unglaublich, nicht nachvollziehbar. Johann Wolfgang von Goethe gehörte zu seinen Förderern, Alexander von Humboldt bewunderte sein Werk. Der deutsche Arzt Hermann Friedrich Kilian (1800–1863) trat 1821 eine Studienreise an, die ihn über Paris, Straßburg und München nach Wien führte. Er besuchte die kaiserlichen Naturaliensammlungen, wobei er von der »Eingeweidewurm-Sammlung« besonders beeindruckt war. Groß war seine Bewunderung für Bremser, *der in seinen Untersuchungen das einem Menschenleben Mögliche gleichsam überbot, und sich selbst ein Denkmal errichtete, dauerhafter als Monumente von Erz und Stein.*[2]

Wer war
JOHANN GOTTFRIED BREMSER?

KINDHEIT und JUGEND in WERTHEIM

Es war am 19. August 1767 abends, als Sophia Christina Louisa Bremser geb. Wegelin, Ehefrau des hochfürstlichen Regierungssekretärs Johann Christoph Bremser, einen Sohn zur Welt brachte – im ersten und vornehmsten Gasthaus der Stadt Wertheim am Main – der »Krone«. Tags darauf wurde das Kind getauft und erhielt nach seinem Großvater den Namen Johann Gottfried.[3]

Die FAMILIE BREMSER

Der Großvater, Johann Gottfried Bremser, geboren am 5. Juni 1706 in Gotha, war ein angesehener Bürger der Stadt Wertheim, seine Einbürgerung erfolgte 1733. Schon 1748 führte er den Titel Senator, 1750 wurde er zum Bürgermeister gewählt.[4] Er stammte aus Gotha, war in jungen Jahren nach Wertheim übersiedelt und hatte dort 1729 die Konzession zum Perückenmachen erworben. Im Jahre 1734 heiratete er die Witwe des Kronenwirtes Johann Andreas Fahm, Anna Ursula Fahm, die Großmutter unseres J.G. Bremser, übernahm das Gasthaus, leitete es mit großem Erfolg und wurde solcherart zum »Kronenwirt«, ohne seinen ursprünglichen Beruf – das Perückenmachen – aufzugeben. 1735 wird J.G. Bremser als »Cronenwirt Bremser« tituliert. Er muss bald verwitwet sein, da er sich bereits 1739 wieder vermählte. Seine Auserwählte war Barbara Meier, die Tochter eines Geheimen Rates,

Stadthauptmanns und Almosenpflegers aus Lindau. In der Bestandsübersicht der Archivalien des Staatsarchives von Wertheim findet Bremser sich 1738 als Perückenmacher in Wertheim, 1751 als Perückenmacher und Bürgermeister von Wertheim, 1755 als Gastwirt zu Wertheim, 1756, 1757, 1771 wird er als Kronenwirt zu Wertheim genannt.[5]

Der Vater, Johann Christoph Bremser, geboren am 9. August 1735 in Wertheim, schlug hingegen die Beamtenlaufbahn ein. Mit 28 Jahren, 1763, wurde er zum Regierungssekretär des Fürsten Carl Thomas zu Löwenstein-Wertheim-Rochefort bestellt.[6] Am 19. Juli 1766 heiratete er in Wertheim Sophia Christina Louisa Wegelin. Sie stammte aus einer angesehenen Wertheimer Bürgerfamilie, war doch ihr Vater, Johann Christoph Wegelin, gräflicher Kabinettsrat gewesen. Johann Christoph Bremser fiel erst 1794 die »Kronenwirtschaft« zu, nachdem seine verwitwete Stiefmutter Barbara Bremser geb. Meier verstorben war. In diesem Jahr suchte er für sich und seine Frau um unentgeltliche Aufnahme in die Bürgerschaft Wertheims an. Um Bürger mit vollem Bürgerrecht zu werden, musste man verheiratet und Mitglied einer Zunft sein.[7] J. C. Bremser starb 1808 in Wertheim, seine Frau überlebte ihn um 20 Jahre. Im Jahr 1812 verkaufte sie das ehrwürdige Gasthaus, das schon seit Mitte des 17. Jahrhunderts als das erste der Stadt Wertheim galt, an Nicolaus Bundschuh. Das Gasthaus war damals auf 5.000 Gulden geschätzt worden, belegt ist, dass sie 4.000 Gulden erhalten hatte. *Zu Gunsten der Frau Sekretär Bremser, geb. Wegelin, wird eine Hypothek in Höhe von 4.000 Gulden eingetragen.*[8]

Das GASTHAUS »ZUR KRONE«

Das Gebäude dürfte Ende des 15. oder Anfang des 16. Jahrhunderts erbaut worden sein. Die »Krone« wird erstmals 1644 erwähnt.[9] Heute existiert der Gasthof nicht mehr, das Haus kann man aber noch finden, die Adresse ist Brückengasse 4. Durch zahlreiche bauliche Veränderungen in den letzten Jahrzehnten,

Abb. 1: Gedenktafel im Haus Brückengasse 14, Wertheim am Main, dem ehemaligen Gasthaus zur Krone, dem Geburtshaus J. G. Bremsers (Foto H. Sattmann)

nicht nur an dem Haus, auch in der Straße und der weiteren Umgebung, und infolge der zerstörerischen Kraft durch die gefürchteten Hochwässer der nahen Tauber erinnert nichts mehr an den Glanz von früher. Ein großer gotischer Torbogen führte einst in das Anwesen. Das Gastzimmer war ebenerdig, geräumig, mit drei Fenstern auf die Straße, anschließend befanden sich der Speisesaal und die Küche. Im Hof ging es über eine steinerne Treppe zu den Gästezimmern, auch im Seitentrakt sollen sich solche befunden haben. Die Familie Bremser selbst bewohnte bescheidene Räume im Hinterhaus. Als J. G. Bremser dort seine Kindheit verbrachte, befand sich bereits ein Brunnen im Hof, neben dem in der Wand eine Krone zu sehen war, darunter folgender Spruch:[10]

Zum Schmuck der Kron
Zum Dienst der Gäst
Baut diesen Brunn auf's aller best
Johann Gottfried Bremser im Jahr 1758

Hochwassermarken zeugen auch heute noch von Katastrophen, denen das Haus ausgesetzt war. Ein noch nie da gewesenes Hochwasser Ende Februar 1784 erwies sich für die ganze Stadt als katastrophales Ereignis. Im bremserischen Haus zeigte die Hochwassermarke einen Pegelstand von 8,30 Metern an.[11] *Die kurz vorher erbaute steinerne Tauberbrücke stürzte in die wütenden Fluten,... Man fuhr einige Tage durch ganz Wertheim von einer Straße zur anderen auf Nachen herum, und stieg aus denselben mit Leitern durch die Fenster in die Wohnungen. Alle nahe an der Tauber stehende Häuser wurden bedrohet, von den Wogen dieses beym Anlaufen seines Gewässers fürchterlich tobenden Flusses mit ihren Besitzern verschlungen zu werden.*[12] Die Gasthöfe konnten sich nicht über geringe Besucherzahlen beklagen. Die Stadt war klein – die Einwohnerzahl ist für das Jahr 1792 mit nur 3.373[13] angegeben – jedoch war Wertheim Residenzstadt, zwar nicht an einer Hauptverkehrsstraße gelegen, aber auch auf einer bedeutenden Wasserstraße, dem Main, zu erreichen und war berühmt für exzellenten Wein.

Johann Gottfried Bremsers Kinder- und Jugendtage waren sicherlich geprägt und beeinflusst von dem Treiben und Leben in der »Krone«. Viele vornehme und interessante Persönlichkeiten stiegen hier ab, aber auch *recht wunderliche Leut'*[14]. Aristokraten, Geistliche, Offiziere, Kaufleute, Künstler wie Maler, Schauspieler und Komponisten, auch Schausteller logierten in der »Krone«. Ein solcher, aus Frankreich, zeigte hier – Johann Gottfried Bremser war gerade sechs Jahre alt – eine *mechanische Chaise, die von selbst geht.* Eine Sensation bot Herr Huditz aus Rastatt an, er wohnte vom 11. bis zum 15. März im Gasthaus Krone, indem er dem gnädigen und verehrungswürdigen Publikum ein seltenes, herrliches und majestätisches Vergnügen machte, *durch Abschickung eines in verschiedenen Farben gezierten Luftschiffes*. Billetts gab es in »der Krone«. Das Luftschiff aus Tuch, Schnur und Papier soll 34 Schuh hoch und 18 Schuh im Durchmesser gemessen haben.[15] Der Kronenwirt konnte aber auch die vielen Pferde der Reisenden beherbergen, so wurden einmal 54 Pferde untergestellt, die Fuhrleute aus Nürnberg und Ansbach mitgebracht hatten. Sogenannte Heilkünstler, Pharmazeuten,

Chirurgen, Zahnärzte, wohnten zu Zeiten der Jahrmärkte gerne in diesem Gasthaus. So weilte 1782 ein herzoglicher Sachsen-Coburg'scher Hof-Operateur und Zahnarzt namens Nahum Ascher in der »Krone«, der auch dort ordinierte. Er konnte angeblich Zähne reißen ohne Instrument, ganz ohne Schmerzen, auch abgebrochene und verfaulte. Nicht nur das, auf künstliche Art setzte er Zähne ein, die bis zu 15 Jahre halten, verfärbte machte er für immer wieder weiß und er konnte durch ein *köstliches Remedium das Zahnfleisch wachsend... machen.* Auch *nimmt er auf künstliche Art die Hühneraugen wie alle Warzen in 1 Minute ohne Schmerzen noch Blut, welche niemals wieder wachsen.*[16] Ein anderer Zahnarzt namens Johann Peter Frey, er war *gemeinherrschaftlicher Löwenstein-Wertheim'scher gnädigst privilegierter Zahnoperateur* aus Eichenbühl, kehrte 1783 und 1785 in »der Krone« ein und zog, nein er *hob!* dort die Zähne, vor einem stehend, *mit ganz besonderer Geschwindigkeit ohne die mindesten Schmerzen.* J. G. Bremser war damals Schüler des Gymnasiums in Wertheim und wahrscheinlich fasziniert von solchen Gästen.

LEHRJAHRE

Dieser Schule, dem sogenannten Lyceum, stand Johann Friedrich Neidhart (1744–1825) als *verdienstvoller Leiter*[17] vor. Er war eine weit über die Grenzen des Frankenlandes bekannte und geachtete Persönlichkeit. In wenigen Jahren hatte er es zustande gebracht diese Schule, die *in tiefen Verfall gerathen war*[18], in eine weithin anerkannte Anstalt zu reformieren, 1771 war er zu deren Leiter bestellt worden; J. G. Bremser wurde *in Sprachen, mathematischen Kenntnissen und vor allem in den humanistischen Künsten erzogen*[19] sowie in der Schönschreibekunst[20]. Bis zu seinem 19. Lebensjahr besuchte er diese Schule.

Wir wissen kaum etwas über die anschließenden Jahre im Leben J. G. Bremsers bis zu seinem Eintritt in die Universität Jena. Nur weniges erfährt man aus dem in lateinischer Sprache geschrieben Curriculum Vitae[21] im Anhang an seine Dissertation:

...dann habe ich mich auf die pharmazeutische Kunst verlegt, die ich über einen Zeitraum von ungefähr acht Jahren in Deutschland und mehreren Teilen der Schweiz ausgeübt habe, und um dieser Aufgabe gerecht werden zu können, habe ich möglichst viel Zeit auf das Erlernen von Grundkenntnissen in der Botanik und der übrigen Naturgeschichte, der Medizin und vor allem der Chemie verwendet. Bremser musste bei verschiedenen Apothekern in die Lehre gehen, denn Pharmazie war zu dieser Zeit noch kein Studienfach an Universitäten.

MEDIZINSTUDIUM an der UNIVERSITÄT JENA

Im Jahr 1794 inskribierte Bremser an der Universität Jena Medizin. Er war bereits 27 Jahre alt, ein ausgebildeter und erprobter Pharmazeut. Unter die Studierenden zu gehen, kein Geld zu verdienen, das war wohl nur durch die tatkräftige Unterstützung des Vaters möglich gewesen, ihm widmete er daher auch seine Dissertation: *dem besten und überaus gütigen Vater.*

Keine Universität in ganz Deutschland war damals so gut besucht wie die »Salana« von Jena. Die meisten Studenten waren Bürger- und Bauernsöhne, nur wenige kamen aus wohlhabendem und adligem Elternhaus. So stammten beispielsweise im Wintersemester 1792/93 lediglich 35 der 889 Studenten aus einer Adelsfamilie.[22] Bei der Lektüre »Zeichnung der Universität Jena. Für Jünglinge welche diese Akademie besuchen wollen« wird uns ein authentisches Bild vermittelt. Dieses 246 Seiten umfassende Werk war 1798 von dem Prediger und Dichter Gottdank Anton Kühl (176?–1811) herausgegeben worden.

Jena war zu dieser Zeit ein Zentrum der Frühromantik, nicht nur die Literatur, auch die Philosophie und die Naturwissenschaften standen unter dem starken Einfluss dieser Strömung, die zum Entstehen einer romantischen Naturphilosophie geführt hatte. Als Bremser diese Universität besuchte, lehrten dort Persönlichkeiten wie Friedrich Hölderlin, Novalis, Johann Gottlieb Fichte, Johann Wilhelm Ritter und – nicht zu vergessen – Friedrich Schiller.

Ende des 18. Jahrhunderts erlebte die Jenaer medizinische Fakultät einen besonderen Aufschwung; zwischen 1791 und 1800 inskribierte dort jeder vierte Student Medizin. Es gab zwei Kliniken, an denen angehende Ärzte ausgebildet wurden. Eine von diesen, die sogenannte erste klinische Anstalt, wurde von den Professoren Justus Christian Loder (1753–1832) und Christoph Wilhelm Hufeland (1762–1836) geleitet, an ihr praktizierte Bremser.

Justus Christian Loder *war als Förderer und Schutzherr aufs höchste zu verehren.*[23] Er war der Ältere von beiden und maßgeblich an dem Aufschwung der medizinischen Fakultät in Jena beteiligt gewesen. Er erweiterte das *Theatrum anatomicum*, in dem auch Bremser menschliche Leichen sezierte. Berühmt war seine Präparate-Sammlung. *Sie vermehrt sich täglich; der würdige Herr Besitzer sammlet sie nicht zum Vergnügen allein, sondern Er bedient sich derselben in den Vorlesungen der Anatomie, der Physiologie, zum Nutzen der Studenten.*[24] Von 1778 bis 1803 lehrte er Anatomie, Physiologie, Osteologie, Chirurgie und »Entbindungskunst« in Jena. Loder führte ein Entbindungshaus, eine wohltätige Anstalt, in der Bremser eineinhalb Jahre lang tätig war. Überschwänglich begeistert lobt Gottdank Anton Kühl diese Einrichtung: *In unseren Tagen der herrschenden Sinnlichkeit, störten solche Anstalten den Kindermord. Durch solche weise Verfügungen wird das Leben der Gebärenden gerettet, und durch den Hebammenunterricht das Leben der Neugebohrnen geschützt,... Das Entbindungshaus steht jeder Gefallenen offen, man nimmt sie gern und willig auf. Sie erhält ein reinliches Zimmer... Freylich muß sie dulden, dass sie jeden Abend von einem Mediziner tuschiert wird.* Loder pflegte enge Kontakte zu Johann Wolfgang von Goethe, gemeinsam endeckten sie den Zwischenkieferknochen beim menschlichen Embryo. 1810 wurde Justus Christian Loder Leibarzt des russischen Zaren Alexander I. und lebte in Moskau, wo er auch starb.

Der zweite große Förderer des jungen Bremser war Christoph Wilhelm Hufeland, er wurde von ihm in Pathologie, Semionik[25] und allgemeiner und spezieller Therapie unterrichtet: *... wegen* *seiner Verdienste um und sein Wohlwollen für mich bis zum Tode von mir zu verehren.*[26] Auch Hufeland schätzte Bremser sehr. Jahre später, 1825, sprach er von ihm als einem seiner *werthesten und geschicktesten Herrn Zuhörer.*[27]

Hufeland war erst 1793, also nur ein Jahr bevor Bremser zu studieren begonnen hatte, an die Salana berufen worden. Er widmete sich vor allem der Inneren Medizin. Besonderes Interesse fanden seine Vorlesungen über die Makrobiotik – die Kunst, durch eine gesunde Lebensweise und Ernährung das Leben zu verlängern. Sein Name ist untrennbar mit der Entwicklung der Naturheilkunde verbunden. Mit mehr als 400 Schriften zählt Hufeland zu den bedeutendsten Publizisten der Medizingeschichte, sein Hauptwerk »Die Kunst, das menschliche Leben zu verlängern« erschien 1798. Zu seinen Patienten zählten Christoph Martin Wieland, Johann Gottfried Herder, Johann Wolfgang von Goethe und Friedrich Schiller. Er war, wie Hermann Friedrich Kilian 1828 bekräftigte, *jedem deutschen Arzte, seit einem Zeitraume von 35 bis 36 Jahren als vorzüglicher Beobachter, als vorurtheilsfreier, besonnener, Vertheidiger des Wahren im Felde der praktischen Arzneikunde bekannt.*[28]

Bremser besuchte in der näheren Umgebung Jenas *die von der Hufeland-Loder'schen Klinik besorgten Lungensüchtigen, Dämpfigen, Wassersüchtigen, Bleichsüchtigen, Gichtbrüchigen u.s.w.*[29] und versorgte Ruhrkranke in der Stadt. Diese Seuche war im Herbst 1795 in Jena ausgebrochen.[30]

In seiner Dissertation zählte Bremser in lateinischer Sprache alle jene Professoren auf, bei denen er Lehrgänge besucht hatte. In Philosophie wurde Bremser von dem protestantischen Theologen und Professor für Philosophie Johann Wilhelm Schmid (1744–1798) sowie von Johannes Koellner (1774–1833) unterrichtet. *Herr Professor Schmid unternimmt mit seinen Zuhörern katechetische Uebungen, lehrt Dogmatik, und theologische Moral. Bildet Kanzelredner, erzählt das Leben des Stifters unserer Religion mit kritischen Anmerkungen. Er ertheilt seinen Zuhörern Stoff zur Benutzung der gewöhnlichen Sonntagsevangelien. Er lehrt die Waffen bey theologischen Streitfragen, als bescheidene Kämpfer führen.*[31]

Die Grundlagen der theoretisch-experimentellen Physik hörte Bremser bei Johann Heinrich Voigt (1751–1823), Professor der Mathematik. *Herr Professor Voigt, redet in einer Vorlesung von dem großen und wichtigen Einflusse der Mathematik, in alle Zweige der Gelehrsamkeit. Er lehrt reine und angewandte Mathematik und Experimentalphysik.*[32]

Chemie lehrte Alexander Nikolaus Scherer (1771–1824). Mit ihm stand Bremser auch weiterhin in nahem Kontakt. Als Scherer 1803 einen Ruf an die russisch-kaiserliche Universität von Dorpat (Tartu, Estland) für Chemie und Pharmazie erhielt, ließ er im Intelligenzblatt der allgemeinen Literatur-Zeitung vom Mittwoch den 18. Mai 1803[33] verlautbaren, dass er *seinem Vaterlande entgegeneilend* keine Korrespondenz erhalten könne und man seine Post aus den k. k. Erblanden bei Dr. Bremser in Wien, *wohnhaft in der Himmelpfortgasse No. 1018, zweyte Stiege, dritter Stock hinterlegen könne.* Im »Allgemeinen Journal der Chemie« von 1802 ist unter »Correspondenz« ein Brief Bremsers an Scherer vom 8. Oktober 1801 abgedruckt, worin dieser nachfragte, ob Scherer der Versuch, das kohlensaure Gas durch Quecksilber zu zerlegen, gelungen sei. Dieser Versuch war ihnen in Jena einmal misslungen.

Christian Gottfried Gruner (1744–1815) lehrte Pathologie, Therapie und Semiotik, *auch medizinische Politik, und generelle und spezielle Diaetetik. Er lehrt den Aerzten Litterairgeschichte der Medizin, auch Medicinam forensem.*[34]

Johann Christian Stark (1753–1811), Professor der Medizin, unterwies Bremser in Physiologie, Geburtshilfe und allgemeiner Therapie und bei Johann Heinrich Christoph Schenk (1732–1798) hörte er Osteologie. Der Privatdozent und Amtschirurgus in Jena, Johann Valentin Heinrich Köhler (1774–1796), hielt Vorlesungen über Verbandskunde und Kenntnis chirurgischer Instrumente.

Bereits nach zwei Jahren, am 30. März 1796, promovierte Bremser zum Doktor der Medizin und Chirurgie. Sein Dissertationsthema »De Calce Antimonii Hofmanni cum Sulfure« war ein chemisch-pharmazeutisches, verfügte er doch schon vor seinem Studium als ausgebildeter Apotheker in diesem Wissenszweig über reiche Erfahrungen.

Das Schwefelantimon-Calcium war von dem praktischen Arzt und Geheimrat in Mainz Christoph Ludwig Hoffmann (1721–1807) erfunden und von dessen Freund Niklas Karl Molitor (1754–1826), Professor der Scheidekunst – wie die Chemie damals genannt wurde –, hergestellt worden. Als »Geheimmittel« fand es in der Medizin Verwendung; es wurde als ein Reizmittel der Haut, der Unterleibsorgane und des Lymphsystems gerühmt und bei Knochenkrankheiten eingesetzt. Der Erste, der die Zusammensetzung erkannt hatte, war der deutsche Apotheker und Naturforscher Johann Friedrich Westrumb (1751–1819). Er äußert sich ganz entschieden gegen die unfairen Methoden, teuer ein Geheimmittel, *dessen Wirkungen, die es bey gewissen Knochenkrankheiten äussert, ganz ausnehmend gerühmt werden*[35], anzubieten, anstatt die einfache Rezeptur den Apothekern bekannt zu geben, damit sie es um wenig Geld verkaufen könnten. Bremser schließlich analysierte die chemische Zusammensetzung genau, gab eine Anleitung zu dessen Herstellung, erklärte den Nutzen in der Medizin und machte klinische Beobachtungen. Wie damals üblich, war die Dissertation in lateinischer Sprache abgefasst. Eine deutsche Übersetzung des chemischen Teiles publizierte Bremser noch 1798 im »Journal der Pharmacie«, Leipzig.[36]

J. G. Bremser war ein Arzt geworden und bestens vorbereitet auf diese Aufgabe. *Als Mediziner kennt er, durch die treue Sorgfalt eines Loders, die weise Einrichtung des menschlichen Körpers. Er sucht mit gleicher Treue die Unordnungen, welche diese künstliche Maschiene zerstören, zu verbessern, und er zerstört die Macht des Todes. Ein Hufeland hat ihn durch sein Betragen gelehrt, mit Würde, Anstand und Teilnahme am Krankenbette zu erscheinen, noch am Siechbette den Gang der Krankheit zu studieren, und die feinsten Tücke derselben zu belauschen. Von Hufeland hat er gelernt, auf welche Art sich ein Arzt das Zutrauen der Patienten erwerben kann.*[37]

Bremser verließ Jena und begab sich auf Reisen durch Deutschland, die Schweiz und Italien. Näheres wissen wir nicht, nur so viel: Auf der Rückreise 1797 erreichte er Wien und er blieb in dieser Stadt.

JOHANN GOTTFRIED BREMSERS
LEBEN *und* WIRKEN *in* WIEN

Das LEBEN *in* WIEN ANFANG *des* 19. JAHRHUNDERTS

Wien war eine ungesunde Stadt. Die durchschnittliche Lebenserwartung in den ersten Jahrzehnten des 19. Jahrhunderts war durch die extrem hohe Kindersterblichkeit äußerst gering; sie lag bei Männern zwischen 18 und 20, bei Frauen zwischen 20 und 23 Jahren. Unreines Wasser und schlecht entsorgtes Abwasser erhöhten die Sterberate.[38] Das Kanalnetz war unzureichend, stellenweise undicht, private Senkgruben wurden oftmals nicht sachgerecht entleert. Krankheitserreger konnten so in das Grundwasser und von dort in die zahlreichen privaten Hausbrunnen gelangen,[39] aus denen die Mehrheit der Stadtbewohner noch bis in die ersten Jahrzehnte des 19. Jahrhunderts ausschließlich das Wasser – dem die Eigenschaften *lauwarm und trübe* attestiert wurden[40] – bezog.[41] 1816 charakterisierte der Aufklärer und Schriftsteller Johann Pezzl (1756–1823) das Wasser in den niederen Teilen der Stadt – heute würden wir sagen der Inneren Stadt – und in den nieder liegenden Vorstädten als nicht das beste: *es macht neu angekommenen Fremden meistens auf ein Paar Wochen eine gelinde Diarrhoe.*[42] Sämtliche Abflüsse mündeten in offene Wasserläufe – in die Donau, den Wien-Fluss – die solcherart zu »Kloaken und Unrathsbehältern« degenerierten, die die Luft verpesteten und Krankheitskeime verbreiteten.[43]

Wie viele Menschen tatsächlich in Wien um 1800 lebten, lässt sich heute nur mehr schwer eruieren, da es damals keine offiziellen Volkszählungen vonseiten der Behörden gab. Aufgrund statistischer Erhebungen wurden für Wien inklusive der 33 Vorstädte im Jahr 1800 ca. 215.000 und für 1812 bereits 237.743 Einwohner ermittelt. Nicht erfasst werden konnten aber garnisonierende Soldaten, wandernde Handwerksgesellen und Saisonarbeiter.[44] Nach Schätzung des Arztes Zacharias Wertheim lebten 1810 mehr als 361.000 Menschen in Wien.[45]

Die eigentliche Stadt bestand aus 1.376 größeren und kleineren Gebäuden – wobei die Kirchen nicht miteinberechnet sind –, alle Vorstädte zusammen aus 4.900 Gebäuden, 1816 war deren Zahl auf 5.638 angewachsen.[46] Die meisten Häuser hatten vier bis fünf Stockwerke. *In der Stadt, wo kein leeres Plätzchen für ein Haus weiter ist, setzt man neue Stockwerke auf die alten Häuser; reißt kleine und niedrige zusammen, und baut neue, höhere und bessere zu benutzende auf ihre Stelle.*[47] *Ihre Treppen sind oft so schmal, finster, hochstuffig, und schneckenartig geformt, dass das Steigen derselben nicht nur höchst ermüdend, sondern auch das Ausgleiten durch die angeführten Momente sehr begünstigt wird*[48]. Die Gassen waren schmal, Höfe und Flur äußerst eng, die meisten Zimmer der Häuser daher so dunkel, *dass man sich selbst zur Mittagszeit des Kerzenscheins darin bedienen muss.*[49] Die Wände waren oftmals feucht, ja sogar nass, schimmelig, konnten nicht durchlüftet werden, eine Quelle vieler Krankheiten und Leiden für die Wiener Bevölkerung. Das Gedränge in den schmalen Straßen und Gassen war enorm, vor allem durch die engen Stadttore, wie das Kärntner-, Burg-, Schotten- und Stubentor, gab es oft kein Weiterkommen, Passanten und Fuhrwerke behinderten einander.[50] *Das Gewühl von Menschen ist fast in allen unseren Strassen so gross, dass man jeden Augenblick neues Unglück befürchten dürfte, allein ein Gesetz, dass man in der Stadt nur im mässigen Trabe fahren darf, welches neuerdings noch verschärft wurde, die Geschicklichkeit der Kutscher, und die Gewandtheit unsers Publikums sind so wirksame Gegenmittel, dass man nur selten von solchen traurigen Ereignissen hört, wiewohl die Gefahr noch dadurch vermehrt wird, dass das viele Holz, welches Privatpersonen sich zum eigenen Gebrauche bringen lassen, wegen*

Mangel an Raum in den Hausfluren, meistens vor den Häusern auf offener Strasse gespalten und gesägt werden muss.[51]

Anfang des Jahrhunderts hatte nur die eigentliche Stadt, nicht die Vorstädte, gepflasterte Straßen. *Auf beiden Seiten der größeren Gassen ist noch ein eigener Weg für die Fußgänger angelegt, (und wird nach und nach auch in den kleineren Gassen hergestellt) welcher mit regelmäßigen kubischen Steinen gepflastert ist, die aus Oberösterreich herunter gebracht werden; es ist ein schwarzgrauer Granit, aus dem man auch hübsche Tabaksdosen macht.*[52] Hingegen verunreinigte der Staub in den ungepflasterten Straßen der Vorstadt die Luft und lag wie eine dicke Schicht auf den Häusern. Es verwundert daher nicht, dass viele Bewohner Wiens an Lungenkrankheiten litten.[53] Erst ab 1820 forcierte man auch in den Vorstädten die Befestigung der Verkehrswege mit den würfelförmigen Granitpflastersteinen.[54] Die Straßen wurden mithilfe von Hunderten Taglöhnern etwa alle drei Wochen gesäubert. Staub, Kot und der übrige Unrat wurden in die Mitte der Straße gekehrt, *hinter ihnen führt man einige Fässer mit Wasser, welches man auslaufen lässt; diesem wird durch die Kehrbesen der Arbeitenden nachgeholfen, und so der Unrath bis in die nächste Canal-Öffnung geschwemmt.*[55]

Die »Wiener Zeitung« veröffentlichte am 10. März 1802 eine Statistik über die Versorgung der Kranken in der Stadt, wobei nur die Armen und Mittellosen erfasst wurden, denen eine kostenlose Betreuung zustand. Demnach erkrankten im Jahre 1801 27.864 Personen, die von Armenärzten oder Hebammen betreut wurden.[56] Mehrere Spitäler standen zur weiteren Versorgung zu Verfügung, wobei das im August 1784 von Kaiser Josef II. eröffnete Allgemeine Krankenhaus das größte und bedeutendste Europas war.

Tatsache ist, dass Wien eine teure Stadt war. Johann Pezzl beklagte 1805 heftig, dass die Teuerung enorm geworden war. Er stellte die Lebenserhaltungskosten von 1786 denen von 1804 gegenüber.[57] *Für einen Mann, der einzeln, ohne Glanz, ohne öffentliches Amt, ganz in der Stille für sich selbst leben, und nur mit Leuten vom Mittelstande umgehen will,* setzte Pezzl für das Jahr 1804 Fixkosten von 923 Gulden (= fl.)[58] voraus. Er veranschlagte 128 fl. für die Wohnung, 40 fl. für Holz und Licht, 60 fl. für Winter-, 40 fl. für Sommer- und 80 fl. für »Visitenkleider«, für »kleine Kleidung« 45 fl., für Waschlohn 30 fl. und 500 fl. für Tisch (Lebensmittel). Nicht dazugerechnet hatte er noch 44 fl. für Bedienung, für den Friseur etc., denn das war bereits Luxus. *Will der Mann quaestionis doch von Zeit zu Zeit, wie natürlich, die Spectakel besuchen, sich ein Buch anschaffen, irgend eine öffentliche oder privat Ergötzlichkeit mitmachen, so kömmt er unter 1.200 fl. jährlich nicht mehr zurecht.* Um weniger als 150 Gulden im Jahr bekam man um 1810 nur schwer ein Zimmer in der Inneren Stadt, nicht einmal in den höheren Stockwerken *der in den kleinsten, dumpfigsten, und in den abgelegensten Seitengässchen befindlichen Häusern.*[59] Eine repräsentative Wohnung in der Stadt kostete jährlich bis zu 2.000 Gulden. In den folgenden Jahren wurden für elende Kammern in der Vorstadt sogar bis zu 180 Gulden verlangt.[60] Die Teuerung stieg in der Folge rasant, das Land stand nach den napoleonischen Kriegen und der Besetzung durch französische Truppen vor dem Bankrott. Die Währung verfiel, die Inflation löste große Armut aus.

PERSÖNLICHES

Das FAMILIENLEBEN

Johann Gottfried Bremser wohnte in den Jahren 1798 und 1799 in der Inneren Stadt, in der »Goldschmidgasse Nr. 633«[61], damals einem kleinen Gässchen mit nur fünf Häusern, vier auf der rechten und nur einem auf der linken Seite, nur wenige Schritte entfernt vom Stephansdom. Heute entspricht diese Adresse dem Haus Goldschmiedgasse 4. Aber schon in den Jahren 1800 und 1801 wird er in den Schematismen als wohnhaft in der Leopoldstadt Nr. 462[62] geführt, in einem Eckhaus gelegen an der Jägerzeile/Große Hafnergasse. Im modernen Wien würde die Adresse Praterstraße 9/Große-Mohren-Gasse 2 lauten. Dieses Haus gehörte dem bürgerlichen Sattlermeister Peter Kaufmann, einem wahren Meister seiner Zunft, war er doch maßgeblich daran beteiligt gewesen, die Staatskutsche, die Fürst Karl von Schwarzenberg 1791 in Auftrag gegeben hatte, zu einem echten Kunstwerk zu gestalten, zu einem »Produkt des Wiener Kunstgewerbes«. So prächtig hatte er den Kasten der Kutsche angefertigt und *mit gutem Gold* verziert, dass seine Arbeit samt dem Material dem Fürsten Kosten von 10.351 Gulden bescherte.[63]

Die Tochter des Sattlermeisters, Maria Anna Kaufmann, wurde im Februar 1802 Bremsers Frau. Ihr Vater war zu diesem Zeitpunkt allerdings schon verstorben. Wir wissen nicht, ob sich Johann Gottfried Bremser in die Tochter des Sattlers verliebt hatte und daher in deren elterliches Haus zog oder ob er erst als Mieter seine zukünftige Ehefrau kennenlernte. Geheiratet wurde jedenfalls am Dienstag, den 16. Februar 1802 in der katholischen Karmeliterkirche in der Leopoldstadt, obgleich der Bräutigam Protestant war. Der Pfarrherr Antonius Pachner traute sie. Bremser war 34 Jahre alt, die Braut 29. Sein Trauzeuge war ein honoriger Mann, Johann Peter Edler von Heuser (1757–1811), Reichsritter, k.k. wirklicher Rat und Bankier in Frankfurt am Main. Vom Trauzeugen der Braut ist bekannt, dass er Franz Winter hieß und Magistrats-Sperrkommissar war.[64] Am selben Tag, noch vor der kirchlichen Trauung, hatten die Brautleute im Beisein der zwei Zeugen und der Mutter der Braut, der verwitweten Theresia Kaufmann, ihre gegenseitigen Versprechen schriftlich aufgesetzt, unterzeichnet und besiegelt. Erst nach Bremsers Tod wurde dieses Schreiben dem Gericht vorgelegt.

Darin *versprechen sich beide Brautleute aufrichtig die Ehe. Außerdem … verspricht die Jungfrau Braut dem Herrn Bräutigam zu einem Heurathsgut eintausend Gulden, welche sie am Tage der priesterlichen Einsegnung gegen dessen Quittung alsogleich baar zuzuzahlen sich verbindet, welches Heurathsgut … Herr Bräutigam mit zweytausend Gulden widerlegt alsozwar dass Heurathsgut und Niederlag zusammen dreytausend Gulden betragen, und auf Überleben verstanden seyn solle. Schlüßlich steht jedem Theile bevor eines des anderen durch Testament, Kodizill [= Legat], oder Schenknüß unter Lebenden besonders zu betrauen.*[65]

Heiratsgut und Widerlage sind Termini, die unbedingt in einem Ehevertrag aufscheinen mussten. Der Bräutigam hatte »das Heiratsgut« der Braut zu »widerlegen«, als Gegenwert ein angemessenes Vermögen dem der Braut hinzuzufügen. Beide Partner brachten so ihren Teil in die Ehe ein.[66] Auf beides, Heiratsgut und Widerlage, hatte jeder von ihnen im Falle des Todes des anderen Anspruch.

Bereits am 10. Juli 1802 kam ihre Tochter Adelheid auf die Welt. Wie dem Geburtenbuch der zuständigen Pfarre Maria Rotunda, der Dominikanerkirche, zu entnehmen ist, wurde sie zu Hause katholisch getauft, Taufpatin war die Großmutter Theresia Kaufmann. Das Ehepaar Bremser war vorher von der Leopoldstadt in die Innere Stadt, in die Schönlaterngasse Nr. 724 (heute Schönlaterngasse 9) umgezogen. Für das folgende Jahr, 1803, finden sich weitere zwei Adressen, an denen Dr. Bremser als wohnhaft angeben wird. Eine davon ist Innere Stadt Nr. 755[67], am Hafnersteig, einem besonders steilen Weg mit sieben Häusern, der von keinem schweren Fuhrwerk befahren werden konnte.[68] Das Haus ist heute noch in der Griechengasse Nr. 9 erhalten und in das sogenannte Griechenbeisel einbezogen. Die andere Adresse ist Himmelpfortgasse Nr. 1018, dort soll Dr. Bremser im Mai 1803 auf der zweiten Stiege im dritten Stock gewohnt haben, zumindest behauptete das sein Vertrauter und ehemaliger Professor in Jena, Alexander Nicolaus Scherer.[69]

Am 16. Juni 1804, kurz vor ihrem zweiten Geburtstag, starb die kleine Adelheid an den Fraisen. Ihr Tod wurde im Sterbebuch der Karmeliterkirche eingetragen, da die Eltern in diesem Jahr wieder in die Leopoldstadt gezogen waren. Sie war ein kränkliches Kind, *frühklug* und von ihrem Vater innig geliebt. In dem kleinen Büchlein, in dem er Sinn und Unsinn volkstümlicher Sprichwörter kommentierte,[70] gedachte er seiner klugen, kleinen Tochter, mit deren Tod er sich nur schwer abfinden konnte. Bremser bekräftigt darin den Spruch *Kluge Kinder werden selten alt*, denn kränkliche Kinder müssten schneller ihre geistigen Fähigkeiten entwickeln als gesunde, um das Manko ihres Leidens auszugleichen.[71]

Abb. 2: Aus: BREMSER J. G. 1806a: Medizinische Parömien, oder Erklärung medizinisch-diätischer Sprichwörter nebst der Nutzanwendung. Ein Nachtrag zum Gesundheits-Taschenbuch, Seite 296. Medizinische Bibliothek der Universität Wien

Der Grillparzer-Biograf Heinz Politzer führt den häufigen Wohnwechsel der Eltern des Dichters auf deren ökonomische Unsicherheit zurück,[72] was sicherlich auch für die Familie Bremser relevant war. Als Wohnadressen des Dr. Bremser sind in den folgenden Jahren[73] »Untere Bäckerstraße Nr. 789« (heute Sonnenfelsgasse 7), »Adlergasse 765 nächst dem Rothen Thurme« (heute Franz-Josefs-Kai 15) und »Auwinkel 695« (heute die Verkehrsfläche vor dem Laurenzerberg 4) angegeben. Diese drei Häuser waren nur wenige Schritte voneinander entfernt und befanden sich in einem der »unansehnlichsten Stadttheile« Wiens, überdies waren sie bei Hochwasser des Donaukanals von Überschwemmungen arg bedroht.[74] Von dort konnte die Familie Bremser in kürzester Zeit durch das Rothe Thor die Innenstadt verlassen, über die hölzerne Schlagbrücke den Donaukanal über-

Abb. 3: Die Ferdinandsbrücke und das Rotenturmtor. Aus: »Wiener Bilder aus der Jugendzeit unseres Kaisers« Gerlach & Wiedling, S. 105, Nr. 151, Naturhistorisches Museum

Abb. 4: Die Ferdinandsbrücke von der Leopoldstädter Seite. Aus: »Wiener Bilder aus der Jugendzeit unseres Kaisers« Gerlach & Wiedling, S. 103, Nr. 149, Naturhistorisches Museum

queren und so in die Jägerzeile zum Kaufmann'schen Familienhaus gelangen. Die Schlagbrücke wurde 1819 abgetragen und die Ferdinandsbrücke, die einen steinernen Mittelpfeiler aufwies, errichtet. Heute befindet sich an dieser Stelle die Schwedenbrücke.

Am 30. April 1805 wurde die zweite Tochter geboren. Auch sie erhielt den Namen Adelheid. Wie dem Geburtenbuch der Pfarre Maria Rotunda zu entnehmen ist, wohnte das Ehepaar Bremser gerade in der Unteren Bäckerstraße 789. Das Kind wurde zu Hause katholisch getauft, wieder war die Großmutter Theresia Kaufmann Patin.

Der Sohn Ludwig Gottfried kam sieben Jahre später am 21. März 1813 offensichtlich im Familienhaus in der Leopoldstadt auf die Welt. Seine Geburt wurde im Geburtenbuch der Karmeliterkirche St. Josef eingetragen. Er wurde vom Superintendenten der evangelischen Kirche in der Inneren Stadt, Johann Wächter (1767–1827), getauft, einem Mann, der *als beredter, geistreicher geistlicher Redner rühmlichst bekannt war*.[75] Das religiöse Bekenntnis des Kindes ist als protestantisch angegeben. Paten waren die beiden verwitweten Großmütter: Theresia Kaufmann und Sophia Christina Louisa Bremser aus Wertheim, die ein Jahr vorher das Gasthaus »zur Krone« in Wertheim verkauft hatte.

1818 übersiedelten die Bremsers nun in das Familienhaus in der Leopoldstadt. Nachdem die Hausnummern Wiens 1821 geändert worden waren, lautete die neue Adresse Leopoldstadt Nr. 522. Dokumentiert ist 1821 und 1824 eine Frau Maria Anna Premser [Anm. Schreibfehler statt Bremser] als Besitzerin der Liegenschaft.[76] Bremsers Frau Maria Anna dürfte dieses Haus geerbt haben, ihr Bruder Joseph Kaufmann, er war Sattler wie sein Vater gewesen, war schon am 18. Februar 1812 unerwartet mit 40 Jahren verstorben.[77] Dieses Haus wurde schließlich verkauft, abgerissen und von den neuen Eigentümern Johann und Franziska Haunold 1825 wiedererrichtet.

Bis zu seinem Tod am 21. August 1827 lebte Johann Gottfried Bremser mit seiner Frau und den Kindern Adelheid und Ludwig in der Inneren Stadt am Franziskanerplatz Nr. 921,[78] das Gebäude ist heute noch erhalten, die Adresse ist Franziskanerplatz Nr. 6.

Abb. 5: Der Franziskanerplatz. Aus: »Wiener Bilder aus der Jugendzeit unseres Kaisers« Gerlach & Wiedling, S. 49, Nr. 55, Naturhistorisches Museum

Abb. 6: Der Friedhof von St. Marx, 1030 Wien. Reihe von Grabsteinen mit dem Sterbedatum der Sommermonate 1827 (Foto V. Stagl)

Die Wohnung in einer guten Gegend in einem schönen Haus war sicherlich als ein angemessenes Domizil anzusehen. Sie bestand aus 4 Zimmern, Küche und Kabinett, war gutbürgerlich eingerichtet und diente auch als Ordination. Verwirrend ist, dass in manchen Quellen[79] noch für die Jahre 1825, 1826 und 1827 als Wohnort die Leopoldstadt Nr. 522 angegeben ist, offensichtlich war die Adressenänderung nicht überall bekannt gemacht worden.

Bremser war in seinen letzten Jahren ein kranker Mann, schon 1820 war er lungenkrank, er litt an Asthma und konnte nicht mehr gut sehen.[80] Sicherlich machten ihm auch noch Verletzungen zu schaffen, die er sich 1819 bei einem Unglück zugezogen hatte. *Ich weiß, mit welcher Mühe ich vor 2 Jahren nach meinem Sturze mich durch 8 [Anm. Ärzte] durcharbeiten mußte.*[81] Seit dem Jahre 1825 entzog ihn das Krankenbett der Wissenschaft,[82] er konnte seinem Dienst im Naturalienkabinett nicht mehr nachkommen, doch soll er noch *bis zu seinen letzten Tagen täglich mehrere Stunden der unentgeltlichen Heilung der Wurmkranken aus der ärmeren Volks-Classe* gewidmet haben.

Am Dienstag, den 21. August 1827 um halb neun Uhr in der Früh starb Dr. Johann Gottfried Bremser, *der Arzneykunde Doctor, Mitglied der hiesigen medicinischen Fakultät, Custos bey dem k.k. Naturalienkabinet, protestantischer Religion a.c.*,[83] in seiner Wohnung am Franziskanerplatz, nur wenige Tage vor seinem sechzigsten Geburtstag, *ruhig und mit Ergebung... an den Folgen der allgemeinen Wassersucht, beweint von einer Gattinn und zwey hoffnungsvollen Kindern, betrauert von seinen Freunden, und allen, die der Wissenschaft angehören*. Er wurde am 23. August auf dem Friedhof von St. Marx in Wien beerdigt. In Auftrag gegeben wurde ein Begräbnis 2. Klasse und dafür 37 fl. 6 kr. bezahlt,[84] die gesamten »Leichkosten« beliefen sich aber auf 249 fl. und 27 kr. Sein Grab kann heute am Friedhof leider nicht mehr gefunden werden.[85]

Die Witwe verließ mit ihren beiden Kindern die geräumige und zu kostspielige Wohnung und zog in die Nähe, in die Weihburggasse Nr. 916,[86] heute wäre es die Hausnummer 20.

Vormund der beiden Kinder war vorerst der Vizebuchhalter der k.k. Hofkriegsbuchhaltung und Ritter des Großherzoglichen

Hessischen Haus-Ordens Wilhelm Mick, der aber bereits am 26. Oktober 1828 mit 56 Jahren an der Bauchwassersucht in Wien verstarb.[87] Zum Vormund wurde daraufhin der k. k. Rath und Professor für spezielle Naturwissenschaften Caspar Fischer (1793–1860) bestellt.[88] Er war ein Schüler Bremsers gewesen – als junger Mediziner hatte er sich im Naturalienkabinett mit großem Eifer dem Studium der Eingeweidewürmer unter der Anleitung Bremsers gewidmet[89] – der große Stücke auf ihn gehalten hatte und überzeugt war, dass er *einst etwas Tüchtiges in der Helminthologie zu leisten verspricht.*[90]

Maria Anna Bremser geb. Kaufmann starb mit 68 Jahren am 15. April 1840 in Wien am Jordansplatz Nr. 402, heute Jordangasse 7, an Zehrfieber.[91] Von Adelheid, sie war 22 Jahre alt, als der Vater starb, wissen wir nichts, ihre Spur verliert sich. Ludwig Gottfried wurde Jurist, er promovierte am 26. Juni 1839 an der Universität Wien, wurde 1843 als ordentliches Mitglied in die juridische Fakultät aufgenommen und lebte vorerst in Wien in der Inneren Stadt. Ab dem Jahr 1853 war er als Notar in Mödling tätig.[92]

Der Nachlass

Verlassenschaften wurden im Vormärz besonders ausführlich abgehandelt.[93] Die Vermögensverhältnisse, der persönliche Besitz wie Bekleidung, Bücher, Wohnungsausstattung und Hausrat der Verstorbenen wurde penibel aufgelistet. Bremsers Nachlass findet sich im Wiener Stadt- und Landesarchiv.[94] Er starb ohne großes Vermögen. Seine Hinterlassenschaft wurde insgesamt auf nur 518 Gulden (fl.) und 24 Kronen (kr.) gerichtlich geschätzt. Es setzte sich wie folgt zusammen: Rest an Bargeld: 10 fl. 44 kr. – allerdings war mehr vorhanden gewesen, von dem aber die Witwe *die Krankheits und Leichkosten bestritten haben soll*; Preziosen: 107 fl.; Quartiergeld: 120 fl.; Leibeskleidung, Wäsche: 51 fl.; Hauswäsche, Einrichtung: 190 fl.; Bücher: 39 fl. 40 kr. Das Vermögen machte weniger aus als die Miete, die Bremser in einem Jahr zu bezahlen hatte, diese betrug 650 Gulden, die in halbjährlichen Raten zu begleichen war, jeweils zu Michaeli (29. September) und Georgi (23. April)[95]. Als sogenanntes Quartiergeld erhielt er vom Naturalienkabinett 120 Gulden, zweimal im Jahr, gleichfalls zu Michaeli und Georgi.[96] An Pretiosen besaß Bremser wenig, das wertvollste Stück war eine goldene Dose, die ihm der König von Württemberg geschenkt hatte. Die Liste seiner Kleiderstücke lässt darauf schließen, dass Bremser wohl Wert auf ein gepflegtes Äußeres gelegt hatte, so besaß er 2 Fracks und 2 Gehröcke aus Tuch, 10 verschiedene Gilets und 8 Beinkleider, 2 Hüte, 3 einfache Stöcke, 1 Stehkragen, 2 Paar Handschuhe, 2 Hosenträger, 3 Paar Gamaschen, 6 Paar Stiefel, 3 Paar Schuhe, 23 Hemden, 46 Hals- u. Sacktücher, 37 Paar Strümpfe und 4 Paar seidene Strümpfe, 12 »Gattien«, 3 Schlafröcke, 17 Schlafhauben und 11 »Nachtleibeln«.

Die Wohnung war so möbliert, wie es in der Biedermeierzeit in bürgerlichen Haushalten üblich war. Ein »Sekretär Kasten« und ein »Ladenkastel«, beide aus Nussholz, fanden sich da neben zwei gepolsterten Sofas, einem runden Tisch, einem Spieltisch, einem Umschlagtisch, einigen Sesseln, Hängekästen, Nachtkasteln, Bettstatten etc. Die Fenster zierten Draperien aus Seide und schöne Vorhänge, deren Wert mit 20 Gulden weit höher geschätzt wurde als der zweier Uhren zu je 8 Gulden. Eine von diesen war eine vergoldete Kastenuhr mit Schlagwerk, die andere eine *Stockuhr im schwarzen Kasten, die Viertel und ganze Stunden schlug*. Wertvoll war ein zwölfteiliges, blaues Tafelservice, für das ein Wert von 30 Gulden angegeben wurde, welches vermuten lässt, dass im Hause Bremser Gäste eingeladen und bewirtet wurden.

Im Nachlass findet sich ein Bücherinventar in dem 145 Buchtitel mit Autor, Erscheinungsjahr und -ort aufgelistet sind, die Zahl an Einzelbänden war um vieles höher. Der Gesamtwert der bremserischen Privatbibliothek wurde auf 39 Gulden und 40 Kronen geschätzt.[97] Das älteste Werk stammte aus dem Jahr 1525 – die Gesamtausgabe der Werke des Hippokrates in der lateinischen Übersetzung von Marcus Fabius Calvus. Die überwiegende Mehrzahl ist im 18. Jahrhundert, mehrheitlich in der 2. Hälfte, erschienen, geht also auf die Studienzeit Bremsers zurück, darunter Werke seiner Lehrer in Jena. Bremser hatte seine Bibliothek schon Jahre vor seinem Tod nicht mehr mit Neuerscheinungen ergänzt. Eines der »neuesten« Bücher in Bremsers Bibliothek war das 1810 erschienene und hier bereits mehrfach zitierte Standardwerk für Ärzte »Versuch einer medicinischen Topographie von Wien«. Der Großteil der Bücher sind medizinische Werke, einerseits Beschreibungen des menschlichen Körpers, andererseits Darstellungen, Charakteristika und Erklärungen verschiedener Krankheiten, auch praktische Ratgeber zu deren Heilung. Elf Bücher befassen sich mit der Elektrizität und dem Magnetismus zu Heilzwecken, drei mit der Pockenerkrankung. Weiters fanden sich in der Bibliothek drei Lehrbücher der Chemie, eines der Mathematik, ein Atlas, Gesamtausgaben des Alten und Neuen Testament und vier Bücher zur Philosophie. Neun der aufgelisteten Bücher sind Lexika oder sprachwissenschaftliche Werke, sieben beinhalten Themen der Zoologie und Botanik und nur ein einziges befasst sich mit der Helminthologie.[98] Es ist offensichtlich, dass sämtliche von ihm immer wieder zitierten helminthologischen und parasitologischen Schriften in der Bibliothek des Naturalienkabinetts aufbewahrt wurden, von denen sich viele heute noch in der Fachbibliothek des Naturhistorischen Museums befinden. Auch Bremsers eigene Veröffentlichungen fehlen in dem Bücherinventar.

Die finanzielle Lage der Familie nach J. G. Bremsers Tod war trist. Die Ausgaben, die die Witwe nach dem Tod ihres Mannes zu begleichen hatte, übertrafen den Wert des Nachlasses um das Doppelte. Sie musste dem Lehrer ihres Sohnes den halbjährlichen Lohn von 150 fl. bezahlen, bei der Näherin und dem Schneider waren Ausstände von 68 fl. fällig, der halbjährliche Zins von 325 fl. war noch zu begleichen, außerdem schuldete sie dem Apotheker 250 fl. Dazu kamen noch die gesamten »Leichkosten« von 249 fl. und 27 kr. Ganz zu schweigen von ihrem Anspruch auf die Widerlage aus dem Ehevertrag. Den Anspruch auf ihr Heiratsgut hatte die Witwe allerdings verloren, da sie keine Quittung darüber vorlegen konnte. Die Erbschaft wurde daher mangels eines Vermögens, ohne Verlassenschaftsverfahren, »jure crediti« eingeantwortet.[99]

Nur durch beispiellose Aufopferung konnte Maria Anna Bremser mit einer kleinen Witwenpension die Erziehung und Ausbildung ihrer Kinder in den folgenden Jahren besorgen.[100] Die Hoffnung auf ein großes Erbe nach dem Tod der Großmutter in Wertheim, Sophia Christina Louisa Bremser, die 1812 das Gasthaus »zur Krone« verkauft hatte, zerschlug sich. Als die Großmutter Anfang des Jahres 1829 starb, hinterließ sie ihren Enkeln Adelheid und Ludwig zwar einen Erbanteil von 3.676 Gulden, aber gleichzeitig tauchten fünf Schuldscheine von insgesamt 4.000 Gulden auf, die von einer gewissen Juliane Bremser in Wertheim dem Gericht vorgelegt worden waren.[101] Sowohl der erste Schuldschein über 1.000 fl. vom 4. September 1812 als auch der zweite über 800 fl. vom 1. Februar 1814 war für J.G. Bremser und Maria Anna Bremser geb. Kaufmann ausgestellt worden, der dritte Schuldschein über 700 fl. vom 1. Oktober 1815 belastete hingegen nur die Witwe, der vierte über 500 fl. war für Johann Gottfried und Maria Anna Bremser am 1. März 1817, der fünfte Schuldschein über 1.000 fl. nur für J.G. Bremser am 1. Juli 1824 ausgestellt worden.

Diese Schuldscheine waren offenbar ein Darlehen auf Bremsers Erbe gewesen, da kein Rückzahlungsdatum vereinbart worden war. Sie waren ohne Hinzuziehung eines Zeugen aufgesetzt und unterschrieben worden. Die Witwe J.G. Bremsers bezweifelte die Echtheit der Schuldscheine, sie kann sich nicht an geleistete Unterschriften erinnern und weigerte sich daher auch nur irgendeine Zahlung zu leisten. Sie hat niemals Geld von ihrer Schwiegermutter erhalten und erinnerte sich im Zuge der Nachlassverhandlung nur, dass sie *einmal im Jahr 1814 oder 1815 von ihrem Ehegatten angegangen worden sey, eine von ihm ausgestellte Schrift mitzufertigen, deren Inhalt sie aber nicht wüßte, und die ihr von ihrem Ehegatten mit der Äusserung vorgelegt worden sey, dass er darauf von seiner Frau Mutter ein Geld erhalten werde. Nach der Äußerung der Fr. Witwe Bremser weiß sie von der Ausstellung aller dieser Schuldscheine nichts, und war nicht wenig erstaunt als sie nach dem Tod ihrer Frau Schwiegermutter davon erfahren hatte.*[102] Diese Aussage nützte nichts, vom Gericht in Wertheim wurde der Erbanteil der Kinder nur als eine Forderung gesehen, die der *verstorbene Dr. Johann Gottfried Bremser oder dessen Witwe der dortigen Erblasser pflichtig geworden seyn sollen.* Einstimmig erklärten der gerichtlich bestellte Kurator Dr. Thomas Halirsch und der Vormund der Kinder Prof. Dr. Caspar Fischer, dass es das Beste sei, *sich mit der von dem Magistrate zu Wertheim gepflogenen Erbvertheilung zu begnügen und sich in keinen Rechtstreit einzulassen. Denn abgesehen von den Schwierigkeiten mit denen die Eingehung dieses Prozeßes verbunden wäre läßt sich auch für die Bremserischen Pupillen* [Anm. der unmündigen Kinder] *kaum irgend ein günstiges Resultat erwarten.*[103]

Begegnungen

Bremsers Begeisterung für die Wissenschaft der Helminthologie übertrug sich auf viele seiner Schüler und Mitarbeiter, die sich in großer Dankbarkeit an ihn erinnerten. Mit besonders gefühlvollen Worten widmete Friedrich Sigismund Leuckart 1819 seine Schrift »Zoologische Bruchstücke I. Das Genus Bothriocephalus« *dem theuern, väterlichen Freunde meinem lieben Doctor Bremser, dessen Rath, Belehrung und Freundschaft mir meinen hiesigen Aufenthalt auf so mannigfache Weise angenehm und unvergeßlich machte; der mir auch in der weitesten Ferne bei der Erinnerung an Wien als das freundlichste männliche Bild vorschweben wird.*

Unbestritten war Johann Gottfried Bremser ein humorvoller Mensch. *Mir war es von jeher leichter ums Herz, wenn ich lachen konnte, als wenn ich weinen musste, wiewohl auch Thränen ihr Gutes haben, und ich den Werth derselben gewiß zu schätzen weiß.*[104] Sein 1806 herausgegebenes Büchlein, in dem er Sinn und Unsinn von 35 volkstümlichen gängigen Sprichwörtern kommentiert, ist in einer äußerst humorvollen Sprache ironisch und scharfzüngig abgefasst. Der Text ist gespickt mit Anekdoten, poetischen Versen und lateinischen Sprüchen: *Die hie und da eingestreuten lateinischen Brocken kann der rein deutsche Leser, ohne etwas dabey zu verlieren, füglich überschlagen. Sie fanden blos deßhalb hier eine Stelle, weil es sich doch treffen könnte, dass aus*

Versehen einer meiner Herrn Kollegen dieses Büchlein in die Hände bekäme, und dann möchte er ihm leicht alles Verdienst absprechen, wenn er nicht einige Blümchen aus Latiums Gefilden darin eingestreuet fände, wiewohl er jedoch nach Prachtblumen, einige Horazische ausgenommen, vergebens suchen wird.[105]

Zu den launigsten und anziehendsten gehören die zahlreichen Briefe von dem berühmten Helminthologen und Wurmdoctor Bremser in Wien, schrieb der vergleichende Anatom und Professor in Göttingen, Rudolph Wagner (1805–1864). Als Biograf des bekannten Mediziners, Erfinders und Freundes Goethes, Samuel Thomas von Sömmerring (1755–1830), veröffentlichte er im Jahr 1844 Briefe berühmter Zeitgenossen an diesen. Bremser verehrte Sömmerring, richtete die Briefe an »Ew Hochwohlgeboren« und schloss sie als »dankbarer« oder »ergebenster Diener«. Er ist in diesen Schreiben gerne etwas boshaft gegenüber anderen, aber auch selbsthumorvoll.

Eine Begebenheit am Totenbett des berühmten Arztes Johann Peter Frank (1745–1821), die Bremser in einem dieser Briefe erzählte,[106] wurde seither immer wieder gerne kolportiert und soll auch hier nicht unerwähnt bleiben. ...*Etwa 14 Tage vor seinem Tode, gerade da wo er sich etwas besser befand waren deren 7 oder 8 [Anm. Ärzte] um sein Bette versammlet. Er dankte ihnen recht herzlich für ihre ihm bewiesene Liebe und den Eifer seine Gesundheit wieder herzustellen. Aber, sagte er, ein Geschichtchen muß ich Ihnen doch erzählen. In der Affaire bei *** wurde ein französischer Grenadier von 7 bis 8 Kugeln zugleich getroffen. Er hielt sich noch einige Sekunden aufrecht und als er fiel: schrie er auf: Comment! Faut-il tant de balles pour tuer un grenadier français! ha! ha! ha!*[107]

Abb. 7: Samuel Thomas von Sömmerring, gemalt und auf Stein gezeichnet v. C. Thelott. Lithographie v. F. C. Vogel, Porträtsammlung der ÖNB (Port_00158275_01)

Die Eloquenz Bremsers wurde von Schülern, Freunden, Mitarbeitern und Besuchern seiner Eingeweidewurm-Sammlung im Naturalienkabinett mehrfach erwähnt. Auch er selbst beschreibt sich als sehr beredt. *Mir ist nirgends besser, als wenn ich mich in meinem Arbeitszimmer unter meinen Würmern befinde, oder wenn irgend Jemand gutmüthig genug ist, sich von mir etwas über dieselben vorschwatzen zu lassen.*[108]

Und *Bremser war die Wahrhaftigkeit selbst; sein ganzes Wesen war Unumwundheit.*[109]

Wurde einem Freund Unrecht getan, so half Bremser und setzte sich vehement für dessen Recht ein, so geschehen, als der Naturforscher und Professor für Botanik in Prag, Johann Christian Mikan (1769–1844), von einem gewissen Andreas Rittig von Flammenstern gekränkt und in seiner Ehre verletzt wurde.[110] Dieser hatte sich, nachdem Mikan eine Ballonfahrt *wegen einer mangelhaften Füllung* missglückt war, *einige Ausfälle* gegen den

Professor erlaubt, und in der Novembernummer 1812 des Hesperus, »dem Nationalblatt für gebildete Leser in Prag«, in süffisanter Weise den geachteten Naturforscher bloßgestellt.[111] Mikans Absicht war es gewesen, am 21. September 1812 im Wiener Prater mit einem Gasballon aufzusteigen, dabei physikalische Untersuchungen anzustellen und später zugunsten der Barmherzigen Brüder in Wien und Prag eine romantische Beschreibung der Ballonfahrt zu veröffentlichen. Chorsänger des Theaters an der Wien wurden engagiert, um ein von Mikan verfasstes Lied »der Luftfahrt« zum Besten zu geben, sobald sich das Luftschiff in die Höhe erhebe. Dazu sollte es aber nicht kommen, denn der Ballon war falsch befüllt worden. Anstatt reines Wasserstoffgas zu verwenden, hatte man ein mit schwefelsaurem und kohlensaurem Gas verunreinigtes genommen, das zu schwer war. Mikan traf daran keine Schuld. Nachdem der Ballon an den Zuschauern vorbei gezogen worden war, konnte er nicht zum Steigen gebracht werden, worauf Mikan ruhig und besonnen den unnötigen Ballast aus der Gondel abwarf und mit einem Taschenmesser die von außen befestigten Blumengeflechte losschnitt. Aber es half nichts. Bremser war Zeuge dieses Vorfalls, er stand unmittelbar an der Gondel, als Mikan einstieg, und half auch beim Aussteigen. Rittig von Flammenstern fand nur spöttische Worte: *... nun verlor der gute Mann die Besinnung, und stürzte halb aus der Gondel. Außerdem müsse man Herrn Mikan die erste Eigenschaft des Luftschiffers: Gegenwart des Geistes nach diesem Vorfall zu urtheilen, ganz absprechen.* Bremser war empört, übernahm die Verteidigung und verfasste am 5. Dezember 1812 eine Entgegnung.[112] *Die Leser des Hesperus werden mir als Arzt wohl soviel Physiognomik zutrauen, dass ich die Geberden und ganze Haltung eines entschlossenen und unverzagten Mannes von denen eines furchtsamen und aus der Fassung gebrachten Menschen zu unterscheiden weiß ... Hätte er die Besinnung verloren gehabt, so würde er jetzt nicht halb – was überhaupt eine mir nicht wohl begreifliche Art des Herausstürzen ist – sondern ganz aus der Gondel gestürzt seyn.* Mikans Absicht war eine wohltätige, gepaart mit wissenschaftlichen Untersuchungen. Niemals wäre er von *allen Instrumenten entblößt*, einfach so in die Luft gesegelt, als ein Gaukler und Luftkünstler.

Während des Wiener Kongresses wurde dem Direktor des k. k. Naturalienkabinetts Carl von Schreibers und Johann Gottfried Bremser die besondere Ehre zuteil, hohen Besuch, genauer gesagt zwei Majestäten – den Zar Alexander von Russland in Begleitung von Kaiser Franz I. von Österreich – empfangen zu dürfen. Eine Anekdote[113] weiß Näheres von dieser Begebenheit zu berichten, während wir bei Leopold Fitzinger, dem Chronisten der Ereignisse rund um das Naturalienkabinett diesbezüglich nichts finden können. *Kaiser Alexander besuchte in Begleitung des Kaisers Franz das naturhistorische Museum, geführt von Dr. Bremser, der für die Urzeugung so scharf ins Zeug gegangen war. Als Alexander an einem Kasten, welcher eine Reihe in Spiritus konservierter wurmförmiger Tiere enthielt – denen B. die Beweiskraft seiner Theorie zuschrieb – gleichgültig vorüberging, da fasste ihn der Doktor resolut am Arme und rief ganz begeistert: Aber Majestät, sehen Sie doch dies Wunder an, das mehr gilt als zwei Kaiserreiche! Der Czar, ganz erstaunt von dem ungestümen, wenig etikettenmäßigen Wesen des Gelehrten, wandte sich an seinen kaiserlichen Kollegen und sagte: »Je crois, ce Monsieur la est fou.« »Ah«, replizierte Kaiser Franz, »a Narr is der Doctor nöt, aber a narrische Freud' hat er halt an sane Viechern«* In abgeänderter Form wird diese Anekdote in den Erinnerungen von Eduard Suess[114] wiedergegeben: *Kaiser Franz führte zur Zeit des Wiener Kongresses den Kaiser Alexander durch das Naturhistorische Museum. In der Abteilung der Eingeweidewürmer sagte Kaiser Franz: »Gehen wir weiter, das sind grausliche Dinger.« Der Kustos Bremser, der auf diesem Gebiet wichtige Beobachtungen gemacht hatte, fühlte sich verletzt, ergriff ein Fläschchen und sagte: »Majestäten, dieses Flaschl ist mir lieber als ihre beiden Kaisertümer.« »Lassen wir den Narren gehen«, bemerkte Kaiser Franz.*

Praktischer ARZT *in* WIEN

In den ersten Apriltagen des Jahres 1797 erreichten unglaubliche Nachrichten Wien: Das französische Heer mit seinem Oberbefehlshaber Napoleon Bonaparte war in die Steiermark und nach Kärnten vorgedrungen. Das Schreckensszenario einer möglichen Invasion Wiens durch französische Truppen versetzte die Stadt in Entsetzen. Alle wehrhaften Männer, Bürger dieser Stadt, wurden aufgerufen, sich an der Verteidigung Wiens zu beteiligen: Am 7. Mai erfolgte die Einschreibung[115], die Zahl der Freiwilligen war groß. Bürger aus allen Ständen, aus allen Berufsgruppen meldeten sich. Auch Bremser schloss sich als Brigade-Arzt diesem sogenannten Wiener Aufgebot an, er galt offensichtlich nicht als ein Fremder, denen nahegelegt worden war, die Stadt ehebaldigst zu verlassen, ihnen wurde *Böhmen, Mähren und Galizien zum Aufenthalte angewiesen.*[116] *Der 17. April war zum Ausmarsch der Wienerischen Aufgebotsmannschaft bestimmt*, vorerst lagerte man in Klosterneuburg. Ende April noch wurde ein Friedensvertrag unterzeichnet, die kriegerischen Handlungen abgebrochen und die französischen Truppen zogen sich zurück. Als man in Wien davon in Kenntnis gesetzt wurde, löste sich »das Aufgebot« auf, *die Waffen wurden abgegeben und jeder kehrte ruhig zu den Seinigen zurück.*[117]

Was auch immer Bremsers Gründe gewesen sein mögen, sich in Wien als Arzt niederzulassen, er hatte sicherlich eine gute Entscheidung getroffen. Zu Beginn des 19. Jahrhunderts war Wien eines der kulturellen und auch wissenschaftlichen Zentren Europas. Gerade die medizinische Fakultät in Wien galt als eine der besten, die Ausbildung junger Mediziner war hervorragend, zahlreiche angehende Ärzte in Deutschland rühmten sich, eine Zeit zu Studienzwecken in Wien zugebracht zu haben.[118]

Nach einem Regierungserlass vom 17. Dezember 1797 war niemand in Wien berechtigt, die »innere Heilkunde« auszuüben, der nicht bei der medizinischen Fakultät als ordentliches oder außerordentliches Mitglied eingetragen war. Man wollte der immer mehr um sich greifenden Quacksalberei ein Ende bereiten.[119] Bremser durfte erst nach Ablegung schwerer[120] und strenger[121] Prüfungen als praktizierender Arzt in Wien tätig sein. Im »Hof- und Staats Schematismus d. österreichischen Kaiserthums« scheint erst 1818 Johann Gottfried Bremser, »Doct. der Arzneykunde«, als ein Mitglied der medizinischen Fakultät auf.[122] In den Jahren davor war er »befugt die Arzneykunde auszuüben, aber nicht der medizinischen Fakultät einverleibt«[123]. Er war ein überaus engagierter Arzt und ordinierte zu Hause an seinen jeweiligen Wohnorten.

Bremser war Mitglied der Gesellschaft praktischer Ärzte in Wien, einem losen Verein ohne Klubcharakter oder offiziellem Status. Nicht zu verwechseln mit der bekannten »Gesellschaft der Ärzte in Wien«, die als ein eingetragener Verein erst 1837 gegründet wurde. Am ersten jeden Monats und in der Monatsmitte traf man sich zwischen 18 und 20 Uhr abends. Der Göttinger Arzt Johann Friedrich Osiander (1787–1855), er hielt sich von Oktober 1814 bis Juni 1815 als Begleiter des kgl. portugiesischen Gesandten am Wiener Kongress, Graf Lobo da Silveira, in Wien auf, betrachtete es als eine große Auszeichnung, zweimal zu diesen Treffen eingeladen worden zu sein. 30 bis 40 Mitglieder waren anwesend, darunter auch Johann Gottfried Bremser und Zacharias Wertheim. *Diese Gesellschaft ist zwar ein Verein von vielen gelehrten Aerzten, aber keine eigentliche gelehrte Gesellschaft oder Societät. Noch weniger ist sie ein Klub oder eine Zusammenkunft bey der es mehr auf Unterhaltung, als Belehrung abgesehen wäre. Sie besteht in regelmäßigen Zusammenkünften einer gewissen Zahl practischer Aerzte Wiens, welche dabei die Absicht haben sowohl ihre Erfahrungen und Beobachtungen sich mitzutheilen, als über epidemische Constitution und andere, dem practischen Arzte wichtige Gegenstände, sich zu besprechen und zu belehren*[124].

Auch bei ganz anderen Aktivitäten unter Ärzten war Bremser ein gern gesehener Gast. So weiß es jedenfalls der Tiroler Chirurg und Lyriker Alois Weissenbach (1766–1821) zu berichten, der im Herbst 1814 nach Wien gereist war, wo er zu Ehren des Kongresses das Libretto für die von Beethoven vertonte Kantate »Der glorreiche Augenblick« schuf. Seine Eindrücke »Meine

Reise zum Congreß. Wahrheit und Dichtung« veröffentlichte er
1816. An einem Mittwoch zu Mittag fuhr er in die Landstraße
*zum Mittagsmahle der Asklepiaden von Wien bey der Frau Mo-
sel; zu einem Mittagsmahle, wie man vielleicht in Europa bey keinem zweyten dieser Art zu Gaste gehen kann. Es war Mittwoch,
und an diesem Tage findet sich hier ein einziger Verein sowohl von
ausübenden als lehrenden Ärzten zusammen, um in einer frohen
Stunde die Schlange des epidaurischen Gottes vom Stabe zu schüt-
teln. Die Zahl der geweihten des Herrn war gerade zwey Mahl da,
und keiner darunter, der nicht das Siegel der Wissenschaft und
Kunst trägt; mehrere vom ersten Range in practischer und wissenschaftlicher Hinsicht; Freyherr von Türkheim… Dr. Graf Carl
Harrach,… Guldener von Lobes; der tief- und rechtsinnige Fechner,… Herr Dr. Bremser, Deutschlands größter Enthimolog, und
so viele andere bothen mir Gruß und Kuß. Das Mahl war freudig,
jovialisch im echten Sinne, wie es nur die Gebildesten aus einem
gemüthlichen Volke feyern können… Am Ende der Tafeln ertön-
ten froh- und tiefsinnige Skolien… Ich habe, wie alle, mit Mund
und Herz Chorus mitgesungen. Ich werde dieser Versammlung
und dieser Stunde gewiß immer mit einer freudigen Empfindung
denken… So viele herrliche Menschen, einheimische und fremde; alle die Leibärzte, die ihre Souveräne an den Congreß geleiten,
lernte ich hier kennen.*[125]
Ärzte in Wien gehörten zu den Privilegierten der Stadt: *Sie
genießen in hohem Grade die Achtung ihrer Mitbürger, und werden von allen Ständen des Volkes, und selbst von den Behörden mit
Auszeichnung behandelt. Uiberhaupt ist Wien in jeder Hinsicht
ein vortrefflicher Ort für den Heilkünstler. Sein Doctortitel ver-
schafft ihm fast allenthalben Zutritt, und die Leute, wess Ranges
sie auch seyn mögen, lieben es mit ihrem Arzte auf einem freund-
schaftlichen Fusse zu stehen und öffnen ihm daher mit der zuvor-
kommendsten Bereitwilligkeit den Eingang zu ihren engsten und
vertraulichsten Zirkeln.*[126]
Aber es gab auch genügend »schlechte Ärzte«, die diese Privilegien weidlich ausnützten, um schnell zu Ansehen und Reich-
tum zu gelangen. Die Wiener seien oft selbst schuld, wenn sie

durch falsche Behandlung eines Arztes Schaden nähmen, beklagte Wertheim. *Ueberhaupt gehet ein grosser Theil unsers Publicums in der Wahl seiner Aerzte nichts weniger als logisch zu Werke, und beurtheilt nicht selten ihren innern Gehalt nach der mehr oder minder schimmernden Aussenseite. So erreichte schon mancher mittelmässige Kopf, ohne es zu verdienen, und ohne sich's auch nur erklären zu können, wie es zugieng, im schnellsten Adlerfluge das erwünschte Ziel, welches der bessere mühsam erklimmen muss.*¹²⁷ Bremser schlug in die gleiche Kerbe, immer wieder finden sich Worte, in denen er die Überheblichkeit und Dummheit vieler seiner Ärztekollegen ankreidete. *Schämen sollten sich ... manche Aerzte, welche sich damit rühmen, gar nichts zu lesen. Es wäre wahrlich überflüßig über eine solche Dummdreistigkeit, wodurch man zu verstehen geben will, man wisse schon alles, man dürfe nichts weiter lernen, ein Wort zu verlieren. Solche seichte Köpfe brechen sich dadurch in den Augen eines jeden vernünftig denkenden Mannes selbst den Stab.*¹²⁸ *Allein zugegeben, dass Uebung den Meister macht, so erfordert doch die Medizin außer der Uebung auch noch Kopf, und da viele Menschen ohne Kopf sich dem ärztlichen Studium widmen: so läßt sich leicht denken, dass sie auch in dem Alter eines Nestors keine guten Aerzte seyn werden, wie dieß leicht durch mehrere Beyspiele könnte nachgewiesen werden. Doch Exempla sunt odiosa; wer die Wahrheit geigt, dem schlägt man den Fidelbogen um den Kopf.*¹²⁹ Ohne sich ein Blatt vor den Mund zu nehmen, wetterte er gegen viele seiner ausschließlich theoretisch ausgebildeten Kollegen: *so geräth er doch im Anfange ... nicht selten in einige Verlegenheit, wenn die Krankheiten nicht gerade so aussehen, wie sie in seinem Lehrbuche abgemalt sind; und da er glaubt, unaufhörlich thätig seyn, immer handeln zu müssen: so geschieht es denn auch zuweilen, dass er aus lauter Begierde und Drang zu helfen, wirklich schadet, und den Todtengräber früher in Arbeit setzt, als es der Lauf der Natur mit sich bringt.*¹³⁰

Zweifellos spricht es für Bremsers Ansehen und Kompetenz, dass er zum Krankenbett des bedeutenden Klinikers Johann Peter Frank gerufen wurde, als dieser einen Schlaganfall erlitten hatte. *Ich habe ihn nur gesehen nach den ersten 24 Stunden des ersten*

Anfalls und in dem Moment des Sterbens, die übrige Zeit ging ich blos mich nach seinem Befinden im Vorzimmer zu erkundigen.[131] Er distanzierte sich entschieden von den Ärzten, die hauptsächlich aus Sensationslust zum Krankenbett geeilt waren, ... *ärztliche Kundenjäger, ... homines clari et obscuri, letztere bloß deshalb, um sagen zu können, »heute war ich beim Consilio bei Frank«* oder *»Frank geht es heute besser, wir haben ihm verordnet etc.«*. Frank, ebenfalls ein Deutscher, hatte Medizin in Heidelberg und Straßburg studiert. 1785 trat er eine Professur in Pavia an, zehn Jahre später wurde er Professor in Wien und leitete als Direktor des allgemeinen Krankenhauses bedeutende Reformen ein, indem er vor allem eine sozial ausgerichtete Medizin umsetzte. Wegen zahlreicher gegen ihn gerichteter Intrigen verließ er Wien und folgte 1804 einem Ruf an die Universität in Wilnius, später nach St. Petersburg, und kehrte 1811 wieder nach Wien zurück. Die genannten Intrigen gingen von Andreas Joseph Freiherr von Stifft aus, dem allmächtigen kaiserlichen Leibarzt (siehe Seite 82), dessen Feindschaft Frank sich zugezogen hatte.

Bremser war ein Volksarzt – ein Arzt für das Volk, aber kein Armenarzt. Die Allerärmsten jedoch behandelte er unentgeltlich. Er war ein erfahrener Praktiker[132] und als *denker Arzt* geschätzt.[133] *Der Wiener war kein einfacher Patient ... er bedarf oft der ärztlichen Hülfe, und nimmt auch ziemlich schnell seine Zuflucht zu ihr; Er liebt es gewöhnlich seinen Arzt recht oft bey sich zu sehen, aber nicht, dass er gar zu lang dauernde Besuche mache.*[134]

In gemeinverständlichen Schriften klärte Bremser auf, warnte und erteilte Rat. So zeigte er unter anderem den Verlauf von Krankheiten wie Masern und Scharlach auf (1806c) oder gab Anweisungen, »wie man sich bei schlechter und der Gesundheit nachteiliger Witterung gegen Krankheiten überhaupt, als gegen ansteckende insbesondere verwahren kann« (1807).

Bei der Lektüre des schon genannten Büchleins, in dem er Sinn und Unsinn gängiger Sprichwörter kommentiert (1806a), offenbart sich dem Leser Bremsers ehrliches Mitgefühl und seine Menschlichkeit gegenüber den Kranken. Verhaltensmaßregeln für den Umgang mit Depressiven zeigen sein großes Einfühlungsvermögen:[135] *Wenn man einen Trauernden wieder erheitern will, so muß man den Rath des Apostels Paulus befolgen, und traurig seyn mit dem Traurigen; man muß sein Unglück, seinen Verlust ganz mitempfinden und mitfühlen; man muß laut in seine Klagen einstimmen, und sich dadurch zuerst den Weg zu seinem Herzen bahnen, und ihn geneigt machen, uns anzuhören... Erst dann, wenn man durch Mitklagen und Bezeugung wahrer Theilnahme sich das volle Zutrauen des Lebenden erworben hat, kann man hie und da andere interessante Begebenheiten, die aber nichts trauriges an sich haben, in die Erzählungen einflechten, und auf diese Art nach und nach sein Gemüth von seinem Unfalle ab und auf andere Gegenstände hinleiten, und so wieder bey ihm Interesse für Dinge erwecken, die nicht mit seinem Kummer in Bezug stehen.*[136]

Wenn er Anweisungen gibt wie man einen guten Arzt findet, beschreibt er da nicht auch sich selbst? *Suchen Sie sich einen Mann aus, bey dem es unter dem Hute und unter dem Brustflecke, wie es soll, beschaffen ist. Denn er muß beydes, einen richtigen Verstand und ein gutes Herz haben; der erste muß seine Urtheile bestimmen und seine Handlungen leiten; sein Herz aber muß theilnehmend an den Leiden des Freundes seyn.*[137] Im Umgang mit Ärzten hat er noch einen weiteren guten Rat parat: *Zahlen Sie aber Ihren Arzt nicht nach der Zahl der Visiten, sondern geben Sie ihm lieber einen bestimmten Jahresgehalt. Sie profitiren auf jeden Fall dabey: denn wird auch einmal ein ganzes Jahr hindurch Niemand bey Ihnen krank, desto besser, so haben Sie die Ausgaben für die Arzneyen erspart; kommt aber eine Krankheit von Bedeutung in Ihrer Familie vor, so gibt es ohnedieß der außerordentlichen Ausgaben die Menge, und Sie sind alsdann dem Arzte nicht mehr, als gewöhnlich, schuldig. Auf der anderen Seite profitiren Sie auch dadurch, dass der Arzt weit mehr Mühe anwenden wird, und anwenden kann, um jede kleine Unpäßlichkeit gleich auf der Stelle zu beseitigen. Es ist dies zwar die Pflicht eines jeden rechtschaffenen Arztes, und gewiß wird es auch ein jeder thun. Allein, wenn Sie ihn nach der Zahl der Visiten lohnen, so hält ihn öfters ein gewisses Zartgefühl zurück, seine Besuche nicht so sehr zu vervielfältigen, wie er vielleicht gerne wünschte thun zu können, weil er fürchtet, in den Verdacht zu fallen, als geschehe es aus Eigennutz, und so wird öfter der günstige Augenblick versäumet, wo die anrückende Krankheit hätte können zurückgeschlagen werden. Es wird ohnehin der schlechtere Arzt, der die Krankheit in die Länge zieht, gewöhnlich besser gelohnt, als der gute, welcher sie schnell heilt. Wie so? werden Sie fragen. Statt der Antwort will ich ihnen ein Anekdötchen erzählen. Ein Bauer ließ sich von einem geschickten Zahnarzte einen Zahn ausreißen. In wenigen Sekunden war die Operation vorüber. Auf die Frage, was er dafür schuldig sey, erhielt er zu Antwort: ein Gulden wäre wohl das wenigste. Wie! schrie der Bauer ganz entrüstet, einen Gulden für das bischen Mühe! Voriges Jahr ließ ich mir von unserem Dorfbader auch einen Zahn ausreissen, wobey mich derselbe zweymal im Zimmer auf und abzog, überdieß noch ein Stück von der Kinnlade mitnahm, und für diese viele Mühe und Plage verlangte der billige Mann nur dreißig Kreutzer. – Fiat applicatio.*[138]

Viele seiner Ratschläge und Ausführungen sind erstaunlich modern und fänden auch in der heutigen Medizin Anerkennung. Manches allerdings erstaunt und lässt sich nur aus dem Wissensstand des frühen 19. Jahrhunderts erklären. Verschiedenste Theorien über die Entstehung von Krankheiten entzweiten die Ärzteschaft der damaligen Zeit, ... *denn seit den letzten zehn Jahren erscheinen die neuen philosophischen und medizinischen Systeme, wie die Sternschnuppen, um eben so schnell wieder zu verschwinden.*[139] So vertraten die Anhänger der Humoralpathologie, oder Galen'schen Viersäftelehre, die Ansicht, sämtliche Vorgänge im Körper würden durch vier Säfte – gelbe Galle, schwarze Galle, Blut, Schleim – gelenkt und Krankheiten durch deren fehlerhafte Beschaffenheit und durch Missverhältnis zueinander ausgelöst. Ganz im Gegensatz dazu sahen Vertreter des Solidismus die festen Teile, insbesondere die Nerven, als Grundlage für Krankheiten an. Der schottische Arzt John Brown unterschied zwischen zwei Krankheitszuständen, die entweder durch einen zu schwachen Erregungszustand (Asthenie) oder durch einen zu hohen Grad an Erregung (Sthenie) ihre Entstehung hatten. Seine Schüler bauten diese Theorie aus und es entstanden in der

Folge diverse »Erregungstheorien«. Bei der Naturphilosophie hingegen handelte es sich um eine die Natur der Krankheiten beschreibende Schule der klinischen Medizin der Biedermeierzeit, die auf die Anwendung diverser Krankheitslehren verzichtete und sich durch streng empirische Vorgangsweise und exakte Beschreibungen auszeichnete.[140] *Der Solidist spöttelt über die chimerischen Schärfen und Säfteverderbnisse des Humeralpathologen; der Brownianer nennt alle bisherigen Systeme eitel Thorheit, reduziert das ganze Heer der Krankheiten auf zwey Hauptklassen, und setzt das Wesen derselben bloß in vermehrte und verminderte Erregung; die verschiedenen Formen sind ihm bloß verschiedene Grade der Sthenie und Asthenie. Der Erregungstheoretiker amalgamirt Brown mit der neuen Philosophie, und bringt ein Ding hervor, das weder Vater noch Mutter kennt. Endlich tritt der Naturphilosoph auf und schreyet sein heureka A = A oder die absolute Identität ist das Prinzip von dem alle Naturwissenschaft folglich auch die Medizin deduzirt werden muß.*[141] Erst nachdem Rudolf Virchow (1821–1902) die Methoden der Zellularpathologie 1858 dargelegt hatte,[142] nach der alle Krankheitszustände des Organismus auf krankhafte Veränderungen der Körperzellen zurückgeführt werden können, kam es zu einer Weiterentwicklung medizinischer Forschung.

Bremsers Nähe zur Humoralpathologie entgeht dem Leser nicht. *Die Diät der müßig lebenden, keine körperlichen Arbeiten verrichtenden, oder des schwächlichen Theils der Menschen ist ohnedieß schon so beschaffen, dass man die Schwächlichkeit desselben nicht der Reiz- und Nahrungslosigkeit seiner Diät zuschreiben kann; und diese Menschen würden bey einem größeren Aufwande von Muskularkraft, und einer etwas weniger nährenden und minder reizenden Diät zuverläßig sich stärker fühlen. Denn eben in dem Mißverhältniße der Säfte des Körpers zu den Kräften desselben liegt der Grund ihrer Schwächlichkeit.*[143]

Bremser war kein Freund übermäßig warmer Kopfbedeckungen, *Gelehrten aber und allen Personen, welche mit dem Kopfe arbeiten, ist eine solche Verhüllung des Kopfs doppelt nachtheilig. Durch die beständige Anstrengung ihrer Denkkraft werden ohne-*

hin schon mehr Säfte nach dem Kopfe gelockt, als sich mit der vollkommenen Gesundheit des Körpers verträgt; durch diese künstliche Treibhaushitze aber wird ein noch größerer Zufluß derselben dahin bewirkt. Es dürfen also diese Herrn sich gar nicht wundern, wenn sie ihr fatales Kopfweh nicht los werden können. Obgleich das Tragen von Hüten für Männer von großer Wichtigkeit war, eine Frage der Höflichkeit, da es *bey uns Sitte ist, durch Entblößung des Haupts den Freund zu grüßen und dem Vornehmen Ehrfurcht zu bezeugen,* so rät Bremser doch, sich eher *eine gutbehaarte Perücke zuzulegen.* Wenn man von Kindheit an gewöhnt war, seinen Kopf zu bedecken, sollte man auf keinen Fall radikal dazu übergehen sich barhäuptig den Umweltverhältnissen auszusetzen, man würde sich sogleich verkühlen.

Auf mehreren Seiten setzt sich Bremser mit der Beschaffenheit der Nahrungsmittel und ihrer medizinischen Relevanz auseinander, er beschreibt erfolgreiche Diäten und er warnt vor schwer verdaulichen und somit schädlichen Speisen. Den heute so sehr geschätzten Salaten kann er nichts abgewinnen, seiner Meinung nach sind es höchst ungesunde Speisen. *Bey dem Salat aber wirkt alles zusammen, um ihn im höchsten Grade schwer verdaulich zu machen. Erstlich ist das so verwendete Kraut roh, ungekocht; zweytens wird durch den beygemischten Essig, so wie durch alle Säuren, die Verdauung an und für sich geschwächt; und endlich wird dringlich dieses rohe Gras noch mit einem Oelfilm überzogen, um es vollkommen gegen die Einwirkung der Dauungssäfte zu schützen. Gibt man überdieß hartgesottenen Eyer darauf, so hat man diesem Meisterstücke der Kochkunst in Bereitung einer unverdaulichen Speise die Krone aufgesetzt.*

Wenn Bremser 1802 das Publikum vor dem Missbrauch der Brech- und Abführungsmittel und des Aderlassens warnt, so ist er seiner Zeit weit voraus. Diese Therapiemethoden waren damals noch durchaus gebräuchlich, man war der Auffassung, nur so krank machende Substanzen aus dem Körper abführen zu können. *Er war bemüht, die Vorurtheile der gastrischen Theorie beim Volke, durch die sich zu seiner Zeit besonders in Wien den Aerzten nicht wenige Schwierigkeiten beim Ausüben ihres Berufs entgegengestellt haben mögen, zu bekämpfen.*[144] Damit der Leser seine Warnungen besser verstehe, leitete er die Schrift mit der Beschreibung des Verdauungstraktes ein. Eindringlich bemühte sich Bremser, die Schädlichkeit abführender Säftchen für Neugeborene, ebenso Klistiere für Schwache, Kranke und Alte darzulegen, ganz zu schweigen von den verheerenden Folgen des Aderlasses bei *bleichsüchtigen Frauenzimmern*, Schwangeren und Alten. Bremser ermahnte alle Mütter, ihre Kinder selbst zu stillen. Das Stillen war der beste Schutz gegen die hohe Säuglingssterblichkeit, aber oft nur wohlsituierten Bürgersfrauen vorbehalten, die ihre Kinder monatelang stillen konnten. Frauen der Unterschicht hingegen mussten ihre Babys früh abstillen, um außer Haus arbeiten zu können. Das Füttern mit Ersatzmilch führte oft zu Darmstörungen und durch mangelnde Hygiene zu Infektionen, sodass viele dieser Säuglinge früh verstarben.[145]

Aber er warnte auch vor Kurpfuschern, Scharlatanen und Ratschlägen wohlmeinender *Frau Basen und Gevatterinnen. Diese tragen ihr Scherflein zur Beförderung des Todes bey.*[146] Die Gefahren, die in obskuren Hausmitteln, Tinkturen und Wunderelixieren liegen, hält er dem Leser drastisch vor Augen.

Ein KÄMPFER *für die* KUHPOCKENIMPFUNG

Die Blattern oder Pocken (lateinisch variola = verschieden, bunt) waren eine durch Viren hervorgerufene, schwere Erkrankung des Menschen. Heute gelten die Pocken als ausgerottet, 1980 erklärte die WHO die Welt als »pockenfrei«. Auffälligste Symptome waren, neben hohem Fieber, Hautveränderungen wie Flecken, Bläschen, Knoten und Pusteln am ganzen Körper, die meist entstellende Narben hinterließen. Die Krankheit verlief häufig tödlich, von ihr besonders betroffen waren Kleinkinder. In der Antike kursierten die Pocken im Nahen Osten und in Nordafrika, mit römischen Legionen gelangten sie nach Europa und wurden insbesondere durch die Völkerwanderungen und später durch die Kreuzzüge nochmals stärker verbreitet. Die Pocken forderten unter der österreichischen Bevölkerung im 17. und 18. Jahrhundert besonders viele Opfer. Die Krankheit traf nicht nur Arme, auch die Kaiserfamilie blieb nicht verschont – das Leben »Kaiserin« Maria Theresias war von den Pocken überschattet. Sie verlor vier Kinder und zwei Schwiegertöchter durch diese Seuche. Besonders tragisch mutet der Tod ihrer 16-jährigen Tochter Maria Josepha an, die am Tag ihrer geplanten Vermählung mit Ferdinand, König von Sizilien, an Pocken verstarb. Sie tröstete angeblich sich und ihre Mutter sterbend dahin gehend, dass sie lieber in den Himmel reise als zum Bräutigam. Im gleichen Jahr, 1768, erkrankte auch eine weitere Tochter der Regentin, Maria Elisabeth, sie überlebte, doch war sie von den Pocken so entstellt, dass aus der geplante Heirat mit dem französischen König Ludwig XV. nichts wurde. Auch Maria Josepha von Bayern, zweite Ehefrau des Sohnes Maria Theresias und Mitregenten Josef II., verstarb im selben Jahr an der Seuche. Maria Theresia selbst steckte sich bei der Pflege der Kranken an, überlebte die Krankheit, aber zeigte sich, von Pockennarben gezeichnet, seitdem nicht mehr unverschleiert in der Öffentlichkeit und ließ alle Spiegel in ihren Gemächern entfernen. Als Konsequenz dieser schmerzvollen Erfahrungen ließ die Kaiserin 1768 den niederländischen Arzt und Botaniker Jan Ingenhouz (1730–1799), einen der Impfärzte der englischen Royal Family, nach Wien kommen, um ihre Söhne Maximilian und Ferdinand »inokulieren« zu lassen.[147]

Diese allererste Form einer Schutzimpfung, die Inokulation (lateinisch inoculare = einpflanzen), war schon den antiken Indern, Chinesen und später den arabischen Sklavenhändlern bekannt. Man versetzte die Nasenschleimhaut oder eine Hautritzung eines Gesunden mit dem Sekret der Pusteln oder einem Pulver der eingetrockneten Krusten echter Pockenkranker, wobei man Patienten mit mildem Krankheitsverlauf bevorzugte. Häufig erzeugte diese künstliche Infektion eine Immunisierung und somit einen Schutz gegen die Erkrankung. Allerdings bestand die akute Gefahr, dass die Krankheit womöglich tatsächlich ausbräche oder sogar Epidemien durch dieses Vorgehen hervorgerufen würden. Die englische Schriftstellerin Lady Mary Wortley

Montagu (1689–1762) hatte die Methode aus dem Osmanischen Reich um 1720 nach England gebracht. Um den englischen König zu überzeugen, mussten allerdings zuerst, zu Versuchszwecken, Waisen und Häftlinge behandelt werden, bevor Mitglieder der königlichen Familie inokuliert werden konnten.[148] Am 20. April 1799 war in der »Wiener Zeitung« noch zu dieser »Variolation« aufgerufen worden,[149] aber da ja diese Impfung äußerst gefährlich war – von 1.000 Geimpften erkrankten durchschnittlich 30 bis 40 Personen schwer an Pocken, zwei bis drei bezahlten diese Vorsorge sogar mit dem Leben[150] – war sie aufgrund des hohen Ansteckungsrisikos nur außerhalb der Stadt erlaubt.

Einen Durchbruch in der Impfpraxis zur Bekämpfung der Pocken stellte die Entdeckung bzw. der experimentelle Nachweis der sogenannten Kuhpockenvakzine dar. Der englische Landarzt Edward Jenner (1749–1823) war Hinweisen nachgegangen, wonach Bauern und insbesondere Melker, die sich mit den harmlos verlaufenden Kuhpocken, einer Krankheit des Viehs, angesteckt und einen Hautausschlag bekommen hatten, in der Folge nicht mehr an den echten Pocken erkrankten; sie waren offensichtlich immun gegen diese Krankheit. Jenner infizierte seine Söhne mit den Kuhpocken und – als Test der Wirksamkeit – anschließend mit den gefährlichen Menschenpocken. Das Experiment bestätigte die Schutzwirkung der Vakzination (lateinisch: vaccina = die von Kühen stammende). 1798 publizierte Jenner die Ergebnisse seiner Untersuchungen und propagierte die Methode in England.[151]

Abb. 8: Eduard Jenner, Lithografie, gestochen von Hoppe Leipzig 1800, Porträtsammlung der ÖNB (Port_00076415_01)

Die ersten Impfungen außerhalb Englands erfolgten schon 1799 in Wien. Die hier lebenden Ärzte Pascal Joseph Ferro (1853–1809) und Jean de Carro (1770–1857) hatten, so wie Jenner, Versuche an ihren eigenen Kindern vorgenommen, was am einfachsten war, *da es sehr schwer fällt, fremde Kinder für derley Versuche zu erhalten, und man auch dabey nicht sicher ist, ob alles Nöthige bey ihnen beobachtet werde.*[152] Zur Gegenprobe impften Ferro und de Carro nachträglich ihre Kinder noch mit den Menschenblattern, wodurch eine Tochter Ferros an einer leichten Form der Pocken erkrankte, die anderen Kinder (ein Bub und ein Mädchen Ferros sowie zwei Buben de Carros) blieben aber gesund. Die Skepsis gegenüber der Kuhpockenimpfung war damals unter Ärzten weit verbreitet, die Schriftstellerin Caroline Pichler (1769–1843) erinnerte sich daran: *Sobald es die Witterung erlaubte, sollte auch mein kleines Mädchen geimpft werden. Eben um diese Zeit fing die, seitdem so viel besprochene Vakzine an, bekannt zu werden. Der dadurch berühmt gewordene Doktor de Carro, der mit der Tochter eines uns freundschaftlich verbundenen Hauses vermählt war, schickte mir Jenners Werk über diesen Gegenstand. Aber unser Hausarzt, Doktor Herbek, war nicht der Meinung, von dieser, damals noch so wenig konstatierten Entdeckung Gebrauch zu machen. Mein Lottchen wurde mit Menschenblattern geimpft (Variolation) und überstand die Krankheit leicht, indem sie, nach der damals gewöhnlichen Behandlungsart, den ganzen Tag in der freien Luft gehalten, selbst ihre Fieber in einem mit Betten ausgelegten Wägelchen im Garten überstehen mußte, wobei nur die Vorsicht gebraucht wurde, den Platz und also die umgebende Luft zu wechseln, und so ging mit Gottes Hilfe diese wichtige Periode glücklich vorüber.*[153]

Die Zeit drängte, 1800 war ein Jahr, in dem sich in Mitteleuropa besonders viele Menschen mit Pockenviren infiziert hatten. Wien war eine Stadt, *wo unter 18.452 Entseelten sich 3.296 befanden, die durch diese mörderische Krankheit gefallen waren,*[154] von denen, wie man annehmen kann, 3.000 Kinder unter zehn Jahren waren.[155] Unzählige, Erwachsene und Kinder, hatten zwar die Krankheit überlebt, waren aber für immer entstellt oder auch blind geworden. Die erste öffentliche Schutzimpfung fand am 10. Dezember 1800 in Brunn am Gebirge statt.[156] Aus England erhielt man in »Kuhpockenmaterie« getränkte Zwirnsfäden, die in einen Einschnitt am Oberarm gelegt wurden. In einem Findelhaus in der Alser Straße wurde 1802 eine allgemein zugängliche Impfstelle – eine Vaccinations-Anstalt – eingerichtet, wo man täglich von 9 bis 11 Uhr Kinder unentgeltlich impfen lassen konnte. Da man den Impfstoff aus den Pusteln frisch Geimpfter gewann, mussten sich *in einem eigens dazu bestimmten Zimmer unter Aufsicht des Hausarztes und Wundarztes immer einige mit Kuhpockengift geimpfte Kinder befinden.*[157] Auch das Verschicken des an Seidenfäden, Stofflappen oder Lanzetten[158] angetrockneten Impfstoffes wurde von dort aus organisiert. Engagierte Ärzte impften in ihren Ordinationen und hatten sich *somit gerechte Ansprüche auf den Dank der Vaterstadt erworben, als die H.H.D.D.*

von Portenschlag-Ledermayer, Vater und Sohn, Careno, Helm, Ueberlacher, Schiffman, Guldener, Fechner, Bremser, ...[159].

Der Erfolg war durchschlagend: Im Jahr 1802 starben in Wien 14.522 Menschen, darunter 8.369 Kinder, von denen nur mehr 61 den Pocken erlegen waren, 1803 unter 7.921 Kindern gar nur mehr 37.[160] Aus diesen Zahlen lässt sich erkennen, wie hoch die Kindersterblichkeit in Wien war, sie lag bei den unter Zehnjährigen bei 50–55 % der jährlichen Sterbefälle.[161] *Herr Dr. v. Tassara, Kreisphysicus zu Klosterneuburg* [Anm.: Sebastian von Tassara (1853–1809)] *impfte in einem Zeitraume von 10 Jahren 3.239 Subjecten die Schutzblattern, darunter waren, laut seiner schriftlich gegebenen Aeußerung 460 säugende, über 600 noch nicht ein Jahr alte, mehr als 300 noch nicht einmal 3 Wochen alte, sehr viele aber erst ein, zwey, oder drey Tag alte Kinder; jedes dieser Geimpften beobachtete er genau, und bey keinem einzigen derselben bemerkte er entweder in, noch nach dem Verlaufe der Kuhpocke eine auch noch so geringe üble Folge, die man der Schutzpocke hätte zuschreiben können. — Mit dieser Behauptung stimmen auch die schriftlichen Aussagen der Herren Doctoren Böhm, Bör, Bremser, Anton Braun, Mato, Vater und Sohn Portenschlag-Ledermayer vollkommen überein; und diese durch Tausende von Erfahrungen a posteriori geführte Widerlegung einer Behauptung, die von dem Verfasser so ganz ohne den mindesten Beweis, bloß durch eine, auf seine Autorität gestützte seyn sollende, einseitige Erfahrung aufgeworfen wurde, scheint auch die einzig mögliche und in jeder Hinsicht zuverlässigste zu seyn.*[162] Durch ein Dekret vom 10. Juli 1806 wurden die Ärzte, die die meisten Geimpften belegen konnten, mit Prämien von 200, 150 bzw. 100 Gulden ausgezeichnet – und nicht nur das, ihre Namen wurden in der »Wiener Zeitung« erwähnt – eine ehrenvolle Auszeichnung.[163]

Aber ein Teil der Bevölkerung stand desinteressiert bis ablehnend dieser neuen Schutzimpfung gegenüber, auch unter den Ärzten befanden sich immer noch Skeptiker, sodass sich Bremser 1801, 1806 und 1810 gezwungen sah, Abhandlungen betreffend dieser Schutzimpfung herauszugeben.[164] Er verteilte viele Exemplare unentgeltlich unter der Bevölkerung, um diese von der

Harmlosigkeit der Kuhpockenimpfung zu überzeugen.[165] Eindringlich rief er die Leser zur Vakzination auf und appellierte an ihre Vernunft. Kuhpocken verursachten nur eine ganz geringe, öfters kaum merkbare Unpässlichkeit, Erkrankte bedurften keiner besonderen Pflege oder ärztlicher Hilfe. Pusteln blieben auf die Einstichstelle beschränkt, sie bildeten keine Narben, es erfolgte kein Ausschlag. Die Vorteile dieser Impfung lagen auf der Hand und waren nicht wegzudiskutieren. Man konnte in jedem Lebensalter geimpft werden und die Kuhpocken waren durch »bloße Ausdünstung« nicht ansteckend. Das Wichtigste aber: Sie waren ein »sicheres Bewahrungsmittel gegen die Menschenblattern«. Gegenüber starren Vorurteilen ist auch die plausibelste Argumentation oft nicht zielführend. In seiner Schrift von 1801 »Über die Kuhpocken« zählte Bremser die gängigsten gegen diese Impfung auf und versuchte sie zu entkräften:

» *Dasjenige Vorurtheil, welches am häufigsten ein Hinderniß der Kuhpockenimpfung ist, besteht darin, dass man glaubt, die Blatternkrankheit sey eine durchaus nothwendige Krankheit, die ein jeder Mensch überstehen müsse.*[166] Bremser widerlegt den oftmals dargelegten Irrglauben, jeder Mensch habe eine angeborene Schärfe, die nur eine Blatternkrankheit aus dem Körper entfernen könne: 1. Die Pocken werden nur durch Ansteckung von bereits Infizierten übertragen, sind also nicht angeboren. 2. Warum hatten unsere Vorfahren keine Pocken? 3. Es gibt genügend Personen, die nicht an Pocken erkranken, bei bester Gesundheit sind und ein hohes Alter erreichen. 4. Nach überstandenen Pocken sind die Genesenen nicht gesünder als vor Ausbruch der Krankheit. 5. *Von wem soll dann der Mensch diese Schärfe erben? Vater und Mutter haben gewöhnlich schon in ihrer Kindheit die Blattern überstanden, mithin die Blatternschärfe ausgeleert.* 6. Warum schützen alle ihre Kinder so vor Ansteckung, wenn man annimmt, dass durch sie der Körper von einer »Schärfe« gereinigt werde?

» *Ein anderer Einwurf lautet: man muß der Natur ihren Lauf lassen; oder: Alles natürliche ist besser als das künstliche.*[167] Bremser argumentiert dagegen, dass es gar keine natürlichen Blattern gebe, man bekomme sie ausschließlich durch Ansteckung.
» *Man sagt: Was Gott schickt muß man annehmen, und ihm nicht vorgreifen.*[168] Dem Menschen sei von Gott der Verstand gegeben, der es ihm ermögliche, zwischen Gutem und Bösem zu unterscheiden, zu erkennen, was für ihn gesund und was für ihn schädlich sei; sich auch vor Ansteckung zu schützen und den Nutzen der Kuhpockenimpfung zu erkennen. Unter diesem Punkt geht Bremser genau auf den Verlauf der harmlosen Kuhpocken im Vergleich zu den gefährlichen Kinderblattern ein. Tatsache aber ist, dass eine einmalige Infektion mit Kuhpocken oder »Menschenpocken« für immer vor weiteren Infektionen mit Pocken schütze. *Allein diese Wahrheit ist durch die Erfahrung hinlänglich bestätigt, und daran müßen wir uns allein halten, bey Wirkungen, deren Zusammenhang wir nicht einsehen vermögen.*
» Mit einem Vorurteil gegen die Kuhpockenimpfung wurde Bremser immer wieder konfrontiert: *dass die Sache noch zu neu sey, und ob gleich die Kuhpocken auf einige Jahren gegen die Blattern schützen könnten, es dennoch ungewiß sey, ob sie auf immer dagegen schützen.*[169] Er widerlegt dieses Argument mit dem Hinweis auf die reichliche Erfahrung, die man vor allem in England gemacht habe.
» Selbst viele Ärzte widersetzten sich der Kuhpockenimpfung! Unter diesem Punkt rechnet Bremser mit uneinsichtigen Kollegen ab. *Worauf mögen sich die Gründe für die Ablehnung der Impfung stützen?*, fragt Bremser; *auf eitle Hypothesen, auf ärmliche Vorurtheile, auf Hirngespinste von angebornem Blatterngift, auf chimärischen Voraussetzungen von etwaigen üblen Folgen und dergleichen.*
» Ein Gegenargument lautete: *die Kuhpocken seyen ein thierisches (bestialisches) Gift, und es sey möglich, dass durch fortgesetzte Verpflanzung contagiöser oder anstecken-*

der Stoffe aus dem Tier- in den Menschenkörper, diesem letzteren etwas von der physischen Thierheit mitgetheilt würde. Für Bremser ein unglaublicher Unsinn. Warum ernährten sich dann Menschen überhaupt von »tierischen Produkten«. Außerdem werde in Deutschland nicht mit Sekret aus Rinderkörpern geimpft, sondern mit dem von Kuhpocken befallener Menschen.

» Einige Patienten verweigerten die Impfung, da die Welt schon so viele Jahre ohne Kuhpockenimpfung ausgekommen sei. *Die Welt hat auch bestanden, ehe es Städte und Dörfer gab, sollen wir deswegen unsere Häuser niederreissen, und in den Wäldern mit den Wölfen leben?*

» *Wenn das Kind während der Krankheit stirbt: so wird uns unser Gewissen ewig Vorwürfe darüber machen.* Bremser antwortet auf diesen Einwand, das Kind werde nicht an den Kuhpocken sterben, aber wenn es an den Menschenblattern stürbe, weil es nicht geimpft war, dann müssten die Eltern sich zu Recht die größten Vorwürfe machen.

» Die Entschuldigung, *ich habe mein Kind viel zu lieb, als dass ich ihm solche Schmerzen verursachen sollte,* erbitterte ihn, denn es wurden nur zwei kleine Ritzchen am Oberarm gemacht, die nicht einmal bluteten.

» Besonders entrüstet war Bremser über Leute, die die Kuhpockenimpfung nur für eine »lukrative Spekulation« einiger Ärzte hielten.

Einen dramatischen Appell, seine Kinder und – sollte man selbst die Pocken noch nicht überstanden haben – auch sich noch impfen zu lassen, richtete Bremser an seine Leser: *Es handelt sich hier nicht blos davon einige einzelne Menschen glücklich zu machen, oder einer einzelnen Stadt den Wohlstand, vielleicht auf Kosten anderer zu verschaffen. Nein! es ist darum zu thun das ganze menschliche Geschlecht von einer verheerenden Pest zu befreyen, auf immer zu befreyen.*

Bremser musste noch einige Seiten »über den Nutzen der Kuhpocken Impfung« in seinem Sammelband der Sprichwörter

1806 unterbringen, da er vorher im Jahr 1801, als er die Abhandlung »Über die Kuhpocken« verfasst hatte, mit einem weiteren Vorurteil gegen die Impfung noch nicht konfrontiert gewesen war: Einige Leute behaupteten, der menschliche Körper werde durch das Impfen mit Kuhpocken empfänglicher für andere Krankheiten. Diesen Behauptungen begegnete er mit süffisanter Ironie: *Da es seit der Erschaffung der Welt üblich ist, dass der Mensch nur einmal wirklich stirbt: so waren diesem zufolge alle jene, welche in der Wiege schon durch die Blattern dahingerafft wurden, in alle Ewigkeit nicht nur gegen den Tod an Masern, Scharlach, Ruhr, Keichhusten und jeder anderen Krankheit, sondern sogar gegen das Halsbrechen vollkommen gesichert. Nun wird aber durch die Kuhpockenimpfung das Sterben an den Blattern verhütet, folglich bleiben für jede andere Epidemie mehr Kinder übrig, die davon befallen werden können, mithin wird auch, wenn sie bösartig ist, die Zahl derer, die daran sterben, größer seyn, was wahrlich leicht zu begreifen ist.*[170]

In seiner Schrift »die Kuhpocken als Staats-Angelegenheit betrachtet« propagiert Bremser, den Impfzwang auf gesetzlicher Ebene durchzusetzen, und erläutert seinen Vorschlag unter religiösen, philosophischen und sozialmedizinischen Aspekten. Auch führen ihn vergleichende rechtshistorische Studien zu dem Schluss, *dass dem Staate die Befugnis, ein Gesetz zu geben, welches die Kuhpockenimpfung allgemein gebietet allerdings zukomme. Ich bin aber selbst der Meinung, dass der Staat, ein solches Gesetz zu geben, sogar verpflichtet ist.*[171] Bremser kämpfte gegen die Nachlässigkeit der Impfung gegenüber, die sich mit der Zeit eingeschlichen hatte. So war es auch im Jahr 1806 erneut zu einer Zunahme an Todesopfern gekommen. Allein im Juli starben 300 Kinder an den Pocken, wobei die Zahl sicher höher gewesen war, da die unter Einjährigen in den Totenprotokollen nicht verzeichnet waren. Alle diese Kinder *waren Opfer des Vorutheils, des Starrsinns, oder auch der Nachlässigkeit und Saumseligkeit der Eltern.*[172] *Ich kann selbst aus meinem Impfprotokolle nachweisen, dass ich dieses Jahr mehrere zwey und dreyjährige Kinder wegen drohender Blatternansteckung in Eile impfen mußte, deren ältern Geschwister ich auf Verlangen der Eltern bereits vor 4 oder 5 Jahren geimpft hatte. Dies ist ein Beweis, dass öfters bloß Sorglosigkeit Ursache der unterlassenen Impfung ist; es wird daher die Einführung der gesetzlichen Impfung umso dringender.*[173] Zur Umsetzung dieses Gesetzes, schlägt Bremser einen kuriosen, aber sicher vielversprechenden[174] Weg vor. *Diese Vorbereitung des Volkes aber, damit es sich mit Freuden dem Gesetze unterwerfe, kann durch Niemand besser und leichter geschehen, als durch die Geistlichen.*[175] Die praktische Nutzung der Pfarrer auch für religionsferne Anliegen hatte schon seit der Umstrukturierung der Kirche durch Joseph II. Tradition.[176] Bremser geht aber in seinem Entwurf sehr rigoros vor: *Man kann behaupten, dass die Schuld ganz allein an dem Pfarrer liegt, wenn eine Gemeinde sich nicht dazu verstehen will, und in diesem Falle sollte man ihn verantwortlich dafür machen, unter der Bedrohung einen anderen an seine Stelle zu setzen, wenn er nicht vermag seine Pfarrkinder zu überzeugen.*[177]

Gegen Dummheit aber ist kein Kraut gewachsen, resignierend stellt Bremser fest: *Es ist mir zwar noch ein anderes Argument gegen die Kuhpockenimpfung vorgekommen, gegen welches sich schlechterdings nichts sagen lässt. Es lautet: Ich halte aber nichts auf diese Impfung. Fragt man nun: Warum halten Sie nichts darauf? So erhält man zur Antwort: Weil ich eben nichts davon halte.*[178]

Dieses Kämpfen Bremsers für die Verbreitung des Impfgedankens und für eine gesetzlich vorgeschriebene Pflichtimpfung hatte Erfolg, nur konnte er es nicht mehr erleben. 1836 wurde das sogenannte Impfregulativ verfügt, eine Vorschrift über die Kuhpockenimpfung in den k. k. Staaten. Ein Erlass schrieb 1891 die Vorlage eines Impfzeugnisses als Bedingung für die Aufnahme in die Volksschule vor. Gesetze aus den Jahren 1939 und 1948 verordneten die Pockenimpfung als eine Pflicht, die dann 1977 ausgesetzt und 1981 gänzlich aufgehoben werden konnte, da die Krankheit als ausgerottet gilt.

Eine AUTORITÄT *auf dem* GEBIET *der*
GALVANOTHERAPIE

Bremser beschäftigte sich eingehend mit der Galvanotherapie, der therapeutischen Wirkung konstant fließenden Gleichstroms auf den menschlichen Körper. Von ihm sind keine Schriften darüber bekannt, aber andere berichteten von Bremsers Bemühungen, Erfolgen und Misserfolgen mit dieser zu Beginn des 19. Jahrhunderts noch wenig praktizierten Anwendung des elektrischen Stromes in der Medizin.

Als Stromquelle diente die erst um 1800 von dem italienischen Physiker Alessandro Guiseppe Volta (1745–1827) entwickelte und nach ihm benannte Volta'sche Säule. Sie bestand aus mehreren bis vielen Plattenpaaren aus Kupfer und Zink, zwischen denen sich Karton- oder Stoffstückchen befanden, die mit einer elektrolytischen Flüssigkeit wie Salzwasser, Schwefel- oder Salzsäure getränkt waren. Der Gleichstrom wurde den Kranken in Form eines »galvanischen Bades« zugeführt, bei dem ein Pol in ein mit Salzwasser gefülltes Gefäß gebracht, der andere am Körper befestigt war, oder aber Arme und Füße wurden in zwei verschiedene, mit je einem Pol versehene Gefäße getaucht.

Beliebt war es auch, Metallplatten oder -stäbe direkt am Körper mit Binden oder Heftpflastern zu befestigen und miteinander zu verbinden. Als notwendig hatte es sich erwiesen, die Haut vorher mit Salzwasser zu waschen, da die Epidermis ein schlechter Leiter »des galvanischen Fluidums« war. *Will man eine recht schmerzhafte ordentliche Einwirkung erzielen, so bediene man sich der Metallbürsten von Bremser. Ein mit silbernen hechelartigen Spitzen versehenes Blech wird auf den leidenden Theil so aufgesetzt, dass die Spitzen die Epidermis durchdringen. Durch diese Metallbürste hindurch lässt man den Galvinismus einwirken. Vertauscht man diese Metallbürste mit einem feuchten Schwamm, so ist die Wirkung des Galvanismus auf den leidenden Theil weniger reizend und daher bei hoch gesteigerter Sensibilität des letzteren anwendbar.*[179]

Dr. Bremser hob Lähmung, die von Blei-Kolik zurückgeblieben war, Lähmung der unteren Extremitäten mit Trägheit der peristalti-

schen Bewegung und Merostase, schwarzen Staar mit Entmischung des Glaskörpers nach Rose entstanden, Schwerhörigkeit, die von Typhus nachgeblieben war, und eine gichtische Augenentzündung.[180] Auch bei Nervenleiden und Epilepsie wurde der Gleichstrom angewandt, aber vor allem bei Krankheiten der Sinnesorgane, wie den unterschiedlichen Graden der Taubheit, kam diese Methode zum Einsatz. Bremser konnte in seiner Privatpraxis *an einigen Schwerhörigen glückliche Erfahrung machen,* wie wir aus einem Brief des Wiener Arztes Johann Friedrich Erdmann an Ludwig Wilhelm Gilbert, den Herausgeber der Annalen der Physik[181], vom 6. September 1802 erfahren.

Arzt *am* Taubstummeninstitut *in* Wien

Im Jahre 1802 war Johann Gottfried Bremser am Taubstummeninstitut in Wien unentgeltlich tätig, und zwar *ein volles Jahr, täglich mehrere Stunden.*[182]

Das Taubstummeninstitut war 1779 unter Maria Theresia gegründet worden, vorerst für sechs Knaben und sechs Mädchen. Untergebracht war es im Wiener Bürgerspital, das sich am heutigen Albertinaplatz befunden hatte. Kaiser Joseph II. ließ 1783 das Institut in das Stöger'sche Haus Nr. 789, nahe dem Stubentor, transferieren. Die Zahl der Zöglinge stieg auf 30 an. 1784 wurde eine größere Wohnung gesucht und im ehemaligen Kollegium der Pazmaniten, einem geräumigen Haus in der Inneren Stadt Nr. 683 (heute Schönlaterngasse 13), gefunden. Die Zahl der Betreuten belief sich nun auf 45. Im Jahre 1803 wurde dieses Haus wieder dem Priesterseminar des ungarischen Klerus übergeben und das Taubstummeninstitut musste abermals umziehen, diesmal in das Windhag'sche Stiftungshaus in der oberen Bäckerstraße Nr. 755. Erst 1808 konnte endgültig ein Haus mit Garten auf der Wieden, Favoritenstraße 162, erworben werden.[183]

Bremser behandelte 22 Taubstumme, von denen 11 durch den Gebrauch des Galvanismus einige jedoch geringe Besserung spürten, 5 sehr auffallend besser hörten und 6 gar keinen Nutzen davon erfuhren. 11 Taubgeborene besserten sich, 5 derselben spürten keine Wir-

kung davon. Bei einigen fiel die Besserung in die frühere Periode des Galvanisirens und späterhin trat ungeachtet der eifrigen Fortsetzung der Operation ein Stillstand in der Entwicklung der Hörfähigkeit ein.[184] Bremser nahm seine Behandlungen mit großer Umsicht vor. Er prüfte genauestens die Hörfähigkeit der Patienten, noch vor der Therapie, denn nur wenige waren vollkommen taub. *Er bediente sich dazu einer immer mit gleicher Stärke schlagenden Glocke, einer hölzernen Kinderknarre, zweier Pfeifen, zweier Kindertrompetchen und eines hölzernes Kuckucks, und bemerkte genau die Entfernung, in welcher der nicht völlig Taube den Klang dieser Instrumente noch hören und unterscheiden kann. Jetzt wendet Herr Dr. Bremser den Galvanismus bei verschiedenen Subjecten auf verschiedene Art an, wiederholt die erwähnten Prüfungen alle Monate.*[185]

Der Münchner praktische Arzt Aloys Martin beschrieb 1850 Leben und Werk des bekannten deutschen Chirurgen Philipp Franz v. Walther (1782–1849), der einige Zeit in Wien studiert hatte und hier die Methoden und Anwendungen der Galvanotherapie kennenlernen konnte. *Im Wiener Taubstummen-Institute hatte nämlich um jene Zeit ein Herr Dr. Bremser mehrfache galvanische Operationen an den Zöglingen der Anstalt vorgenommen und dabei den Erfolg gehabt, dass drei Taubstumme, welche vorher gar nicht hörten, nun nicht nur sehr laute, sondern auch leisere Töne genau unterscheiden konnten und bei Andern die Empfindlichkeit für Schallschwingungen in Folge der Anwendung des Galvanismus erhöht wurde.*[186] Es könnte sich um jene drei Patienten Bremsers gehandelt haben, von denen es hieß, *der erste Kranke litt an Kopfschmerz, Ohrensausen, und besserte sich doch so weit, dass er sich mit Jedem ohne Anstand besprechen konnte; dem zweiten entgingen am Ende der Behandlung auch ziemlich leise Schallschwingungen nicht; die dritte Kranke hörte auf dem vorher tauben Ohre nun jeden etwas lautern Ton, auf dem schwerhörigen aber jede sonst vernehmliche Schallschwingung.*[187] Walther veröffentlichte 1803 eine Arbeit mit dem Titel »Uiber die therapeutische Indication und den Technicismus der galvanischen Operation«[188]. In der allgemeinen Literatur-Zeitung (Halle) vom 3. Februar 1804 kommentierte ein nicht namentlich genannter Rezensent Walthers Ausführungen zur Anwendung des Galvanismus bei Taubheit und Schwerhörigkeit wie folgt: *Es sind indessen Erfahrungen von Dr. Bremser hier angeführt, welche beweisen, dass auch bey Bewaffnung des einen Ohrs mit dem einen, des andern Ohrs mit dem andern Pole die Gehörfähigkeit in beiden Ohren erhöhet wurde, womit auch des Rec. Erfahrungen übereinstimmen.*

Es ist doch sehr auffallend, dass Bremser selbst seine Untersuchungen nicht publiziert, obwohl er es angeblich vorgehabt hatte.[189] Letztendlich war er wohl von dieser Therapie nicht überzeugt und erkannte sie als wirkungslos. Ein vernichtendes Urteil über diese Heilmethoden gab der Arzt Eduard Schmalz. Unter anderem berief er sich auf den Pädagogen und Direktor des Taubstummeninstituts in Wien (ab 1820) Michael Venus: *… in dem Wiener Institute wurden im Jahre 1802, drei Monate lang, von DD Bremser und Hafner Versuche gemacht, mittels des Galvanismus den taubstummen Zöglingen zum Gehör zu verhelfen, allein ihre Bemühungen blieben… ohne allen Erfolg.*[190] Ähnliches schrieb Franz Josef Gall (1758–1828) am 27. Oktober 1802 in einen Brief an den berühmten Naturforscher Georges de Cuvier in Paris: *Ich bin Arzt am hiesigen Taubstummen Institute, und habe veranlasset, dass die Aerzte Bremser und Haffner schon über 6 Monate unausgesetzt Versuche machen; aber leider bis her ohne den mindesten Erfolg bey etlich und zwanzigen.*[191] Gall war zu dieser Zeit praktischer Arzt in Wien und Hausarzt des Taubstummeninstitutes. Zwiespältige Aufmerksamkeit erlangte er durch seine Schädel-Hirn-Lehre, die Phrenologie, nach der man aufgrund der Ausbildung des knöchernen Schädels auf Geistesfähigkeit und Charakter eines Menschen schließen könne.[192] Besonders ausgeprägte oder unterentwickelte Gehirnpartien seien an der Schädeldecke als Buckel oder Vertiefung erkennbar. Als Studienmaterial besorgte er sich in Wien zahlreiche Schädel von Verbrechern, Wahnsinnigen und Selbstmördern und sammelte nach der Natur geformte Gipsbüsten bekannter Persönlichkeiten.[193] Er hielt Privatvorlesungen, die durch ein Handschreiben des Kaisers vom 24. Dezember 1801 als moral- und religionsfeindlich verboten wurden. 1805 verließ Gall Wien wieder.

Bösartige Gerüchte kursierten, deren Seriosität aber Ernst Adolf Eschke (1766–1811), dem Begründer des königlichen Taubstummeninstituts in Berlin, zweifelhaft erschienen: So soll der Galvanismus in Wien am Taubstummeninstitut *nicht den geringsten Nutzen gestiftet* haben; *aber alle Taubstummen wären davon krank geworden und ein Paar hätten dadurch ihren Verstand verloren, so dass sie dadurch keines Unterrichtes mehr fähig wären.*[194]

Konstrukteur *elektrisch-voltaischer* Apparate

Ein Apparat zur Entdeckung des Scheintodes

Bis ins 19. Jahrhundert war in Europa die Angst, scheintot begraben zu werden, weit verbreitet. Man griff zu den unterschiedlichsten Maßnahmen, zu drastischen und obskuren, um diesem Alptraum des Lebendig-begraben-Werdens entgegenwirken zu können. Bis zum Beginn des 20. Jahrhunderts war es einem Arzt in der österreichischen Monarchie erlaubt, mittels Herzstich den Tod eindeutig festzustellen. Es wurden aber auch sogenannte Sicherheitssärge konstruiert und verkauft, deren Deckel am Kopfende mit einem Fenster und einer langen Luftröhre versehen waren, damit der Scheintote beim Erwachen nicht den entsetzlichen Qualen des Erstickens ausgesetzt sei.[195] Mancherorts befand sich ein Glockenstrang in Reichweite des Aufgebahrten, damit er sich notfalls bemerkbar machen könne. Christoph Wilhelm Hufeland, Lehrer und Dissertationsvater Johann Gottlieb Bremsers in Jena, bewirkte beim regierenden Herzog Karl August von Sachsen-Weimar-Eisenach in Weimar erstmalig die Errichtung eines Leichenhauses, von wo der Wärter durch ein Fenster ständig die aufgebahrten Verstorbenen im Auge behalten konnte. Hufeland konstruierte gleichfalls ein Alarmsystem mit Fäden und Glöckchen, das an den Fingern und Zehen der Verstorbenen angebracht war. Er dissertierte über die Möglichkeit mittels »elektrischer Kraft« den Scheintod beheben zu können, kam aber zu keinen bedeutenden Ergebnissen.[196] Vielleicht auf seine Anregung hin nahm sich Bremser dieses brisanten Themas an und konstruierte einen *bequemen Voltaischen Apparat*,[197] durch den der Leichenbeschauer eindeutig den Tod eines Menschen beweisen konnte. Das war wichtig, denn *vermöge kaiserl. Verordnung darf in Wien keine Leiche eher begraben werden, bis sie nicht vom Todtenbeschauer besichtigt und für wirklich todt erklärt worden ist.*[198] Dieser Apparat musste leicht zu bedienen sein und 1. *auch ohne Sachkenntnis leicht aufzubauen, 2. schon aufgestellt, leicht und sicher fortzubringen, 3. leicht an den Körper zu appliciren, und 4. bei hinlänglicher Wirksamkeit von geringer Schwere und unbeträchtlichem Umfange seyn. Und diese Eigenschaften scheint der Bremserische Apparat vollkommen in sich zu vereinigen.*[199] Allerdings kam dieser Apparat *nie zur allgemeinen Anwendung.*[200] Eine genaue Beschreibung und Zeichnung haben wir dem deutschen Mediziner Johann Friedrich Erdmann (1778–1846) zu verdanken, der 1802, nach Abschluss seines Studiums an der Universität in Wittenberg, nach Wien gekommen und hier mit Johann Gottfried Bremser zusammengetroffen war.

Voltaisch-electrischer Apparat zur Entdeckung des Scheintodes:[201] *Hundert Paar zusammengelötheter Kupfer- und Zinkplatten, jede ein Quadrat von 14''' (Par.)*[202] *Seite bildend, werden mit nassen Tuchscheiben zu 2 Säulen aufgeschichtet, welche in einem Kasten von Birnbaumholz eingeschlossen sind. Dieser Kasten, (Taf. III, Fig. 1) ist im Lichten*[203] *5½" (Par.) lang, 14''' tief und 2½" breit,*[204] *und wird von einer Scheidewand, (a,a) in zwei gleiche Fächer getheilt, deren jedes eine Säule aus 50 der erwähnten Metallplatten fassen kann. Die innere Oberfläche des Kastens ist durchgängig mit Siegellack überzogen, bei b aber eine Zinkplatte, und bei c eine Kupferplatte, welche beide durch einen angelötheten, nach aussen gebognen Kupferdraht d verbunden sind, angekittet. In diesen Kasten nun werden die Platten mit Tuchscheiben, in Salzwasser eingeweicht, zu 2 liegenden Säulen zusammengeschichtet, indem an die Zinkplatte b eine Tuchscheibe, an diese aber eine von den zusammengelötheten Metallplatten so zu liegen kömmt, dass die Zinkseite derselben nach der gegenüberstehenden Seite des Kastens zugekehrt ist, und so weiter in dieser Ordnung. In der anderen Hälfte des Kastens werden die Platten in umgekehrter Lage an einander gelegt, so dass die Zinkseite derselben nach der eingekitteten Kupferplatte c hinsieht. Sind auf diese Art beide Fächer vollgeschichtet, so werden die Platten durch 2 Schrauben von Messing (e, f) welche in der Seitenwand des Kastens gg angebracht sind, etwas zusammengedrückt, und der Deckel des Kastens, welcher ebenfalls mit Siegellack überzogen ist, darüber geschoben, wodurch die Säulen zwischen 4 isolirenden Wänden in ihrer Lage erhalten werden, man mag den Kasten wenden, wie man immer will. Was die messingenen Schrauben e, f anbelangt, so dienen sie nicht bloss dazu, um durch ihren Druck eine innigere Berührung zwischen dem Metalle und dem feuchten Körper zu Stande zu bringen, sondern sie stellen zugleich die Pole der beiden durch den Draht d vereinigten Säulen vor, und sind deswegen mit einem Oehre versehen, in welches man die nöthigen Leitungsdrähte einhängen kann. Will man nicht beide Säulen zugleich, sondern nur eine derselben allein wirken lassen, so braucht man nur den einen Polardraht, statt an die Schraube zu befestigen, in den Kupferdraht d einzuhängen, und man hat sodann die Wirkung von der halben Anzahl der Platten. Bei der Anwendung dieses Apparats zu seinem Zwecke, d. h., zur Entdeckung des Scheintodes, bedarf es daher nur der Application der Polardrähte an 2 Stellen des für todt gehaltenen Körpers, welche befeuchtet oder mit einer sehr dünnen Oberhaut bedeckt sind, während der Todtenbeschauer Achtung giebt, ob sich Bewegungen zeigen.*

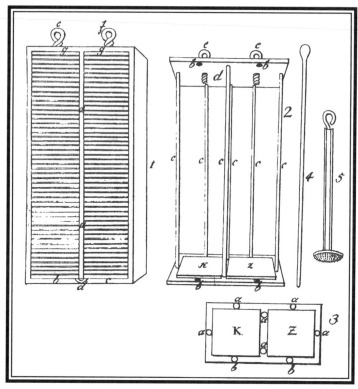

Abb. 9: Beschreibung zweier vom Herrn Dr. Bremser in Wien erfundener voltaisch-electrischer Apparate vom Dr. Joh. Fr. Erdmann in Wien. Aus: »Annalen der Physik« 1803, Taf. III

Ein Apparat zur Wiederbelebung eines Scheintoten

Auch diesen Apparat Bremsers hat Erdmann genau beschrieben und gezeichnet.[205] Es besteht derselbe, so wie der zuvor beschriebene, ebenfalls aus 2 Säulen viereckiger Zink- und Kupferplatten, welche zusammengelöthet und am Rande lackiert sind, und welche in einem Gestelle, das Fig. 2 darstellt, mit trocknem Fliesspapiere, (Löschpapiere) aufgeschichtet werden. Das erwähnte Gestell *besteht aus 2 lackirten hölzernen Brettchen, von denen man das untere in Fig. 3 sieht. Auf diesem sind bei a ... a 6 runde Stäbchen, (Fig. 2, c ... c) und zwischen ihnen eine Kupferplatte K und eine Zinkplatte Z mit einer Glasunterlage eingekittet. Beide Metallplatten sind durch einen Draht, (der unter dem Siegellacküberzuge des Brettchens versteckt ist) mit einander verbunden. Die runden Stäbchen bestehn aus Eisendraht, welcher mit seidnem Bande umwunden und stark lackirt ist, und sind oben durch ein ähnliches lackirtes Brettchen, (Fig. 2, d) unter einander verbunden. Zwischen diesen Stäbchen nun werden, wie schon erinnert worden, die zusammengelötheten Metallplatten zu 2 Säulen mit trockenem Fliesspapiere aufgeschichtet, so dass auf der Seite, wo die Kupferplatte K auf dem Brettchen befestigt ist, die Kupferseite der übrigen Platten nach oben, auf der andern hingegen nach unten gewendet ist, worauf durch die Löcher b, b (Fig. 2) auf jeder Seite ein anderes lackirtes Stäbchen mit einem Knopfe (Fig. 4) vorgeschoben wird, um die Säulen in ihrer Lage zu erhalten. Ist alles auf diese Art vorbereitet, so wird das ganze Gestell mit den Platten in einen viereckigen Kasten von Blech, in welchen er genau passt, hingelegt und zum Gebrauche aufbewahrt. Will man in vorkommenden Fällen diesen Apparat bei Verunglückten anwenden, so lässt er augenblicklich sich dadurch in Thätigkeit setzen, dass man ihn, wie er in seinem Kasten liegt, mit einer vorräthigen Kochsalz- oder Salmiakauflösung überschüttet, und darauf aus demselben herausnimmt. Das Fliesspapier tränkt sich nämlich sogleich mit der Salzauflösung, die überflüssige Feuchtigkeit läuft an den lackirten Stäben und Rändern der Platten herab, und er zeigt folglich sogleich seine Wirksamkeit, wenn man die Schrauben e, e, welche, wie beim ersten Apparate, die Pole der Säule vorstellen, etwas anzieht. Der blecherne Kasten, welcher zur Aufnahme des Instruments dient, hat überdies an der einen Seite noch ein Fach, welches 1 Zoll breit und zur Aufbewahrung einiger anderer zur Application nöthiger Werkzeuge bestimmt ist. Es sind folgende: 1. Ein paar spiralförmig gewundene Silberdrähte, zum Einhängen in die Polarschrauben des Apparats. Sie verdienen den Vorzug vor den Ketten, weil die Leitung in den letzern so oft unterbrochen wird, wenn die Glieder nicht immer in vollkommner Berührung sind.* 2. *Ein ovales, concav gebognes Messingblech zum Ansetzten ans Zahnfleisch oder einen andern befeuchteten oder mit einem Stücke nassen Tuchs bedeckten Theil des Körpers. Auf der convexen Seite desselben ist ein Messingdraht senkrecht angelöthet, welcher in einem Glasröhrchen eingeschlossen, und oben mit einem Oehre zum Einhängen der Polardrähte versehen ist. Das Glasröhrchen dient zum Isoliren des Instruments bei der Application.* 3. *Ein Stück Badeschwamm von runder Gestalt, welches ebenfalls an einem in einem Glasrohre eingeschlossenen Drahte von Messing befestigt ist, und bei der Application, wenn es vorher in Wasser eingetaucht worden, an empfindlichen Stellen des Körpers durch seine ungleiche Oberfläche ein unerträgliches Stechen und Brennen verursacht.* 4. *Ein rundes Metallscheibchen, auf einer Seite mit kurzen Nadelspitzen besetzt, und ebenfalls, wie die beiden vorigen Instrumente, an einem isolirenden Handgriffe befestigt (Fig. 5). Dieses Werkzeug wird bei der Anwendung mit den Spitzen in die Haut eingedrückt und sodann mit der Voltaischen Säule verbunden, wodurch bei Schliessung der Kette die allerheftigste und schmerzhafteste Wirkung hervorgebracht wird.*

Erdmann war beeindruckt, wie schnell und unkompliziert die Inbetriebnahme war, genügte doch einfach das Überschütten mit Kochsalz- oder Salmiakauflösung. Bei Verunglückten ist keine Zeit zu verlieren, hier zählt jede Minute. Der deutsche Arzt Karl Sundelin (1791–1834) sah gleichfalls einen großen Vorteil in diesem Konstrukt, er veröffentlichte sogar eine Abbildung jenes von Bremser entwickelten Instruments, *welches mit seinen Spitzen die Oberhaut durchbohrt, und dessen man sich bedient, um einen kräftigen, örtlichen Reiz durch die galvanische Säule hervorzubringen.*[206] *Da bei Rettungsversuchen alles darauf ankommt, dass sie sobald als möglich angestellt werden; so findet die Anwendung der galvanischen Elektrizität, wegen des Zeitraums, welchen die Erbauung einer hinlänglich kräftigen Säule erfordert, nicht selten zu spät statt. Wir verdanken dem einsichtsvollen Dr. Bremser in Wien die Angabe eines galvanischen Apparats, welcher binnen wenigen Minuten in Thätigkeit gesetzt werden kann.*[207]

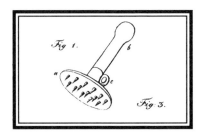

Abb. 10: Fig. I. Ein kleines, von Bremser in Wien angegebenes Instrument, welches mit seinen Spitzen die Oberhaut durchbohrt, und dessen man sich bedient, um einen kräftigen, örtlichen Reiz durch die galvanische Säule hervorzubringen. a. eine messingne Scheibe von der Größe eines Zweigroschenstücks, mit kurzen Spitzen versehen. b. Ein gläserner Handgriff c. Ein metallnes Oehr, zum Einhängen des Poldrathes. Aus Sundelin 1822, Bayerische Staatsbibliothek

So durchdacht die Konstruktion dieses Apparates gewesen sein mag, so einfach es war, ihn zu bedienen, das Resultat ließ offensichtlich zu wünschen übrig. Johann Christoph Leopold Reinhold (1769–1809), Arzt und Professor in Leipzig, merkte kritisch an: *Der ... von Bremser vorgeschlagene Apparat ist zwar wohlfeil, aber wegen der durch die übergossene Flüssigkeit verursachten Leitung schwächer und ungleich in seiner Wirkung, wozu außer mehrern Mängeln noch kommt, dass die Scheiben von Löschpapier nicht sogleich sich gleichförmig tränken, und beym Anziehen der dabey angebrachten Endschrauben die Feuchtigkeit zu leicht wieder entlassen.*[208]

»Die VEREINIGTEN k. k. NATURALIEN-CABINETE«

DIREKTOR CARL von SCHREIBERS

Die Geschichte der »Vereinigten k. k. Naturalien-Cabinete« in Wien ist eng und untrennbar mit der Persönlichkeit ihres Begründers und Leiters Carl von Schreibers verbunden.

Mit einem kaiserlichen Schreiben vom 15. März 1806 wurde eine außerordentlich erfolgreiche Zeit naturwissenschaftlicher Tätigkeit im damaligen Österreich eingeleitet: Kaiser Franz I. ernannte den 33-jährigen Carl Franz Anton Ritter von Schreibers (1775–1852) – auf Empfehlungen seines Bruders, Erzherzog Johann, und des Oberst-Kämmerers Rudolf Graf von Wrbna und Freudenthal – zum Direktor der kaiserlichen Naturaliensammlungen. Der promovierte Mediziner war schon seit Jugendtagen von einer nahezu fanatischen Liebe zur Zoologie erfüllt. So hatte er eine umfangreiche Konchyliensammlung angelegt, deren Beschreibung er bereits 1793, als Siebzehnjähriger, in zwei Bänden, publizierte.[209] Neben seinem Medizinstudium verbrachte er viel Zeit mit zoologischen Studien, vor allem an Insekten, Spinnen und Würmern, und befasste sich eingehend mit vergleichend-anatomischen Fragen. Er war Assistent von Franz Josef Gall, fasziniert von der Schädel-Hirn-Lehre und fertigte als äußerst geschickter Anatom Präparate für dessen Vorlesungen an.[210]

Abb. 11: Carl von Schreibers, Lithografie von Josef Kriehuber 1846. Porträtsammlung Naturhistorisches Museum

Zur Zeit seiner Bestellung war Schreibers als Assistent und supplierender Professor an der Lehrkanzel für spezielle Naturgeschichte an der Wiener Universität[211] tätig und führte nebenbei eine ärztliche Praxis, in der er sich hauptsächlich der Kuhpockenimpfung widmete.[212]

Schon in der ersten Audienz beauftragte ihn der Kaiser, vor allem die Tiersammlungen *anständiger, zweckmäßiger und belehrender aufzustellen, da sie bisher nur der Schaulust gedient hätten.*[213] Schreibers Ruf als hervorragender Gelehrter war unbestritten und sollte sich auch in der Zukunft bewahrheiten. Er war gleichfalls ein exzellenter Organisator, geschickt und weitsichtig in wirtschaftlichen und personellen Angelegenheiten; die Besucherzahlen des Naturalienkabinetts stiegen enorm. Politisch war Schreibers Amtszeit (1806–1851) von den napoleonischen Kriegen, von der Besetzung Wiens durch französische Truppen 1809, vom Wiener Kongress 1814/1815 und schließlich von den Kämpfen im Revolutionsjahr 1848 geprägt.

Schreibers hatte sich drei Ziele gesteckt:
1. Aufbau einer mineralogischen, botanischen und zoologischen Sammlung.
2. Die systematische Erweiterung und Bereicherung der Sammlungen.
3. Laufende Auswertung der Sammlungsbestände für die Gewinnung wissenschaftlicher Erkenntnisse.

Das von Franz Stephan von Lothringen begründete Mineralienkabinett war in der kaiserlichen Burg im Augustinergang untergebracht. Schon 1765 hatte Maria Theresia, nach dem Tod ihres Gemahls, diese sogenannte alte Naturaliensammlung dem Staat übergeben. Das Tier- und das Pflanzenkabinett befanden sich am Josefsplatz, im linken Flügel der Hofbibliothek. Beide Kabinette gingen erst 1811 durch eine Schenkung des Kaisers in den Besitz des Staates über. Aufgrund massiven Platzmangels für diese immer größer werdenden Sammlungen schlug Schreibers dem Kaiser die Errichtung eines Zubaus im Augustinerhof (heute Nationalbibliothekshof) entlang der Längswand der Augustinerkirche vor. Der viergeschossige Neubau wurde 1810 fertiggestellt und barg in den drei Untergeschossen je einen großen Saal und im obersten Geschoss eine große Präparation sowie drei Räume für die Aufseherwohnung. Auf dem Dach war eine Terrasse angebracht. Eine Verbindungsstiege am Ende des Neubaus verband dessen Geschosse und führte gleichzeitig in die entsprechend gelegenen Räume im alten Trakt.[214] Insgesamt standen nun für die zoologischen und botanischen Sammlungen vier große Säle und 26 verschieden große Räume zur Verfügung. In den Zimmern, die im Winter durch unter dem Fußboden gelegene Öfen beheizt werden konnten, herrschte *die größte Eleganz*[215]. Die »hartschaligen« zoologischen Objekte wirbelloser Tiere – Crustaceen (Krebstiere), Konchylien (Schnecken und Muscheln), Radiaten (Hohltiere, Stachelhäuter) und Zoophyten (Korallentiere) –, die sich noch im Mineralienkabinett befunden hatten, wurden 1818 vom Augustinergang in die zoologische Sammlung am Josefsplatz – und zwar in den alten Gebäudekomplex, nicht

Abb. 12: *Der Josefsplatz, »Wiener Bilder aus der Jugendzeit unseres Kaisers« Gerlach & Wiedling Nr. 49, Naturhistorisches Museum*

in den Zubau – transferiert. Schreibers konnte nun drei jeweils in sich geschlossene und wissenschaftlich geordnete Sammlungen etablieren – das Tier-, das Pflanzen- und das Mineralienkabinett. Zusammen wurden sie unter der Bezeichnung »die Vereinigten k. k. Naturalien-Cabinete« geführt.

Johann Friedrich Osiander, der von Oktober 1814 bis Juni 1815 in Wien weilte, berichtete, dass an mehreren Tagen in der Woche morgens der Eintritt in das Naturalienkabinett für alle Besucher unentgeltlich sei. Johann Pezzl hingegen lässt uns wissen, dass das Naturalienkabinett an jedem Mittwochvormittag offen habe. *Doch muß man um den Eintritt zu haben, von dem Director ein Billet erhalten, und zu dem Ende Nahmen und Charakter geschrieben eingeben.*[216] Laut dem Zoologen Leopold Fitzinger (1802–1884), der die »Geschichte des kais.kön. Hof-Naturalien-Cabinetes zu Wien« niedergeschrieben hatte, wurde 1810 der Eintrittstag in das Kabinett von Mittwoch auf Donnerstag verlegt.

Gerade in der ersten Hälfte des 19. Jahrhunderts war das Interesse, exotische Länder zu bereisen, um unbekannte »Naturobjekte« zu sammeln und damit die heimischen Museen und Kabinette zu bereichern, enorm. Im Vordergrund standen einerseits Abenteuerlust, Sammelleidenschaft, Wissensdurst, aber auch ökonomische Gründe. Damit die Vereinigten Naturalienkabinette nicht von Einsendung unbedeutender oder schon mehrfach vorhandener Naturalien gleichsam überschwemmt würden, musste vor Einsendungen um Erlaubnis angesucht werden. Bedeutende Sammlungen wurden angekauft, ersteigert und im Tausch erworben. Kaiser Franz I. stiftete dem Pflanzenkabinett 1807 sein großes und reiches Privatherbarium.

Zum Gebrauche der arbeitenden Beamten wurde eine bedeutende Handbibliothek von mehreren Tausend Bänden angelegt, auch der Ausbau von Fachbibliotheken setzte ein. Jeden Donnerstagabend stand die Bibliothek, im dritten Stock gelegen, einer ausgewählten Gesellschaft von Wissenschaftlern und Naturfreunden offen.

Schreibers sah seine Aufgabe darin, die Sammlungen in wissenschaftliche umzugestalten, nach dem Vorbild des Pariser Museums. Die bis dahin in erster Linie als »Archive« zur Dokumentation des Formenreichtums der Natur geltenden Sammlungen wurden nun neben dieser ursprünglichen Bestimmung auch zu selbstständig arbeitenden Forschungsinstituten, die sogar vielfach größere Bedeutung für die wissenschaftliche Arbeit gewannen als die damaligen Universitäten. Auch die schon früher im Zusammenhang mit den Sammlungen unterhaltene Kleintiermenagerie beim Augustinergang erfuhr eine wissenschaftliche Aufwertung. Museumsangehörige wurden zu Studien der Verhaltensforschung angehalten. Laboratorien für chemische und physikalische Versuche, vor allem in Zusammenhang mit dem aufkommenden Galvanismus, wurden errichtet.[217]

Wie sehr diese Bemühungen zum Erfolg führten, bekräftigte der Arzt Hermann Friedrich Kilian, der nach seinem Besuch in Wien im Jahre 1826 über die kaiserlichen Naturaliensammlungen in der Burg berichtete:[218] *Diese Sammlungen gehören zu dem Kost-*

barsten und Schönsten, was nur die reiche Kaiserstadt in ihrem weiten Umfange umschliesst, und der Besuch derselben darf sich der Mann vom Fache zu dem schönsten Genusse rechnen, und hier, an diesem Orte, wo ihm das Leben in seinen tausendfachen Formen entgegentritt ... – hier wird es ihm leicht, den Verfall der sonst so berühmten Hochschule zu verschmerzen und die Hoffnung auf bessere Zeiten zu nähren.

Schreibers war eine angesehene Persönlichkeit in Wien. Er verfügte über ausgezeichnete Kontakte im In- und Ausland. Heute würden wir sagen: ein Wissenschaftler und Manager zugleich mit einem ausgezeichneten Netzwerk. Auch privat war Schreiber's Ansehen gefestigt, hatte er doch 1810 Isabella Freiin von Jacquin, die Enkelin des ehrwürdigen Professors der Botanik und Chemie in Wien, Nicolaus Joseph Freiherr von Jacquin (1727–1817), geheiratet.

Nur einer konnte Schreibers Bemühen, Leistungen und Errungenschaften nachhaltig stören und die Naturalienkabinette immer wieder in schwere Krisen bringen – der intrigante, missgünstige und eifersüchtige Leibarzt des Kaisers, der Staats- und Konferenzrat Andreas Joseph Freiherr von Stifft (1760–1836). Er übte einen großen Einfluss auf den Kaiser aus, der, von einer schweren Krankheit gezeichnet, frühzeitig gealtert war. Einerseits rechnet man Stifft als großes Verdienst die Reorganisation des Wiener Universitätswesens an, andererseits hatte er als Anhänger der Metternich'schen Restauration im Vormärz Neuerungen bekämpft und gegen alle intrigiert, die ihm politisch nicht zuverlässig und als zu innovativ erschienen. So erreichte er etwa die Absetzung von Johann Peter Frank und Johann Nepomuk Rust (1775–1840), dem hervorragenden Chirurgen im Allgemeinen Krankenhauses[219], und er bekämpfte das Naturalienkabinett. Aus Neid gegenüber dem erfolgreichen und angesehenen Schreibers bewirkte er, dass der Personalstatus in dem Naturalienkabinett sehr gering und mit entwürdigend niedriger Belohnung gehalten wurde.[220] Dem trat aber, so gut er konnte, als ein großer Förderer in unmittelbarer Umgebung des Kaisers der Oberstkämmerer Rudolf Graf von Wrbna und Freudenthal

(1761–1823) entgegen. Er schlug für die Kustoden dieselbe Gehaltsbemessung vor wie für Professoren: *Im Grunde bedarf ein Kustos mehr wissenschaftlicher Kenntnisse als ein Professor, denn ein solcher könne sich in aller Ruhe auf seine Kurse vorbereiten, während ein Kustos ständig seitens der Fachgenossen von nah und fern auf ganz unvorhergesehene Fragen Bescheid wissen müsse.* Kaiser Franz I. kam nach reiflicher Überlegung den Wünschen des Oberstkämmerers entgegen, sodass Kustoden des Naturalienkabinetts mehr Gehalt erhielten als die der Kunstsammlung.[221] Fitzinger vermerkte, dass am 12. März 1823 *durch eine allerhöchste Entschließung der Gehalt des Direktors und sämmtlicher Custoden erhöht* wurde.[222] Graf von Wrbna und Freudenthal pries wiederholt das verdienstvolle Wirken Schreibers vor dem Kaiser. Nicht nur waren *die k. k. Sammlungen von naturhistorischen Gegenständen so sehr vermehrt und vervollkommnet worden, dass sie, vereinigt, ein Museum bilden, das nun wohl von keinem anderen übertroffen wird*, sondern es sei dem Wirken des Direktors Schreibers zuzuschreiben, dass er durch sein Benehmen *junge geschickte Männer dahinzubringen vermochte, dass sie sich durch die leidenschaftliche Liebe, die er ihnen zur Naturgeschichte einflößte, bewogen fanden, sich mit sehr geringen Gehalten zu begnügen.*[223] Einer von diesen, an den er wohl gedacht haben mag, war Johann Gottfried Bremser. Freiherr von Stifft überlebte aber Graf von Wrbna und Freudenthal um 13 Jahre und verhängte bis zu seinem Sturz, nach dem Tod des Kaisers 1835, konsequent mit blindwütiger Verbissenheit über Schreibers und seine Mitarbeiter wie überhaupt hinsichtlich des ganzen Fragenkomplexes der Naturalienkabinette Acht und Bann.[224]

Abb. 13: Andreas Joseph Freiherr von Stifft, Lithografie »nach der Natur gezeichnet von Mahnke 1822«, Porträtsammlung der ÖNB (Port_00002527_01)

Abb. 14: Rudolf Graf von Wrbna und Freudenthal, Porträtsammlung der ÖNB (Port_00067111_01)

Fünf Jahre nach Bremsers Tod im September 1832 bildeten die Naturaliensammlungen einen glanzvollen Mittelpunkt für die »10. Versammlung deutscher Naturforscher und Ärzte«, die erstmals in Wien abgehalten wurde.

Im Zuge der revolutionären Wirren des Jahres 1848 erfolgte die Beschießung der Hofburg durch kaiserliche Truppen, wobei das Dach der Hofbibliothek in Brand geschossen wurde. Das Feuer griff auch auf den linken Gebäudeflügel über, in dem das Tierkabinett untergebracht war. Die Verluste waren unermesslich, unter anderem wurden Tagebücher und Aufzeichnungen Johann Natterers aus Brasilien, zahlreiche Ethnografika und wertvolle Insektensammlungen vernichtet. Auch Schreibers Wohnung in der Hofburg wurde ein Raub der Flammen, viele seiner Manuskripte sowie die Kabinettsakten verbrannten, er selbst konnte sich nur mit knapper Not retten. Schreibers war ein gebrochener Mann, reichte 1851 seine Pensionierung ein und starb nur wenige Monate später, am 21. Mai 1852, im Alter von 77 Jahren.

Nach Schreibers Pensionierung verfügte Kaiser Franz Josef 1851 die verwaltungsmäßige Trennung der Vereinten Naturalienkabinette in ein »k. k. Zoologisches, k. k. Botanisches und k. k. Mineralogisches Hof-Cabinet« (1851–1876).

Die EINGEWEIDEWÜRMER-SAMMLUNG

Als im Jahre 1806 das k. k. naturhistorische Museum neu organisiert, und Hr. von Schreibers Director desselben wurde, lag es in dessen Plan, eine Eingeweidewürmer-Sammlung in einer größern Ausdehnung anzulegen, als es in irgend einem Staate damahls der Fall war. Bremser, dessen Eifer und Regsamkeit ihm wohl bekannt war, folgte sogleich der Aufforderung, diesen Plan in Ausführung zu bringen und widmete sich nun ganz, und nicht ohne bedeutende Aufopferung in lucrativer Beziehung, dem Dienste des k. k. naturhistorischen Museums.[225]

Der Grundstock einer helminthologischen Sammlung wurde 1797 durch den Ankauf einer kleinen Sammlung menschlicher

Eingeweidewürmer von Josef Lengsfeld (1765–1798), einem praktischen Arzt in Wien, gelegt. Dieser Arzt soll sich gerühmt haben, *wie mancher anderer nach ihm, das probateste Mittel gegen Bandwürmer entdeckt zu haben, soll aber wie ein Spötter bemerkt, selbst daran gestorben sein.*[226] Das sind jene Präparate, die Carl von Schreibers als *nichts weiter als eine armselige Sammlung einiger menschlicher Eingeweidewürmer* bezeichnet hatte.[227] Sein Interesse, eine bedeutende Helminthensammlung in den »Vereinigten k. k. Naturalien-Cabinetten« anzulegen, war groß. Er hatte schon 1803 damit begonnen, parasitische Würmer aus verschiedenen Wirtstieren zu präparieren, und eine Sammlung von 80 Gläsern angelegt, die er dem Kabinett spendete.[228] Bisher waren nur wenige wissenschaftliche Ergebnisse über diese Tiere veröffentlicht worden, in den meisten Museen fehlte so eine Sammlung überhaupt – auch heute noch. Die Tiere waren schwierig zu bekommen, zu präparieren und zu konservieren. In dem um acht Jahre älteren Bremser hatte Schreibers den denkbar besten Mitstreiter für sein Projekt gefunden, einen der *sich so sehr von dem Interesse für diesen Zweig der Zoologie* [Anm.: Helminthen] *begeistert, dass er sein ganzes Leben demselben zu widmen beschloss.*[229] Bremser schreibt über die Begegnung mit Schreibers:[230] *Früher schon mit ihm bekannt, brachte uns ein Zufall oder bestimmter gesagt, meine kleine Abhandlung über die gesetzliche Einführung der Kuhpockenimpfung und eine von Leberegeln und Blasenwürmern besessene Schweinsleber näher zusammen. Seitdem, das ist seit 12 Jahren* [Anm.: geschrieben im August 1818] *beschäftige ich mich fast ausschließlich mit der Helminthologie. Ob mit Eifer? davon mag die im Cabinette aufgestellte Sammlung zeugen, die wohl ihresgleichen in der jetzt bekannten Welt nicht hat.*

Nachdem 1810 der viergeschossige Neubau am Josefsplatz fertiggestellt war, wurde auch mit einer Umgestaltung der Räume im alten Gebäude begonnen. Dort, im linken Trakt, waren im ersten Stock vorerst vier Zimmer allein der Eingeweidewürmer-Sammlung vorbehalten, von denen zwei Zimmer als Arbeitsräume dienten. Mit der laufenden Vergrößerung der Sammlungsbestände des Naturalienkabinettes und mit der Transferierung

»hartschaliger« Wirbelloser (siehe oben) aus dem alten Mineralienkabinett in das Gebäude am Josefsplatz, musste in den folgenden Jahren der Bereich für die Eingeweidewurm-Sammlung immer mehr eingeschränkt werden,[231] sodass schließlich um 1821 die Eingeweidewürmer nur mehr im vierten Zimmer Platz hatten, zusammen mit den Sammlungen der Schwammtiere und der Korallen. Bremser konnte als Arbeitszimmer den ersten Raum benutzen, im zweiten Zimmer waren *die Mollusken und andere Seetiere der untersten Classen aus dem Adriatischen Meer*, die der venezianische Mediziner und Naturwissenschaftler Stefano Andrea Renier (1759–1830) gesammelt hatte, ausgestellt. Das dritte Zimmer schließlich war der Konchylien-Sammlung sowie den Krebsen vorbehalten.

Trotz dieser Platzeinschränkungen konnte die Helminthensammlung zur größten und bedeutendsten weltweit heranwachsen, sodass zahlreiche bekannte Persönlichkeiten aus dem In- und Ausland, Ärzte und Zoologen, sich veranlasst sahen, nach Wien zu kommen. So auch der berühmte Londoner Nierenarzt Richard Bright (1789–1858), der Wien während des Kongresses einen Besuch abstattete. *Dr. Bremser, the coadjutor of his* [Anm.: Schreibers] *labours, was as ardently engaged in elucidating the history of the parasitical animals, which live in the internal structures of the larger species. The collection of these objects, preserved in spirits, was commenced by Dr. Schreibers in 1803, and may now boast of greater extent and value than any other which exists. The pains which have been taken to render it complete do the highest honour to all the parties concerned, and afford an excellent example to the directors of great national institutions, for the improvement of our knowledge in the more hidden secrets of the nature.*

Mit namhaften Spezialisten in Europa wurden Sammlungsstücke getauscht, noch fehlende Arten konnten erworben werden, Dubletten wurden an in- und ausländische Institutionen und Wissenschaftler abgegeben. Der Austausch von Würmern und Wissen war ein erklärtes Ziel von Bremser und Schreibers.

Schreibers' und Bremsers wichtigstes helminthologisches Projekt war das Aufsammeln und Dokumentieren möglichst vieler

Abb. 15: Ein Teil der Eingeweidewurmsammlung im Naturhistorischen Museum in Wien (Foto A. Schumacher)

verschiedener Helminthen von möglichst vielen Wirtsarten und Individuen. Ziel war es, die Artenvielfalt zu dokumentieren und eine Vergleichssammlung für helminthologische Untersuchungen anzulegen. Haben unterschiedliche Tiere (einschließlich des Menschen) unterschiedliche Würmer? Hat jede Tierart eigene Parasiten? Haben verwandte Tierarten verwandte Parasiten? Gibt es Unterschiede zwischen den einzelnen Individuen und sind sie mit dem Geschlecht, der Jahreszeit oder dem Alter der Wirte korreliert?[232] Das sind Fragen, die uns auch heute noch beschäftigen.

SAMMELN und PRÄPARIEREN

Kein Weg um sich Thiere oder deren Eingeweide zu verschaffen, blieb ungenutzt. Die Jäger und Forstbeamten lieferten die von ihnen geschossenen Vögel und Raubthiere ein. Eigene Menschen wurden gedungen, um Amphibien und die kleineren Feld- und

Wald-Säugethiere in den Gegenden von Wien zu fangen und einzuschicken. Der Aufseher des Kabinets, Jos. Natterer d. Ä., erhielt eine Jagderlaubnis, in allen kaiserlichen Jagdbezirken die zu diesem Zwecke benöthigten Vögel schiessen zu dürfen. Ausserdem besuchte dieser thätige Mann alle Märkte, um aus den dort zum Verkaufe gebrachten Vögel und Fischen, die seltenen Stücke und auch deren Eingeweide aufzukaufen. Da man das ganze Jahr Frösche in Wien haben kann, so wurde mit dem Froschhändler der Vertrag geschlossen, gegen einige Vergütung wöchentlich eine Partie Frösche in das Kabinet abzuliefern, die er nach vorgenommener Untersuchung wieder zurück erhielt. Auf gleiche Art wurde es mit den Verkäufern von Vögeln, die gewöhnlich gegessen werden, gehalten. Selbst die Küchen großer Häuser wurden in Requisition gesetzt, und täglich die Eingeweide der dort verbrauchten Fische und Geflügelarten in einem blechernen mit Fächern versehenen lakirten Kästchen zu diesem Endzwecke abgeholt. Mehrere hiesige praktizirende Ärzte und selbst die Schüler der Medicin wurden aufgefordert, bey ihren Zergliederungen im anatomischen Saale auf das Vorkommen von Eingeweidewürmern aufmerksam zu seyn. Verschiedene Institutionen in der ganzen Monarchie lieferten Wirbeltiere ab. Die Menagerie von Schönbrunn gab alle daselbst umgestandenen Thiere ab, und verschaffte dieser Anstalt die Gelegenheit, ihre Untersuchungen auch auf viele merkwürdige Arten ausländischer Thiere, auszudehnen.[233]

Im Tierkabinett war ein eigenes Zimmer, ein »Sectionszimmer«, eingerichtet, wo Bremser die parasitischen Würmer aus den Organen der Wirtstiere herauspräparieren konnte. Mit *Vergnügen* schaute ihm Johann Friedrich Osiander über die Schulter und berichtete von seinen Beobachtungen: *Die Gedärme z. B. werden aufgeschlitzt, ihre innere Oberfläche besehen, die Contenta in Glasschalen, deren Boden aussen schwarz angestrichen ist, mit Wasser vermischt, und mit bewaffnetem Auge untersucht. Eben so andere Organe, in denen man Würmer vermuthet.*[234] Auch ein namentlich nicht genannter *active and intelligent Correspondent* schilderte 1819 Bremsers Aktivitäten im Tierkabinett in dem Londoner »Quarterly Journal of Foreign Medicine and Surgery«[235].

Dieser Beitrag wurde 1823 auch in die Encyclopaedia Londonensis übernommen.[236] *The method taken by Dr. Bremser to detect the smallest worms is extremely precise, and often astonishingly successful. He slits up the intestines, and carefully collects their contents, which he sets aside for examination.* Der Autor zeigte sich sehr angetan von der Methode, den Boden der Glasschälchen außen schwarz anzustreichen, da dadurch auch die kleinsten, meistens weißen Würmer gut ausgenommen werden könnten.

Seziert und präpariert wurde von Bremser ausschließlich bei Tag ohne künstliches Licht,[237] mikroskopische Untersuchungen nahm Bremser allerdings nur am Abend vor. So schrieb er am 14. August 1813 an Sömmerring: *Übrigens finde ich Ihr Mißtrauen gegen das Mikroskop und das was man durch dasselbe zu sehen glaubt, sehr gegründet. Ich habe daher auch immer zwei derselben mit ungefähr gleich starken Linsen bei der Hand, wo das eine das andere controlliren muß. Auch arbeite ich lieber mit demselben des Nachts bei der starken Beleuchtung einer gut organisierten Argand'schen Lampe, als am Tage. Die Sonne gibt zu grelles Licht und thut dem Auge zu sehr wehe; ohne unmittelbares Erscheinen der Sonne auf dem Spiegel ist die Beleuchtung nicht stark genug. Ueberdieß soll das Licht ganz frei nicht einmal durch das Fenster einfallen, weil sonst sogar die Fensterrahmen, deren Bild sich darin spiegelt, zu Täuschungen Anlaß geben können. Am liebsten bediene ich mich eines kleinen Mikroskops von 3 Gläsern, von ungefähr 1½ Linie Focus; in den meisten Fällen reicht dieß hin.*[238] Einige Jahre später, 1820, gestand Bremser, dass er mikroskopische Untersuchungen so weit es möglich sei vermeide, da seine Augen bereits ziemlich geschädigt seien.[239]

Bremsers Gehilfen bei den Sektionen waren die Brüder Joseph d. J. (1786–1852) und Johann Natterer (1787–1843)[240]. Deren Vater war der Falkner und Jäger am Kaiserhof, Joseph Natterer d. Ä. (1754–1823). Seine Sammlung an einheimischen Säugetieren, Vögeln und Insekten war 1793 von Kaiser Franz für das Naturalienkabinett angekauft worden und ausschlaggebend für die Gründung eines eigenen Tierkabinetts gewesen. Joseph Natterer d. J. war seit 1801 am Tierkabinett beschäftigt, erst als Praktikant, dann als Aufseher, ehe er 1810 zum Kustos der Säugetier- und Vogelsammlung bestellt wurde. Auch sein Bruder Johann war am Naturalienkabinett angestellt, er war jener berühmte Naturforscher, der mehr als 18 Jahre, von April 1817 bis Herbst 1836, sammelnd und forschend in Brasilien zugebracht und reiche Ausbeute für das Naturalienkabinett mitgebracht hatte. Er sezierte die meisten der von ihm gesammelten und erlegten Wirbeltiere vor Ort, einerseits aus konservatorischen Gründen, um sie transportfähig zu machen, andererseits, um deren Eingeweide auf das Vorkommen von parasitischen Würmern zu untersuchen, und fügte diese in insgesamt 1729 Gläschen mit Weingeist den Transporten nach Wien hinzu. Für das Präparieren hatte er eine eigene Vorrichtung konstruiert, *einen ganzen Wurmsuchungsapparat, enthaltend 2 Ducend Fläschchen, Blechschälchen, Blechplatten, Gläschen, die gehörigen Instrumente.*[241] Aber schon auf früheren Reisen an die Küsten der Adria und des Mittelmeeres bereicherte Johann Natterer die Helminthensammlung *ganz vorzüglich mit Würmern aus Seefischen.*[242]

Bis 1822 war die Zahl helminthologisch sezierter Tiere nach der handschriftlichen Anmerkung in den Akquisitionsbögen auf 50.000 gestiegen. Nach Fitzinger waren sogar über 60.000 Individuen von *Thieren anatomirt und auf Eingeweidewürmer untersucht worden.*[243] Im »North American medical and surgical journal« wurde die Wiener Eingeweidewurm-Sammlung als *the finest collection of parasitical worms in existence* hervorgehoben *...fifty thousand animals were there opened, to search for these objects, and every worm found in them passed several times through the hands of the indefatigable author himself.*[244]

DOKUMENTIEREN

Als erstes Ergebnis erschien 1811 eine »Nachricht von einer beträchtlichen Sammlung thierischer Eingeweidewürmer, und Einladung zu einer literarischen Verbindung, um dieselbe zu vervollkommnen, und sie für die Wissenschaft und die Liebhaber allgemein nützlich zu machen«. In dieser »Nachricht« sind keine Autoren genannt. Laut Fitzinger verfasste Schreibers diese Arbeit gemeinsam mit Bremser und Joseph Natterer d. J.[245] Sie enthält eine Wirt-Parasiten-Liste sowie eine Parasiten-Wirt-Liste, die auf der Grundlage von fast 40.000 parasitologischen Sektionen entstanden sind, von denen Bremser allein nach eigenen Angaben mindestens 25.000 durchgeführt hatte.[246] Sein Interesse war natürlich immer auch medizinischer Natur. So bezog er in seine Dokumentation menschliche Eingeweidewürmer ein, die er einerseits von Pathologen, andererseits von Ärzten aus Stuhlproben ihrer Patienten erhalten hatte. Exemplarisch sind in der »Nachricht« auch Vorgangsweise und Protokollierung dargestellt. Diese muten recht modern an, sie berücksichtigen bereits Geschlecht und Alter der Wirtstiere sowie Fangdatum und Prävalenz des Befalls. Die Protokolle selbst sind leider verloren gegangen. Auf diese Weise wurde *der Reichthum dieser erst seit wenigen Jahren angelegten Sammlung* nachgewiesen *und setzte alle Zoologen über die außerordentliche Menge von Helminthen, welche das kaiserl. Cabinet besaß, in Staunen, da dieser Zweig in den allermeisten Museen, der bedeutenden Schwierigkeiten wegen, die mit der Pflege desselben verbunden sind, seither gänzlich vernachlässiget war.*[247] Die »Nachricht«, die auch in lateinischer Sprache publiziert worden war, enthielt eine Aufforderung an Kollegen in der ganzen Welt, Helminthen der Wiener Sammlung »mitzutheilen«, der eifrig Folge geleistet wurde.

Besuchern zeigte Bremser wunderschöne Tafeln, auf denen die einzelnen Wurmarten abgebildet waren, und erklärte Baupläne und Lebensweise dieser Tiere. Unter der Anleitung Bremsers – *wir, mein Mahler und ich, halten uns immer an das, was wir wirklich sehen*[248] – fertigten die Künstler Johann Jebmayer (1770–1858) und Joseph Zehner *Abbildungen von Thieren nach der Natur* an.[249] Johann Jebmayer war Pflanzenmaler. In dem prächtigen Werk von Nikolaus Thomas Host »Icones et descriptiones graminum austriacaum« (Vindobonae 1801–1809) finden sich zahlreiche radierte und kolorierte Farbtafeln von Gräsern, die Jebmayer gezeichnet hatte, seine ersten datierbaren Zeichnungen. Nur ein Künstler mit einem besonderen Geschick, Erfahrung und Übung konnte diese zarten und feinen Strukturen so trefflich ausführen[250]. Es wundert daher nicht, dass Bremser diesen Maler offensichtlich von den Pflanzen abgeworben und auf Eingeweidewürmer gebracht hatte. In den folgenden 15 Jahren setzte sich Jebmayer intensiv mit diesen Tieren auseinander, ehe er 1824 zum »Hofpflanzenmaler« ernannt wurde, eine besonders ehrenvolle Tätigkeit, die nur wahren Künstlern übertragen wurde. Kaiser Franz I. war als gelernter Gärtner der Botanik besonders zugetan. Jebmayer fertigte zahlreiche Blätter von in- und ausländischen Blüten und Pflanzen aus den Hofgärten für die Privatbibliothek des Monarchen an. Die zeitliche Lücke von 15 Jahren – von 1809 bis zum Jahre 1824 – in denen von Jebmayer keine Spuren als Pflanzenmaler zu finden sind, wie Veronika Birke 2005 ausführt, lassen sich wohl dahingehend erklären, dass er nicht nur für Bremser Würmer zeichnete, sondern auch für andere Helminthologen wie August Heinrich Ludwig Westrumb, Friedrich Sigismund Leuckart und Karl Friedrich Eduard Mehlis tätig war (siehe Abb. 27)

Der Wert dieser Sammlung von Eingeweidewürmern wird dadurch ausserordentlich erhöht, dass von den meisten Präparaten schöne colorierte Abbildungen, nach der frischen Natur, gemacht sind[251], schwärmte Osiander. Einige Jahre später ließ Bremser helle Gouachen auf schwarzem Grund herstellen, von denen er einen Teil 1824 in seinen unübertroffenen »Icones Helminthum Systema Rudolphii Entozoologicum illustrantes« veröffentlichte[252]. *Dr. Bremser showed us also drawings of most of the species, both of the natural size and magnified. They are executed with great beauty upon a black ground. Some of them have been already engraved, and will appear in a work upon intestinal worms, which Dr. Bremser is preparing for publication*[253].

Eine große Zahl bisher unveröffentlichter Tafeln befindet sich heute in der Evertebrata-Varia-Sammlung des Naturhistorischen Museums.

KONSERVIEREN und PRÄSENTIEREN

Allein das Bestimmen, Ordnen, Aufstellen, für die Dauer bewahren usw. der gefundenen Würmer blieb ganz allein mir übrig.[254]
 Niedere Wandschränke und ein großer Mittelkasten waren so gestaltet, dass im oberen, mit Glastüren versehenen Teil die »Schaugegenstände« aufgestellt waren, während in der unteren Hälfte, die nicht einsichtig war, die wissenschaftliche Sammlung aufbewahrt wurde. In Letzterer waren die Tiere systematisch, nach dem System Carl Asmund Rudolphis[255] geordnet. Die Würmer befanden sich in Gläschen mit Weingeist, die mit eingeriebenen Glasstöpseln verschlossen waren. Jedes einzelne stand auf einem Postament aus schwarzem Holz, auf dem eine Etikette angebracht war, auf der, in zierlicher Schrift, der Artname des Wurmes sowie der des Wirtes zu lesen war.[256]
 Für die Schaupräparate hatte sich Bremser eine besonders ansprechende Art der Präsentation ausgedacht. Die Helminthen waren nach den Wirtstieren geordnet, sodass man neben den Parasiten der Fische, die der Vögel, der Säugetiere und im Speziellen die des Menschen betrachten konnte.[257] Die Würmer wurden durch feine Seidenfäden oder auch weißes Pferdehaar an durchlöcherten Glasdeckeln befestigt oder waren an hohlen, schwimmenden Glaskugeln aufgehängt. *Niedlich und geschmackvoll* waren diese Gläschen, so war es jedenfalls in der »Allgemeinen Literatur-Zeitung« (Halle und Leipzig) am Samstagabend des 29. Februar 1812 zu lesen. 500 verschiedene Arten in etwa 1.400 Gläsern waren ausgestellt.[258]

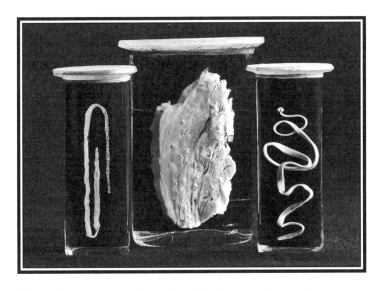

Abb. 16: *Bandwürmer aus Katze (li) und Schlange (re), Finnen eines Schweinebandwurmes (M), Foto Ernst Hausner*

Flache Würmer, wie die Bandwürmer, befestigte Bremser mit Pferdehaaren auf schwarzen Wachsstücken, die er in den Glaszylindern anbringen ließ, da sie so besonders eindrucksvoll zur Geltung kommen konnten. Diese Methode hatte aber den großen Nachteil, dass sich das Wachs in Weingeist auflöste, die Farbe verlor, grau anlief und auch die weißen Würmer anfärbte.[259] In einem Brief vom 25. Juli 1814 an Sömmerring schilderte Bremser diese Unannehmlichkeiten. *Der Weingeist und das Wasser sind mit äußerster Sorgfalt aufs reinste destilllirt, und nichts desto weniger haben sie bereits schon ihre schöne schwarze Farbe verloren, obwohl sie sich nicht so verändert haben, wie dieß bei den metallenen Cylindern der Fall war. Die ganze Ursache dieser Farbenerlöschung liegt in der Auflöslichkeit des Wachses in Weingeist.*[260] *Ich ließ einen solchen Cylinder über Nacht in Alkohol liegen, und den anderen Tag schmeckte der Weingeist sehr deutlich nach Wachs. Ich habe nun gedacht, ob nicht eine Masse aus Colophonium-Asphalt* *und Unschlitt [= Talg] oder Sperma ceti*²⁶¹ *[= Walrat] zu meinem Zwecke tauglich wäre. Eine solche Mischung sollte meines Erachtens von Weingeist von 19 bis 20 ° Beaumé nicht angegriffen werden können. Es handelt sich darum, welches Verhältnis der Bestandtheile statt finden müßte, dass die Masse weder zu spröde noch zu weich wäre, so dass mittelst einer erwärmten Nadel, das Haar, welches über den Wurm gespannt werden muß, eingedrückt werden kann. Ich hoffe noch einmal Zeit und Gelegenheit zu finden, dieses Verhältnis selbst aufzusuchen, denn unsern Herrn Chemikern darf man mit so etwas nicht kommen, sie machen, wie Schreibers sagt, wohl alles nach, aber das Selbstfinden ist ihre Sache nicht.* Anders Bremser, dem das Erfinden und Experimentieren immer ein besonderes Anliegen war. Es war aber in diesem Fall zu keiner befriedigenden Lösung gekommen. Etwa sechs Jahre später besuchte der österreichische Schriftsteller Franz Heinrich Böckh (1787–1831) das Naturalienkabinett. Was die Sammlung *thierischer Eingeweidewürmer* betraf, war er überzeugt, dass ihr *keine andere den Rang je streitig machen wird. In ungefähr 1.600 kleinen Glas-Cylindern findet der Beschauer an luftleeren Glaskügelchen aufgehängt, in Weingeist wohl aufbewahrt, wenigstens fünf Sechstel der bis jetzt gefundenen Eingeweidewürmer auf eine dem Auge nicht mißfallende Art aufgestellet.*²⁶²

JOHANN GOTTFRIED BREMSER als KURATOR mit vielen PFLICHTEN

Der STIPENDIAT

18 Monate arbeitete Bremser unentgeltlich am »Thier-Cabinet«, ehe er im Herbst 1808 ein Stipendium von 300 Gulden pro Jahr zugesprochen bekam.²⁶³ Vorausgegangen war die Bewilligung des Kaisers von *vier Stipendien für Studierende oder sonstige Wissenschaftsfreunde, die sich in einer Partie ausbilden und arbeiten wollen, welche, indem sie den Custoden an die Hand gehen, oder einzelne Branchen, falls sie dazu geeignet, ganz versehen (wie z. B.*

gegenwärtig Herr Dr. Bremser das helminthologische Fach), die nicht nur der Anstalt und Wissenschaft nützlich werden, sondern erstere selbst als eine Pepinière[264], wo sie sich zu Custoden oder Lehrern bilden können, zu benutzen Gelegenheit erhalten.[265]

Wie Bremser in dieser Zeit für sich und seine Familie – seine Frau Anna und seine Tochter Adelheid – den Lebensunterhalt bestreiten konnte, bleibt rätselhaft und lässt nur Raum für Spekulationen. Da er sich ganz der Helminthologie verschrieben und mit ungemeinem Eifer und Zeitaufwand den Aufbau der Sammlung betrieben hatte, kann seine ärztliche Praxis in dieser Zeit nicht sonderlich floriert haben,[266] *er widmete sich nun ganz, und nicht ohne bedeutende Aufopferung in lucrativer Beziehung, dem Dienste des k. k. naturhistorischen Museums.*[267] Lebte er vom Vermögen seiner Frau? Dem Ehevertrag nach zu schließen war sie nicht wohlhabend (siehe Seite 29). Bekam er regelmäßig Geld von seiner Familie aus Wertheim? Bekannt wurde (siehe Seite 39), dass er sich von seiner Mutter in Wertheim mehrmals Geld ausgeborgt hatte, aber erstmals 1812; in dem Jahr, in dem diese das Gasthaus verkauft hatte. Hatte er Ersparnisse? Förderer und Gönner? Wir wissen es nicht.

Bremser konnte sich im Naturalienkabinett nicht ausschließlich seinen helminthologischen Studien widmen, denn neben den wissenschaftlichen Untersuchungen warteten zahlreiche Aufgaben auf ihn, ganz zu schweigen von Verpflichtungen, denen er als praktizierender Arzt, als Wurmdoktor nachzukommen hatte. Wie das alles für ihn zu bewältigen war, ist heute nicht mehr nachvollziehbar. Für den angesehenen Professor für Medizin in Jena, Lorenz Ludwig Oken (1779–1851), war das unmöglich, musste man doch bedenken, dass Bremser *binnen 12 Jahren 15.000 Thiere zerlegt und 50.000 Würmer bestimmt und eingesetzt hat. Seine Stelle als Custos am Wiener Nat. Cabinet muß daher so gegründet seyn, dass sie ihrem Mann erlaubt, sein ganzes Leben der Wissenschaft zu widmen.*

Verschiedene kuratorische Tätigkeiten gehörten nun zu Bremsers Pflichten. Als Stipendiat legte er das erste Akquisitions- und Inventarbuch der Krebstiersammlung an. Schreibers hatte diese

Art der genauen Buchführung der Sammlungsbestände eingeführt, ein System, das bis heute in den Sammlungen praktiziert wird. Bei der Akquisition wird der Eingang einzelner Posten, oft mehrere Stücke zusammen, in den Akquisitionsbüchern verzeichnet. Die Inventarisierung ist eine Auflistung unter fortlaufenden Nummern der bereits determinierten, das heißt mit einem wissenschaftlichen Namen versehenen Objekte. Bremser bestimmte zahlreiche Krebstiere nach Beschreibungen in der Literatur. Da er aber kein Spezialist war, konnte er neue, bis dahin unbekannte Arten nicht wissenschaftlich untersuchen, sondern diese lediglich mit einem Katalognamen versehen, er kennzeichnete sie mit »MC« (Museum Caesarense).[268]

Zu Beginn des Jahres 1808 war Bremser, der durch seine pharmakologische und medizinische Ausbildung über fundierte Kenntnisse in der Chemie verfügte, gemeinsam mit Direktor von Schreibers, dessen Schwiegervater Joseph Franz Freiherr von Jacquin (1766–1839) und Oberstleutnant Franz von Tihavsky, dem Direktor der kaiserlich-königlichen Salpetrieren (Salpetersiedereien) in Wien, damit beschäftigt, das Experiment von Humphrey Davy zu wiederholen – durch Elektrolyse von Alkalimetallen die Elemente Kalium und Natrium zu isolieren. Nur ein Jahr zuvor hatte der britische Chemiker starke elektrische Ströme mittels eines aus über 250 Zellen bestehenden galvanischen Apparates durch Lösungen geleitet und den Zusammenhang zwischen elektrischer Energie und chemischen Reaktionen beweisen können. Davys Experimente stellten in Europa eine Sensation dar, er war ein Pionier auf dem Gebiet der Elektrochemie. Die Wiederholung in Wien – *nach manchen mißlungenen Versuchen hatten wir endlich heute [5. Februar 1808] das Vergnügen, uns von diesem höchst interessanten Factum zu überzeugen*[269] – bewirkte einiges Aufsehen, namhafte Gelehrte auf diesem Gebiet überzeugten sich von den Ergebnissen. Zwischen Februar und Mai 1808 berichtete Jacquin mehrmals dem deutschen Physiker und Herausgeber der Annalen der Physik, Ludwig Wilhelm Gilbert, von den Experimenten in Wien.[270] *Nicht nur die meisten Gelehrten, welche in den verwandten Fächern arbeiten, sondern auch ei-*

ne beträchtliche Anzahl, durch Geburt, Amt und Talente erhabene Personen, suchten sich durch den Augenschein von der Wahrheit der neuen Thatsachen zu überzeugen. Unsre, wegen Ihrer ausgebreiteten Kenntnisse und beharrlichen Vorliebe für die Naturkunde in ganz Europa verehrten Erzherzöge Johann, Rainer und Maximilian, Kaiserliche und Königliche Hoheiten, geruhten uns mit ihrer hohen Gegenwart zu beehren, und endlich wurde uns auch das unverhoffte Gluck zu Theil, dass selbst Seine Majestät, unser Allergnädigster Kaiser, mit Allerhöchst Ihrer Gemahlin uns würdigten, diese Versuche vor Allerhöchstdenenselben wiederholen zu dürfen. Unsere Versuche wurden in der Wohnung des Directors des kais. königl. Naturalien- Kabinets von Schreibers angestellt, Se. Kaiserl. Hoheit der Erzherzog Johann schenkten uns zwei Mahl Ihre Gegenwart. Hochdieselben haben so eben eine sehr schöne Voltaische Batterie von mehrern hundert sechszölligen Doppelplatten verfertigen lassen, und denken vorzüglich vergleichende Versuche mit galvani'scher und gewöhnlicher Electricität vorzunehmen.[271]

Bremsers Stipendium im Naturalienkabinett war für drei Jahre bewilligt,[272] aber bereits nach zwei Jahren sollte sich seine Stellung einigermaßen verbessern: Er wurde zum sechsten Kustos ernannt. *Schon seit dem 30. November 1810 ist der Doctor der Arzneykunde, Herr Gottfried Bremser, von Sr. Majestät zum Custos der helminthologischen Abtheilung des k. k. zoologischen Cabinettes mit einem jährlichen Gehalt von 600 fl. allergnädigst ernannt worden.*[273] Zusätzlich wurde ihm ein Quartiergeld von 100 Gulden zweimal im Jahr zugesprochen, was nicht viel war, wenn man bedenkt, dass mit diesem Geld damals gerade noch die Miete für eine kleine Wohnung in der Vorstadt bezahlt werden konnte.

Das Entscheidende für Bremser aber war, dass er nun offiziell von höchster Stelle in das Naturalienkabinett aufgenommen und mit verantwortungsvollen Aufgaben betraut wurde, zur Belohnung für sein umsichtiges Verhalten während der französischen Okkupation 1809, das ihm großes Lob eingebracht hatte. Nur seinem energischen Auftreten und seinem Verhandlungsgeschick war es zu verdanken, dass es zu keinen Plünderungen der Naturaliensammlungen gekommen war.[274]

Vorausgegangen war, dass beim Einfall des französischen Heeres 1809 eine Auswahl der wertvollsten Kunst- und Naturschätze der kaiserlichen Kabinette zusammengestellt, verpackt und unter der Oberaufsicht Schreibers an einen sicheren Ort im Banat, nach Temesvár (heute Timioara in Rumänien) ausgelagert wurde. Neben Schreibers begleitete auch Johann Natterer den Transport. Auch konnten noch rechtzeitig vor der Plünderung die wertvollsten Bücher aus der Hofbibliothek in insgesamt elf Kisten verpackt und nach Peterwardein (Petrovaradin, Serbien) gebracht werden, ebenso wurden 45 Kisten mit den kostbarsten Gemälden und kunstgewerblichen Gegenständen auf ein Schiff nach Pressburg (Bratislava) verladen.[275] Der größte Teil der Sammlungen jedoch blieb in Wien, wobei die Naturalien unter Aufsicht Bremsers standen. Schreibers konnte sich vollkommen darauf verlassen, dass Bremser mit den feindlichen Behörden, nach genauen Instruktionen, bestmöglich umzugehen imstande sein werde. Er war mit ihm befreundet, kannte seine Redlichkeit, sein diplomatisches Geschick, sein energisches Auftreten und umfassende Sprachkenntnis.[276] Als Schreibers Vertreter musste Bremser mit den Militärbehörden und insbesondere mit den berüchtigten Plünderungskommissaren in Verhandlung treten.[277] *Sowohl der Stadt-Commandant General Andreossi [Anm.: Antoine François Andréossy], als auch der wissenschaftliche Commissär Marcel de Serres, mit welchen Bremser vielfach zu verkehren hatte, rühmten dessen freundliches Entgegenkommen.*[278] *Nur durch seine [Bremsers] mit besonderer Klugheit eingeleiteten Verhandlungen mit den feindlichen Behörden, gelang es, die Plünderung zu verhüten.*[279] Schlimmes war der Gemäldegalerie, der Hofbibliothek und dem Münz- und Antikenkabinett widerfahren.[280] *Am 20. November [1809] verließen die fremden Truppen die Hauptstadt und die Umgebung. Unermeßlich war die Beute an Kunstschätzen, Waffen und seltenen Büchern, welche der Feind mit sich fortschleppte. Vivant Denon, General-Direktor der kaiserlichen Museen in Frankreich, nahm allein aus der k. k. Hof-Bibliothek für jene zu Paris 943 Bände hinweg...*[281] Darunter befanden sich kostbare orientalische Handschriften, arabische, persische, türkische auch hebräische und slawische Manuskripte.[282]

Am 18. Januar 1814 legte Schreibers dem Oberstkämmerer den Bericht über die Vorfälle im Naturalienkabinett anno 1809 vor: *Bey der letzten Invasion 1809 hat man auf dringendes Verlangen des Plünderungskommissairs Herrn Marcel de Serres, der sich übrigens – der Aussage nach, denn Unterzeichneter selbst war abwesend – sehr artig und liberal benahm, da er nichts Brauchbares vorfinden konnte und sich doch über die Handhabung seines Amtes durch irgendeine Einsendung gewissermaßen legitimieren zu müssen glaubte, eine große, teils selbst freiwillig gewählte Parthie von zoologischen Gegenständen, welcher Unterzeichneter von Temesvar aus zum Theil selbst specifizierte, für das Pariser Museum brauchbar, für das hiesige ganz entbehrlich erachtete, abgegeben.*[283] Durch das geschickte Taktieren von Bremser entgingen die Wiener Naturaliensammlungen dem Schicksal, das den niederländischen widerfahren war. Während der französischen Okkupation der Niederlande wurde ein großer Teil der international gerühmten zoologischen Sammlung des Prinzen Wilhelm V. von Oranien konfisziert, nach Paris gebracht und dem Muséum National d'Histoire Naturelle in Paris einverleibt.[284] Nach der Niederlage Napoleons stieß die Retournierung auf massiven Widerstand französischer Zoologen, allen voran Jean-Baptiste de Lamarck (1744– 1829), der für sein Werk »Histoire naturelle des animaux sans vertébres« (Paris, 1815–1822) auf die niederländischen Sammlungen angewiesen war.[285] Durch Vermittlung Alexander von Humboldts wurde schließlich ein Teil retourniert, der Rest gegen einige 1.000 Dubletten und Tripletten aus dem Pariser Museum eingetauscht.

Der KUSTOS

Die ersten JAHRE (1808–1814)

Für Bremser begann eine aufreibende und mühevolle Zeit im Tierkabinett. Nicht nur dass ihm 1812 die *Besorgung* der Bibliothek übertragen worden war,[286] musste er auch, wenn Schreibers abwesend war, dessen Agenden übernehmen. Am 4. August 1813 schrieb er an Samuel Thomas von Sömmerring:²⁸⁷ *Schreibers ist seit 8 Tagen mit Weib und Kind in Baden und dieß ist eine Ursache mit, warum meine Antwort so lang verzögert wurde, indem ich in vielen Stücken seine Vices vertreten*²⁸⁸ *muß.*

1813 trat abermals wieder eine Störung in dem ruhigen Fortschreiten der kaiserlichen Sammlungen ein, indem durch den hereingebrochenen Krieg mit Frankreich zum dritten Male eine Flüchtung der Schätze des kaiserl. Hofes geboten erschien.²⁸⁹ Am 12. August 1813 hatte Österreich die Kriegserklärung an Frankreich proklamiert. Teile der Sammlungen wurden nun aus Angst vor den anrückenden Franzosen verpackt und ein Transport zusammengestellt. *Kaum waren diese Güter aber in der nur fünf Meilen von Wien entfernt liegenden Station Fischamend angelangt, als der inzwischen veränderten Sachlage wegen*²⁹⁰ *der Befehl zur Rückkehr gegeben wurde und die verpackten Schätze wieder nach Wien zurückgebracht werden mussten, worauf sodann auch allsogleich zur Einreichung und Aufstellung der Naturalien in den betreffenden Sammlungsabtheilungen geschritten wurde.*²⁹¹ Das Auspacken, das Ordnen und das Ausstellen der Objekte war eine mühselige Tätigkeit, aber die Zeit drängte, das Naturalienkabinett sollte zu Beginn des Wiener Kongresses, im September 1815, in neuem Glanz präsentiert werden. Bremser schrieb Samuel Thomas von Sömmerring am 25. Juli 1814: *Vor ungefähr 14 Tagen wurde ich mit der Aufstellung und Ordnung meiner Eingeweidewürmer fertig, was wegen dem Durcheinanderwerfen bei dem vorjährigen Einpacken kein kleines Stück Arbeit war. Indeß gieng ich doch nachher an eine weit verdrießlichere, nämlich an das Zusammenräumen meiner Zimmer und Kästen, und es steht dahin, ob Herkules bei dem Stalle des Augias mehr geschwitzt hat.*²⁹²

Eine andere Bemerkung Bremsers in dem gleichen Brief weist auf eine weitere Aufgabe hin, die ihm aufgebürdet wurde: *Denn erstlich habe ich durch die Aufstellung meiner Würmer Schreibers Lust gemacht, auch die in Weingeist aufbewahrten Amphibien noch vor Ankunft der fremden Monarchen aufzustellen, und obwohl nun ein eigener Kustos für diese und die Fische da ist, so hat er mich doch hiezu in Requisition gesetzt, weil er meint, dass ich besser damit umzugehen, es mit mehr Geschmack zu machen verstände.*[293] Die Rede ist von Abbé Rochus Schüch (1788–1844), der, nachdem Bremser 1814 zum fünften Kustos ernannt worden war, nun dessen Stelle als sechster Kustos einnehmen konnte. Rochus Schüch war Professor für Mathematik und Naturwissenschaften am Gymnasium in Troppau gewesen, ehe er 1813 *unentgeltlich am kaiserl. Cabinete Dienst geleistet und die Aufstellung der Sammlungen der Reptilien und Fische gemeinschaftlich mit Director von Schreibers besorgt hatte.*[294] 1816 wird er dem Mineralien-Kabinett zugeteilt und hält Vorlesungen über Mineralogie. Er begleitet Erzherzogin Leopoldine 1817 nach Brasilien, wo er Hofbibliothekar in Rio de Janeiro wird. Bremsers Jahresgehalt von 600 fl. blieb aber, trotz der Vorrückung, gleich. 20 Gulden Quartiergeld mehr waren schon im Mai 1812 allen Kustoden zuerkannt worden.[295]

Im Juli 1814 hoffte Bremser seinen so verehrten Freund Sömmerring in Wien zu sehen, also schilderte er ihm in einem Brief, was er bei einem Besuch des Naturalienkabinettes erwarten könnte:[296] *Denn sind Sie es müde, sich durch Schreibers von Fröschen, Kröten, Eidechsen und Salamandern vordemonstriren zu lassen, so kann ich Ihnen etwas von Kratzern, Blasen- und Bandwürmern vorerzählen; ... Dabei haben Sie denn das Vergnügen zu sehen, wie jeder sich auf seinem Steckenpferde die schönste Haltung zu geben strebt. Doch rathe ich Ihnen auf Ihrer Hut zu sein, dass Sie nicht einmal über einen solchen Ritt ein Mittagessen versäumen, denn diese Klepper sind alle gute Läufer, und wenn sie einmal im Trabe sind, so werden sie, wie die Kosackenpferde, weder müde noch hungrig.*

Die ZEIT des WIENER KONGRESSES
(18. SEPTEMBER 1814–9. JUNI 1815)

Nach den Worten Johann Pezzls war das Jahr 1814 *eines der wichtigsten und denkwürdigsten für die österreichische Monarchie überhaupt, und für Wien noch ins Besondere, indem diese Hauptstadt Augenzeuge von Auftritten ward, wie sie noch nie und nirgend statt gefunden hatten.*[297] Vertreter von 65 Staaten und souveränen Herrschaftsgebieten waren zusammengekommen, um über eine Neuordnung Europas nach dem Zusammenbruch der napoleonischen Herrschaft zu beraten. Zahlreiche Vergnügen und Feste, Lustbarkeiten für die Delegierten, den Adel, aber auch das einfache Volk charakterisierten diesen Kongress. Um bei den in Wien versammelten Delegierten keine Langeweile aufkommen zu lassen, wurde vom Oberhofmeisteramt eine Liste von Sehenswürdigkeiten erstellt, deren Besichtigung man empfahl. *Die meisten fremden Souveräne haben die Merkwürdigkeiten und gemeinnützigen Anstalten unserer Hauptstadt besehen.*[298] So wurden auch *die kaiserl. Naturalien-Sammlungen zu wiederholten Malen von den in Wien versammelten Regenten und Fürsten besucht.*[299]

Bremser nützte die Gelegenheit, Vorteile für seine Helminthensammlung aus diesen Besuchen zu ziehen. Er knüpfte Kontakte, um Präparate, die ihm noch fehlten, zu erhalten – und er war erfolgreich in seinen Bemühungen. Brief an Sömmerring vom 18. März 1815: *Denn die Fälle, wo deutsche Nationalfreude vorherrscht, abgerechnet, kümmere ich mich sehr wenig um alle übrigen Lustbarkeiten. Mir ist nirgends besser, als wenn ich mich in meinem Arbeitszimmer unter meinen Würmern befinde, oder wenn irgend jemand gutmüthig genug ist, sich von mir etwas über dieselben vorschwatzen zu lassen. Dazu hat sich nun während des Congresses manche Gelegenheit ereignet. Auch hat die Sammlung dadurch gewonnen. Der Graf Sanvitale aus Parma ließ mir Filarien kommen, die er vor vielen Jahren unter der Haut eines Marders gefunden hatte. Der Herzog von Weimar verschaffte mir von Lenz aus Jena eine Anzahl von jenen Leberegeln, welche Buchholz in einer menschlichen Gallenblase gefunden hat.*[300]

Herzog Karl August von Sachsen-Weimar-Eisenach (1757–1828), der dem Naturalienkabinett einen Besuch abgestattet hatte, zeigte sich besonders interessiert an ausgestellten Skeletten seltener Wirbeltiere. Schreibers kam dem Herzog entgegen, indem er mehrere Skelette, allerdings auf dessen Kosten, für die Universität Jena präparieren ließ, *obgleich hierdurch in dem rascheren Fortschreiten der Vermehrung der kaiserl. Sammlung eine unvermeidlich gewesene Verzögerung entstand.*[301] Bremser seinerseits trat an den Herzog mit einem speziellen Wunsch heran: Er benötigte für seine Untersuchungen Leberegel aus der Sammlung der Universität von Jena, und zwar jene, die der Arzt und Apotheker Wilhelm Heinrich Sebastian Buchholz (1734–1798) in einer menschlichen Gallenblase gefunden hatte. Als Gegengabe werde er Würmer seiner Sammlung an das Naturalienkabinett der Universität von Jena, das unter der Aufsicht des Professors der Mineralogie Johann Georg Lenz (1745–1832) stand, abtreten. Dem Herzog war sehr daran gelegen, Bremsers Wunsch möglichst bald zu erfüllen und er ersuchte seinen persönlichen Freund, Johann Wolfgang von Goethe, um eine rasche Erledigung. Am 16. Jänner 1815 schrieb er an Goethe: *Noch lege ich einen Zettel von D. Bremser bey, der die kostbare Sammlung der Eingeweide Würmer für das K. Cabinet gemacht hat. Den Catalog* [Anm. Schreibers et al. 1811] *derselben schicke ich ehestens und auch die Würmer, die er mir für Jena gegeben hat. Auf beigefügtem Zettel habe J. G. Bremser die von J. G. Lenz als Gegengabe verlangten Würmer notiert.*[302] Bereits am 25. Jänner schrieb Goethe an Lenz:[303] *Zugleich lege bey ein Blättchen, worin Herr Doctor Bremser in Wien einen Wunsch äußert. Da die darunter stehende copeyliche Stelle aus Serenissimi Briefe zeigt, wie viel Serenissimo daran gelegen, dass die verlangten Würmer bald nach Wien gelangen, so ersuche Ew. Wohlgeboren mir solche baldmöglichst in einem Gläschen wohlverwahrt anherzusenden, da ich eben Gelegenheit finde sie dorthin zu spediren.* Vier Tage später, am 29. Jänner, schreibt Goethe an Herzog Karl August von Sachsen-Weimar-Eisenach:[304] *Ew. Durchl. gnädigstes Schreiben vom 16ten dieses habe, zu meiner danckbaren Freude, bald zu erhalten das Glück gehabt. Bergrath Lenz hat sogleich die verlangten Egel eingepackt und sie sind, nebst einem Schreiben an Dr. Bremser, an Geh. R. Voigt* [Anm. Christian Gottlob von Voigt 1743–1819, Staatsminister in Weimar, enger Freund Goethes] *übergeben worden. So gut ist es, dass auch die unscheinbarsten Dinge geachtet und aufbewahrt werden, weil man immer einmal dadurch erfreuen und nutzen kann.* Lorenz Ludwig Oken war hocherfreut über diesen Tausch, er äußerte sich begeistert darüber *wie reinlich, kunstfertig und genau die Wiener Würmer in Weingeist gesetzt und bestimmt sind,*[305] es waren 106 Gläser.[306]

Der König von Württemberg bedankte sich großzügig bei Schreibers und Bremser für *die ihm erwiesene Aufmerksamkeit* während seines Besuches im k. k. Tierkabinett – er sandte jedem eine goldene Dose als Andenken zu.[307]

Bereits in den letzten Maitagen reisten die meisten Regenten aus Wien ab. Auch Kaiser Franz I. verließ seine Hauptstadt. Die verbündeten Armeen rückten wieder gegen Frankreich vor, nachdem Napoleon seit seiner Flucht aus Elba ein Heer aufgestellt hatte. Am 18. Juni 1815 wurde er bei Waterloo vernichtend geschlagen. Kaiser Franz I. erreichte zusammen mit Zar Alexander von Russland und König Friedrich Wilhelm von Preußen die französische Hauptstadt am 10. Juli, wo er bis zum 29. September verweilte. Direktor von Schreibers wurde vom Kaiser während dessen Aufenthalt nach Paris beordert, um die Aussonderung der österreichischen Kunstschätze und Bücher aus dem Beutegut Napoleons vorzunehmen und deren Rückführung zu veranlassen. Bremser begleitete ihn. Schreibers ließ Johann Natterer zu ihrer Unterstützung nachkommen.

AUFENTHALT *in* PARIS *in den* SOMMERMONATEN 1815

Bremser lernte die reichen Sammlungen des Museum d'Histoire Naturelle im berühmten Jardin des Plantes kennen. Das kaiserliche Tierkabinett erhielt *eine beträchtliche Anzahl von Thieren* – geschenkt, wie Fitzinger vermerkte – *gegen Vergütung*, wie Bremser in Akquisitionsbüchern notierte. Es waren dies: *21 Säu-*

getiere, 122 Vögel, viele Reptilien und Fische, und eine sehr große Menge von wirbellosen Thieren fast aus allen Classen.[308] Dem Pariser Museum wurden zwei besondere Geschenke gemacht: zum einen farbige Wachsnachbildungen essbarer und giftiger Pilze, zum anderen eine Sammlung von Eingeweidewürmern.[309] Letztere bewunderte Alexander von Humboldt, sie sei schön und dokumentiere das Ausmaß Bremsers großer wissenschaftlicher Arbeit gut. Humboldt war es zu verdanken, dass der Jardin des Plantes mit allen seinen Sammlungen im Jahr zuvor, beim Einmarsch der Verbündeten gegen Napoleon, von den preußischen Truppen, die dort ihr Quartier bezogen hatten, nicht verwüstet und geplündert worden war.

Auch lernte Bremser – es war sein lang gehegter Wunsch – berühmte Gelehrte, wie den Paläontologen und vergleichenden Anatomen Georges Baron de Cuvier (1769–1832) und André Marie Constant Duméril (1774–1860), Professor der Anatomie, Physiologie und Pathologie, kennen. Zu beiden pflegte er weiterhin den Kontakt, er zählte sie zu seinen Gönnern. Cuvier war einer der Pioniere der vergleichenden Anatomie und der Paläontologie, er war eine der prominentesten Persönlichkeiten seiner Zeit. Berühmt geworden ist er vor allem durch seine Katastrophentheorie, die von verschiedenen Seiten aufs Heftigste bekämpft wurde. Auch wenn die Darwin'sche und auch heute gängige Evolutionstheorie sein Modell nicht bestätigt, bleibt die Tatsache, dass Cuvier, als der Begründer der Paläontologie, die wechselnden Abfolgen von fossilen Faunen richtig beobachtet und interpretiert hat. Bremser jedenfalls war Anhänger dieser Cuvier'schen Katastrophentheorie. Georges de Cuvier hatte seit 1795 eine Stelle im berühmten Pariser Museum inne und wurde 1814 zum »conseille de l'état« ernannt. Es ist wahrscheinlich, dass Bremser auch in Kontakt mit Frédéric Cuvier, dem jüngeren Bruder, stand, der ebenfalls am Pariser Museum tätig war.

Abb. 17: Georges de Cuvier, Marmorfigur im Stiegenaufgang des Naturhistorischen Museums in Wien (Foto A. Schumacher)

Am 22. Juli 1816 sandte Bremser aus Wien einen Brief[310] an André Marie Constant Duméril, mit der Bitte, ihm durch den österreichischen Gesandten in Paris, Baron Friedrich Binder von Kriegelstein, den zuletzt erschienenen Band des Bulletins der medizinischen Fakultät zukommen zu lassen. Noch ein weiteres Anliegen fügte er dem Brief hinzu: Er hoffe sehr, dass jener sein Versprechen wahr machen würde und er ihn als Mitglied der »societé medicale« oder einer ähnlichen Gesellschaft vorschlagen würde. Aber es sei nicht Eitelkeit, die ihn veranlasse, diese Bitte auszusprechen, beteuerte er in seinem Schreiben, er würde keinen Nutzen daraus ziehen, sondern es seien besondere Gründe, »raisons particulieres«, die ihn veranlassten, diesen Wunsch zu äußern. Bereits ein Monat später wurde in der Sitzung der »Faculté de Medicine« vom 22. August 1816, deren Sekretär Dumeríl damals war, beschlossen, Bremser und Schreibers als »Correspondans« aufzunehmen. Anzunehmen ist, dass Bremser in Paris auch mit Henri Marie Ducrotay de Blainville (1777–1850), dem Professor für Zoologie, Anatomie und vergleichende Physiologie, zusammengetroffen war, der Jahre später, 1824, die französische Übersetzung von Bremsers Schrift »Über lebende Würmer in lebenden Menschen« kommentieren und mit Anmerkungen versehen sollte. Das Zustandekommen dieser Übersetzung war übrigens Alexander von Humboldt, dem Bremser sicherlich in Paris begegnet war, zu verdanken, da er sich bei dem französischen Verleger Charles Louis Fleury Panckoucke (1780–1844) dafür eingesetzt hatte. Humboldt lebte jahrelang in der französischen Hauptstadt, um sein umfangreiches Reisewerk zu verfassen. Er war bei Empfängen der Pariser intellektuellen Gesellschaft anzutreffen, lebte aber sonst *in aller Schlichtheit ausschließlich für die Wissenschaft. Sein Aussehen ist für ihn von geringer Bedeutung... Auch auf Komfort legt er keinen großen Wert.*[311]

Insgesamt war Bremser drei Monate von Wien abwesend. Eine lange Zeit, ist doch nach seinen eigenen Worten *eine Abwesenheit von drei Monaten für einen praktischen Arzt, wenn auch seine Geschäfte noch so geringfügig sind, immer von Bedeutung und mancherlei sich häuft.*[312] Am Rückweg machten Bremser und Schreibers bei Thomas Samuel von Sömmerring in München halt, wo sie auf das Herzlichste empfangen und bewirtet wurden. Am 25. Oktober bedankte sich Bremser bei Sömmerring mit überschwänglichen Worten für dessen Gastfreundschaft[313] *für alles während unserem Aufenthalte in München in ihrem Hause in physischer und psychischer Beziehung Genossene und Empfangene... die dankbare Erinnerung an die freundschaftliche Aufnahme in ihrem Hause wird in meinem Herzen ewig unverlöschbar bleiben und Jahrelang wird der Nachgenuß der dort genossenen Freuden dauern. Nie, nie werde ich vergessen die Heiterkeit, den Frohsinn, die bei den traulichen Mahlen herrschten, und wenn üble Laune mich plagen will, so werde ich mich im Geiste in diesen herzlichen Kreis versetzten, und alle Grillen müssen dann weichen. Nochmals *tausend Dank Ihnen und den Frauenzimmern für die frohen, herrlichen Stunden.* Th. S. Sömmerring war Witwer, seine Tochter Susanne Katharina war zu dieser Zeit 19 Jahre alt.

Die letzten JAHRE (ENDE 1815 bis zu seinem durch KRANKHEIT bedingten AUSSCHEIDEN 1825)

Zurückgekehrt aus Paris holte Bremser der Alltag im Naturalienkabinett wieder ein. Neben unzähligen Sektionen für helminthologische Studien oblag ihm auch die Betreuung von Gästen. *Mehrere Tage in der Woche ist der Eintritt in den Morgenstunden jedermann frey, und die Custoden des Cabinets, Hr. Dr. Bremser und Hr. Natterer, welche gegenwärtig sind, erklären die Gegenstände.*[314]

Schreibers, stets interessiert an physikalischen und chemischen Fragestellungen, betraute ihn mit Untersuchungen zur *Entwässerung des Weines durch Verdünstung mittelst Anwendung thierischer Blasen. Ein Gegenstand, auf welchen er durch die Wahrnehmung geleitet wurde, dass sich der Wassergehalt des Alkohols in den mit Blase verschlossenen Präparaten-Gläsern mit der Zeit beträchtlich verringert.*[315] Das Problem war akut, es musste gewährleistet sein, dass die in Alkohol konservierten Sammlungsstücke bestmöglich erhalten bleiben. Werden nun Präparate-Gläser mit der dünnen Haut einer Schweinsblase oder auch Därmen eines Pferdes verschlossen, so entweicht Wasser, zum Unterschied von Alkohol. Das Phänomen lässt sich durch die unterschiedliche Porengröße des Gewebes erklären. Wasser besteht aus viel kleineren Molekülen als Alkohol. Die Poren der tierischen Gewebe sind wohl so klein, dass Alkohol nicht entweichen kann.

Dr. Sömmerring [sic!] *hatte in den Memoiren der Münchner Akademie der Wissenschaften durch eine Reihe von Versuchen gezeigt, dass, wenn einige Mischungen von Weingeist und Wasser in gläsernen Gefäßen mit Blase, andere aber mit Papier bedeckt werden der wässerige Teil durch die Blase davon geht, und einen konzentrirten Weingeist zurück läßt; während durch das Papier* der geistige Theil durchdringt, und wenig anderes als Wasser zurück läßt. Es wurde nun vorgeschlagen, Weine dadurch zu veredeln und zu verbessern, dass man sie in Gefäße gibt, welche mit Blase oder einer ähnlichen Substanz bedeckt sind. In einigen Versuchen, die mit Cypernwein angestellt wurden, ging der sechste Theil davon, und der Wein war dann sehr bedeutend in seiner Qualität verbessert.[316] Bremser wollte Sömmerrings Versuche mit österreichischem Wein nachvollziehen. Wie er ihm am 18. März 1815[317] mitteilte, hoffte er zu diesem Zweck, 1811er-Wein von einem Bekannten, der Weingärten besitzt, zu erhalten.

Mehrere literarische Arbeiten, die Custos Dr. Bremser mittlerweile begonnen und welche seine Zeit vollauf in Anspruch genommen hatten, bestimmten Direktor von Schreibers ihn von der seit 1812 übernommenen Besorgung der Bibliotheksgeschäfte zu entheben.[318]

Ein weiteres Beispiel für Bremsers Vielseitigkeit und Vielbeschäftigung: Er wusste, wie man ein künstlich kohlensaures Mineralwasser schnell zubereiten konnte, und er veröffentlichte seine Entdeckung. 1819 findet sich in dem Repertorium für die Pharmacie ein kurzer Beitrag darüber.[319] *Man lasse 3 Quentchen mit Kohlensäure vollkommen gesättigtes krystallisirtes. Natron in 1 Pfund Wasser auflösen und die Flasche mit A bezeichnen. Sodann lasse man 7 Quentchen, verdünnte Schwefelsäure, nach Vorschrift der neuen Wiener Pharmacopoe aus 1 Theil concentrirter Schwefelsäure und 6 Theilen Wasser bereitet, gleichfalls mit 1 Pf. Wasser verdünnen, und mit B bezeichnen. Man füllt nun von 2 Gläsern aus jeder Flasche eines zur Hälfte, giesst das eine in das andere schnell über, und trinkt es eben so schnell aus; die Masse der sich entwickelnden Kohlensäure ist ausserordentlich gross.* Schnell musste das Glas geleert werden, denn die Kohlensäure entwich rasch. Diese Rezeptur war daher für den Hausgebrauch nicht praktikabel.

Als im Jahr 1818 die Sammlung der Crustaceen, Conchylien, Radiaten und Zoophyten aus dem alten Mineralienkabinett im Augustiner-Gang in die zoologische Abteilung am Josefsplatz übertragen wurde, lag die Aufsicht darüber und die Aufstellung derselben in den Händen Bremsers. Untergebracht wurden diese Sammlungen im dritten und zum Teil auch vierten Zimmer im ersten Stockwerk des linken Traktes des Gebäudes, wo sich die Sammlung der Eingeweidewürmer befand.[320] Kustos Bremser wurde 1820 mit der Aufstellung einer großen in Alkohol konservierten Molluskensammlung im Tierkabinett betraut, die der venezianische Mediziner und Naturforscher Stefano Andrea Renier im Auftrag von Kaiser Franz während seines 16-monatigen Aufenthaltes in Wien in einem Saal der Hofburg neben anderen wirbellosen Tieren der Adria eingerichtet hatte.

Es sollte noch bis zum 5. November 1823 dauern, bis Johann Gottfried Bremser zum vierten Kustos mit einem Jahresgehalt von 1.400 fl. ernannt wurde.[321] Er hatte nicht mehr viel von diesem Karrieresprung. Schon in seiner Arbeit von 1820 finden sich Bemerkungen darüber, dass er nicht mehr gut sehen könne und nur schwer Luft bekäme, da er lungenkrank war. Laut Scholler[322] zwang ihn seine angeschlagene Gesundheit bereits 1824, seine Tätigkeit im Naturalienkabinett aufzugeben. Ehrhart Ehrhartstein[323] vermerkte: *seit dem Jahre 1825 entzog ihn das Krankenbett der Wissenschaft.* Wehmütig klingen die Worte von Friedrich Sigismund Leuckart, einem Schüler und Freund Bremsers vom 31. Dezember 1826: *meinem geliebten kranken Freunde aber wünsche ich von Herzen einen bessern, festen Gesundheitszustand und fröhlich – frischen Lebensmuth.*[324] Im Frühsommer des Jahres 1827 war Bremser bereits schwer krank, *todtkrank*, wie es der Münchner Arzt und Lehrer für Naturkunde Franz von Paula Gruithuisen (1774–1852) bei seinem Besuch im Naturalienkabinett erfahren musste.[325]

MITGLIEDSCHAFTEN

Seit 1819 war Bremser »Mitglied der Gesellschaft Naturforschender Freunde zu Berlin«, seit 1. Jänner 1820 der »Kaiserlichen Leopoldino-Carolinischen Deutschen Akademie der Naturforscher« und er war Mitglied der »naturforschenden Gesellschaft zu Halle«.

Zum korrespondierenden Mitglied der »Berner medicinisch-chirurgischen Gesellschaft« des Kantons Bern wurde er im September 1810 ernannt, der »Faculté de Medicine« Paris im August 1816 und der »bayrischen Akademie der Wissenschaften« 1821.

Der HELMINTHOLOGE

Die WISSENSCHAFT *von den* EINGEWEIDEWÜRMERN *des* MENSCHEN

Für Wurminfektionen sind vor allem Ernährungsgewohnheiten und unzureichende hygienische Verhältnisse verantwortlich. Die Großstadt Wien bot in den vergangenen Jahrhunderten gute Brutstätten für Parasiten von Mensch und Tier – nicht anders als andere Städte. Schon antike Hochkulturen wie Babylonier, Ägypter oder Inder beschrieben Symptome, die von parasitären Erregern hervorgerufen wurden. Wissenschaftliches Interesse erregten die Parasiten aber erst hundert, zweihundert Jahre vor Bremser, im 17. und 18. Jahrhundert, als sich italienische, holländische und deutsche Naturforscher mit Vergrößerungsglas und Mikroskop den Würmern näherten. Bremsers *stinkende Untersuchungen*[326], wie Zeitgenossen abfällig vermerkten, bedeuteten noch keine restlose Aufklärung des »Problems«, brachten aber immerhin die damals größte Eingeweidewürmer- oder »Helminthen«-Dokumentation der Welt hervor. Beschreiben und Dokumentieren ist die Basis jeder Wissenschaft. Bremsers Arbeit im Verein mit seinen Freunden, Kollegen und Schülern machten das Wien jener Zeit – gleichauf mit Berlin – zur »Welthauptstadt der Parasitologie«.

Bremser entwickelte seine eigenen Ansichten bezüglich der Pathogenität der Eingeweidewürmer, nicht ohne sich eingehend mit Behauptungen seiner Zeitgenossen auseinanderzusetzen. In seinem 1819 erschienen Buch »Lebende Würmer im lebenden Menschen. Ein Buch für ausübende Ärzte« verglich er unterschiedliche Anschauungen miteinander und kommentierte sie.

Der bekannte deutsche Helminthologe und Pastor Johann August Ephraim Goeze (1731–1793)[327] schrieb den Eingeweidewürmern eine nützliche Wirkung zu und nahm darüber hinaus sogar an, die Würmer seien selbst Heilmittel, dazu bestimmt, die den Darmkanal belästigenden Stoffe zu verzehren. Der dänische Mediziner und Tierarzt Peter Christian Abildgaard (1740–1801)[328] meinte zwar, die Würmer entstünden durch Darmträgheit, seien aber andererseits auch an der Heilung derselben beteiligt: *dass die Darmwürmer durch die Unwirksamkeit der Gedärme ursprünglich erzeugt werden, auf der anderen Seite aber wieder heilbringend auf dieselben zurückwirken, indem sie an denselben saugen, sie reizen und dadurch die Bewegung derselben fördern.*[329] Andere Ärzte und Helminthologen waren hingegen überzeugt, man müsse die Eingeweidewürmer als Ursache zahlreicher und großer Übel ansehen. Ein französischer Arzt namens Fortassin machte in seiner Dissertation Eingeweidewürmer für viele Krankheiten verantwortlich: Störung der Gehirnverrichtung, Augenentzündungen, Brustkrankheiten, Brechen, Ekel, Aufstoßen, Koliken, Verstopfung, Brand, Lähmung und vieles mehr.[330] Bremser war skeptisch, bei vielen Todesfällen, die angeblich auf Wurmbefall zurückzuführen wären, könnten doch seiner Ansicht nach in den meisten Fällen auch andere Ursachen für den Tod verantwortlich gewesen sein.

Dass Bremser selbst hier in der Mitte der konträren Ansichten stand, drückte er sehr witzig aus: *Wenn indess die Würmer, als lebendig und selbstständig gewordenes Erzeugnis einer abnormen Thätigkeit, nichtgerade als dem Körper Nutzen bringend angesehen werden dürfen: so geschieht ihnen doch gewiss von der anderen Seite sehr unrecht, wenn man sie als die heillosesten Geschöpfe, die von der Sonne beschienen worden sind – doch sie werden nie davon beschienen – also die je gelebt haben, schildert, oder sie wie Herr Fortassin in seiner Dissertation, über die menschlichen Eingeweidewümer als die allergrössten Feinde der menschlichen Gesundheit darstellt.*[331]

Die Diskussion ähnelt übrigens einer heute geführten. Einerseits könnten tatsächlich die meisten der oben genannten Symptome auch durch parasitische Würmer erzeugt werden, denn diese können lebensbedrohende Erkrankungen hervorrufen. Doch andererseits sind viele parasitische Würmer im Normalfall nicht sonderlich pathogen, häufig werden sie gar nicht bemerkt. Auch wird heute wieder sehr ernsthaft an den möglichen nützlichen Effekten von Wurminfektionen auf das Immunsystem geforscht. Bei bestimmten Erkrankungen, etwa Autoimmunerkrankungen wie Morbus Crohn, werden Würmer auch als Therapie verabreicht, hier wird schlagend, was etwa Abildgaard schon vor fast 250 Jahren postulierte. Wie man sieht, sind die wissenschaftliche Diskussion und differenzierte Betrachtungsweise damals wie heute Grundlage seriösen Erkenntnisgewinns.

Bremser wurde von seinem Schüler Karl Friedrich Eduard Mehlis (Seite 177) bezüglich der Unterscheidung zwischen dem Großen und Kleinen Leberegel widerlegt. Bremser, wie auch die berühmten Parasitologen Johann Georg Heinrich Zeder (1764–1837) und Carl Asmund Rudolphi, hatte diese beiden Arten nicht unterschieden. Er dachte, dass der kleine Leberegel das Jugendstadium des Großen sei. Doch die beiden Arten sind tatsächlich nicht näher verwandt und auch morphologisch sehr unterschiedlich, was Mehlis klar erkannte.[332] Er publizierte 1831 in seinen »Novae observationes de entozois«[333] weitere aufschlussreiche Beobachtungen an Helminthen. So beschrieb er als Erster die Embryonierung und nach Abheben des Deckels das Schlüpfen von Mirazidien in Eiern eines Trematoden aus einem Schwarzstorch: *Die Eyer sind merkwürdig... An mehreren der reifen Eyer beyder Monostomen, die eine Weile im Wasser gelegen hatten, hatte sich an dem einen Ende freywillig ein rundes Deckelchen abgehoben, das bald noch an der einen Seite der Eyschale anhieng, bald sich ganz abgetrennt hatte, und war aus der entstandenen runden Öffnung der Inhalt zum Theil hervorgetreten, der zwar (bey 80maliger linearer Vergrößerung) seiner Form nach noch nicht bestimmt als Embryo zu erkennen war, aber doch eine fixe Form hatte. ...Auf gleiche Weise öffneten sich die Eier von Dist. maerurum und D. hians von welchen aus denen des letzten lebende Junge unter meinen Augen ausgeschlüpft sind. Die Analogie der Bildung... lassen mich die Ueberzeugung hegen, dass auch bei diesen Monostomen die Jungen sich schon im Mutterleibe in den Eyern entwickeln*[334] ... *bei D. hians... habe ich einigen Grund zu glauben, dass sie* [Anm. die Stacheln] *nur Residua früherer Bildung, Umbildung der Wimpern sind, mittels deren ich die eben das Ey verlassenden Jungen aufs Behendenste im Wasser herumschwimmen sah.*[335] Das war an sich sensationell, wusste man zu jener Zeit doch kaum etwas über die Fortpflanzung dieser Würmer. Die Kenntnis der einzelnen Larvenstadien wurde einige Jahrzehnte später auch zum Grundstein für die Entschlüsselung der Lebenszyklen.

Bremser war mehr Sammler und Beschreiber gewesen, er schuf damit, gemeinsam mit Rudolphi und anderen, einen Grundstock zur Erfassung der Artenvielfalt. Zwar erkannte er das Vorhandensein von Geschlechtsorganen, aber er interpretierte ihre Funktion falsch. Die Generation nach ihm, der auch Mehlis angehörte, beobachtete vermehrt detaillierte anatomische Strukturen und auch biologische Vorgänge. Und dennoch dauerte es noch Jahrzehnte, bis Pioniere wie Rudolf Leuckart (1822–1898), ein Neffe des Friedrich Sigismund Leuckart, Gottlob Friedrich Heinrich Küchenmeister (1821–1890) und Rudolf Virchow die komplizierten Lebenszyklen der Eingeweidewürmer experimentell eindeutig entschlüsselten. Für den Großen Leberegel, Mehlis' erstes Forschungsobjekt, gelang das etwa zeitgleich dem Deutschen Rudolf Leuckart (1882) und dem Engländer Agernon Thomas (1881, 1882). Der komplette Zyklus des Kleinen Leberegels, der nach der Schnecke auch noch eine Ameise als Zwischenwirt einschaltet, wurde überhaupt erst durch W. H. Krull und C. R. Mapes (1953) sowie Johannes Vogel und Edgard de Cerqueira Falcao (1954) geklärt.[336]

Bremser war ein kritischer Geist, ein genauer Beobachter und scharfsinniger Analytiker, mit Erfahrung in der Praxis und gutem Hintergrund im theoretischen Wissen seiner Zeit. Zu seinen Verdiensten zählte auch, dass er Grundlagen in Form von genauen Beschreibungen und Abbildungen von hoher Qualität schuf. Von den menschlichen Eingeweidewürmern hat er erstmals ein klare Beschreibung und Abbildung des »Breiten Bandwurms« (*Di-*

phyllobothrium latum, Grubenkopf, Fischfinnenbandwurm) geliefert und damit die Verwechslungen mit den »Kettenwürmern« (*Taenia*, z. B. Schweinefinnenbandwurm) endgültig aufgeklärt. Dabei wurde ihm offenbar auch die Ähnlichkeit der Bandwürmer von Fischen mit jenen von fischfressenden Vögeln bewusst, beziehungsweise nahm er an, dass diese mit dem Fisch in den Vogel kommen und dort noch eine Weile überleben können, ohne dass er Schlussfolgerungen auf Infektionsmodus, Wirtswechsel und Entwicklungszyklen zog (vgl. weiter unten: Die Theorie der Urzeugungstheorie).

Aber Bremser sah auch seine Grenzen in der Erforschung dieser Tiere: *Ich sage: es scheint. Weil wohl Niemand, der sich viel mit Thieren aus dieser finsteren Welt, wo weder Sonn noch Mond hinscheint, beschäftigt hat, leicht etwas mit Zuversicht und Gewißheit behaupten kann.*[337]

FUCHS- und HUNDEBANDWURM – BEISPIELE *gefährlicher* EINGEWEIDEWÜRMER

Der Fuchsbandwurm *(Echinococcus multilocularis)* und der Hundebandwurm *(Echinococcus granulosus)* sind wenige Millimeter kleine Würmchen, die sich im Dünndarm ihrer Endwirte, Füchsen, Hundeartigen, mitunter auch Katzen, ernähren und fortpflanzen. Hier, im Dünndarm, sind sie relativ harmlose Parasiten, die nicht viel Schaden anrichten. Ihre Eier gelangen mit dem Kot ins Freie. Werden sie von geeigneten Zwischenwirten aufgenommen, siedeln sich die Larven in inneren Organen an und wachsen zu Finnenstadien, sogenannten Hydatiden heran. Im Fall des Fuchsbandwurms sind die geeigneten Zwischenwirte kleine Nagetiere, vor allem Wühlmäuse, also Beutetiere von Fuchs und Katze. Beim Hundebandwurm sind es meistens größere Beutetiere, wie Schaf, Rind, Ziege oder Reh, Beutetiere des Wolfes. Finnen sind beim Hundebandwurm als Blasen, beim Fuchsbandwurm als schwammartig verzweigte Gebilde ausgebildet. Sie beeinträchtigen nicht nur Wohlbefinden und Gesundheitszustand ihrer Zwischenwirte, sondern auch deren Verhalten. Dadurch fallen diese leichter ihren Feinden (und somit den Endwirten der Würmer) zum Opfer. Im Dünndarm von Fuchs, Hund oder Wolf wachsen die Larven zu geschlechtsreifen Würmern heran. Fatal für den Menschen ist, dass er für beide *Echinococcus*-Arten empfänglich ist – und zwar in der Rolle von Maus oder Schaf, nämlich als Zwischenwirt. Für den Wurm ist dieser Umstand allerdings ebenfalls fatal, kommt doch der Mensch für Fuchs, Hund oder Wolf im normalen Leben nicht als Beute in Betracht – das war vielleicht einmal anders!? So ist die Hydatide im Menschen gefangen, ohne Hoffnung verzehrt zu werden, und wächst ständig weiter, vermehrt sich ungeschlechtlich. Das heißt, in der Blase wachsen viele Bandwurmköpfchen, bilden weitere Blasen mit weiteren Bandwurmköpfchen und so fort. Manche Zysten können die Größe eines Kindskopfes erreichen. Das wiederum ist für den befallenen Menschen schlimm, es versteht sich von selbst, dass diese Gebilde in den befallenen Organen (meist Leber und Lunge) und in der Folge für den ganzen Organismus gröbere Probleme erzeugen. Doch sind sie anfänglich symptomlos und werden daher häufig erst nach vielen Jahren bemerkt, wenn die Gebilde schon beträchtlich herangewachsen sind und eine operative Entfernung nur mit großem Risiko möglich ist. Medikamentöse Behandlungen sind denkbar, hemmen aber oft nur das Wachstum der Zysten. Andererseits haben die Präparate Nebenwirkungen, die bei einer bereits erfolgten Organschädigung durch den Parasiten kontraindikativ sind. Ein Teufelskreis, der in Siechtum und Tod enden kann.

Das alles aber wussten Bremser und seine Zeitgenossen gar nicht. Sie kannten zwar die Blasenwürmer und verstanden darunter die »Hülsenwürmer« und »Finnen oder Blasenschwänze« in den inneren Organen bei Menschen und bei Tieren und sie kannten verschiedene, meist größere Band- und Kettenwürmer in den Gedärmen. Dass man in den Blasenwürmern die Larvenformen von Bandwürmern im Darm zu suchen hatte, war jedoch nicht klar. Dafür brauchte man experimentelle Beweise, die die Wissenschaft erst viele Jahrzehnte nach Bremsers Tod durchzufüh-

Abb. 27: Tafel aus: Mehlis Eduard C. F.1825: »Observationes anatomicas de Distoma hepatico et lanceolato ad Entozoorum humani corporis«

Abb. 28: Tafel II aus: Bremser J. G. 1819: »Lebende Würmer im lebenden Menschen. Ein Buch für ausübende Ärzte«, Fischbandwurm

Abb. 29: Tafel IV aus: Bremser J. G. 1819: »Lebende Würmer im lebenden Menschen. Ein Buch für ausübende Ärzte«, verschiedene Eingeweidewürmer

Abb. 30: Tafel III aus Bremser J. G. 1824: »Icones Helminthum Systema Rudolphii Entozoologicum illustrantes«

Abb. 31: Tafel VI aus Bremser J. G. 1824: »Icones Helminthum Systema Rudolphii Entozoologicum illustrantes«

Abb. 32: Tafel VII aus Bremser J. G. 1824: »Icones Helminthum Systema Rudolphii Entozoologicum illustrantes«

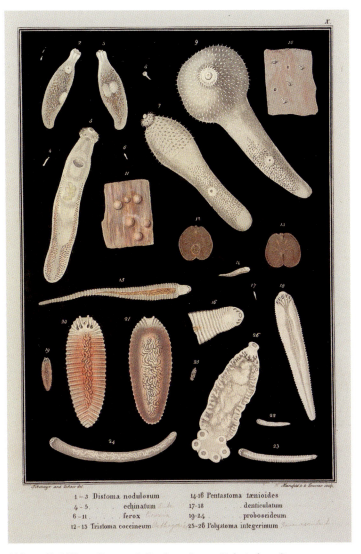

Abb. 33: Tafel X aus Bremser J. G. 1824: »Icones Helminthum Systema Rudolphii Entozoologicum illustrantes«

Abb. 34: Tafel XVIII aus Bremser J. G. 1824: »Icones Helminthum Systema Rudolphii Entozoologicum illustrantes«

ren imstande war. Die Hydatiden waren bereits durch den deutschen Botaniker und Mediziner August Batsch 1786 (1761–1802) als *Hydatigera granulosa* beschrieben worden. Für den Hundebandwurm war es der deutsche Arzt und Zoologe Carl Theodor Ernst von Siebold (1804–1885), der 1855 Bandwurmzysten an Hunde verfütterte und damit den Nachweis erbrachte, dass die kleinen Bandwürmer im Darm der Hunde sich aus den Larven (Köpfchen) in den Hydatiden (Hülsenwürmer) entwickeln. Der Fuchsbandwurm wurde überhaupt lange Zeit nicht als selbstständige Art erkannt. Doch der österreichische Arzt und Naturforscher, Professor der Inneren Medizin in Innsbruck, Adolf Posselt (1867–1936), postulierte bereits 1897, dass es sich beim »alveolären« *Echinococcus* um eine eigene Art handeln müsse. Erst der Tropenmediziner Johannes Vogel (1900–1980) konnte 1955 am Hamburger Tropeninstitut den Entwicklungszyklus experimentell aufklären.[338]

Blasenwürmer, Hülsenwürmer, Blasenschwänze

Die Natur der Blasenwürmer beschäftigte Bremser in besonderer Weise, waren sich doch in dieser Zeit noch immer nicht alle Autoren einig, ob diese Erscheinungen tatsächlich tierischen Ursprungs seien. Als Blasenwürmer bezeichnete man zu dieser Zeit verschiedene blasenförmige Gebilde im Körperinneren, von denen man heute weiß, dass sie Larven (Finnen) von Zestoden (*Cestoda*, Bandwürmer) sind. Damals wusste man noch nichts von den Lebenszyklen und Übertragungswegen und stellte daher keinen Bezug zwischen den Entwicklungsstadien her. Bis in das 18. Jahrhundert war man noch nicht weit von Aristoteles' Ansicht, dass die Finnen (die Taenien) im Fleisch von Hagelkörnern stammten, abgerückt. Allmählich setzte sich jedoch die Erkenntnis durch, dass es sich bei den Finnen um tierische Organismen handeln müsse. Dass sie infektiöse Larvenstadien darstellten, deren erwachsene Abkömmlinge in anderen Organismen heranreiften, also einen Wirtswechsel vollzogen, war jedenfalls noch unerkannt.

In den sogenannten Hülsenwürmern (Finnen des Hunde- und Fuchsbandwurms) erkannte man bereits die mit Stacheln bewehrten Köpfchen, man erkannte die Ähnlichkeit mit Bandwürmern, die im Darm vorkamen, zog aber noch nicht die entsprechenden Schlüsse. Aber man anerkannte, dass es sich um »Eingeweidewürmer« im Sinne parasitischer Lebewesen handelte. Das Auftreten von sogenannten sterilen Blasen (vor allem beim Befall des Menschen), also solchen, die keine Köpfchen aufwiesen, führte jedoch zur Annahme, dass ebendiese Blasen im Gegensatz zu jenen mit Köpfchen keine Lebewesen seien. Entsprechend euphorisch liest sich Bremsers Publikation, wo er die bestachelten Köpfchen auch in den Blasen aus einem Menschen nachweisen konnte.

Als der Wurmdoktor eines Tages Hülsenwürmer von einem befreundeten Chirurgen bekommt, schreibt er: *Denn am 21sten Februar schickte mir Herr Leibchirurgus Kern, Professor der chirurgischen Klinik, dem ich schon manche interessante Mitteilung im Fache der Helminthologie verdanke, durch einen seiner chirurgischen Zöglinge, Herrn Veith, einen Hydatidensack, welchen dieser unter dem Schlüsselbeine einer Frau aufgeschnitten hatte. Der Hydatidensack hatte die Größe eines Hühnereis und enthielt noch einiges von der ursprünglichen in ihm enthaltenen Flüssigkeit. Einige Scheu tragend gegen mikroskopische Untersuchungen, wodurch meiner Augen Licht schon seit lange her sehr geschwächt worden ist, und daher vermeidend so viel ich kann, ersuchte ich den gerade gegenwärtigen Herrn Dr. Schmidt aus Bremen, ... den Inhalt mikroskopisch zu untersuchen.*[339] Das Ergebnis dieses Zusammenschauens des alten Weisen und des jungen »Sehers« wirft ein Licht auf die Liebe und Euphorie, die Bremser mit seiner Forschung verband. *Herr Dr. Schmidt hatte kaum einige Tropfen von der in der Blase enthaltenen Flüssigkeit unter das Compositum* [Anm.: das zusammengesetzte Mikroskop mit zwei Linsen] *gebracht, als er mir mit großem Freudengeschrei ein eureka zurief. Ihm war nämlich bekannt, dass ich schon seit wenigstens 10 Jahren nach einem autoptischen Beweise ... meiner Behauptung, dass die in Eingeweiden des Menschen gefundenen Hydatiden, ebensogut*

Thiere sind, als die in den Klauenthieren vorkommenden, gesehnt hatte. So schnell es mir mein Asthma erlaubte, erhob ich mich von meinem Dreifuß, der aber mit dem von dem Delphischen Orakel gar nichts gemein hat, sondern ein ganz gewöhnlicher Stuhl mit drei Beinen ist, und rannte zu dem Mikroskope, wo ich denn zu meiner ganz gränzenlosen Freude ächte wahre und leibhafte Echinococci vor mir sah.

Die Entdeckung von Scolici (stachelbewehrten Köpfen der Bandwürmer) in Blasen des *Echinococcus* ist auch aus heutiger Sicht etwas Besonderes, da die Bildung dieser infektiösen Köpfe beim Menschen oftmals ausbleibt und somit »sterile Hydatiden« heranwachsen. Das ist ein Vorteil für den Patienten, da bei einer Operation keine Ausschüttung der Köpfchen zu weiteren Folgeinfektionen führt, war aber ein Handicap für den Naturforscher für die Identifizierung der Gebilde. Erst das Auffinden der Köpfchen durch Bremser hat auch den Nachweis erbracht, dass diese Gebilde beim Menschen gleichen (tierischen) Ursprungs sind wie jene, die man auch schon von Tieren kannte. In dieser Arbeit diskutiert er auch den Wert derartiger Erkenntnisse – und kommt zu dem Schluss, dass eben die Forschung als Grundlage des Wissens und weiterer Anwendung unabdingbar sei.

Öfter wurde Bremser von operierenden Ärzten in Wien als Berater herangezogen und erhielt Eingeweidewürmer zur Untersuchung aus frisch operierten Patienten. So schreibt 1821 der k. k. Hof-Medicus Johann Franz von Hieber über folgenden merkwürdigen Fall von Hydatidenbildung an der Leber eines 50-jährigen Patienten: Der Mann war nach massiven Beschwerden am 7. November (?) an einer Geschwulst im Bauch operiert worden, wobei eine ungeheuer große Zahl an Hydatiden zum Vorschein kam, die Dr. Bremser gleich nach der Operation im Mikroskop untersuchte. Diese Hydatiden hatten *der äusseren Form nach den eigentlichen Echinococcia sehr annahende Gestalten ... und es scheint, als wenn hier die kleinen Würmchen an der inneren Haut der Hydatidae entsprängen, und sich als kleine Knöspchen festsetzten.*[340]

Die von Bremser Finne, Blasenschwanz oder *Cysticercus cellulosae* benannten Helminthen beziehen sich wohl in erster Linie auf die Finnen des Schweinebandwurms, in erweitertem Sinne möglicherweise auch auf die Larven anderer Taenien. Die Erstentdeckung solcher Schweinefinnen im Menschen schreibt Bremser Paul Christian Friedrich Werner (1751–1785) zu. *Kaum hat Werner* [Anm.: in der Leiche eines ertrunkenen 40-jährigen Soldaten] *... einen Muskel im Körper gefunden, der nicht dergleichen Würmer zur Wohnung gedient hätte. O! dreimahl glücklicher Werner!*[341] Bremser gibt unumwunden zu, dass das Wissen zu diesen Organismen völlig rudimentär sei. *Meine Leser sehen wohl von selbst ein, dass, da ich in ätiologischer, pathologischer und diagnostischer Hinsicht von unserem Wurme so wenig zu sagen weiss, ich in therapeutischer noch weit weniger vorzubringen im Stande bin.*[342] Was man noch nicht wusste, war, dass aus den Blasenschwänzen beim Verzehr rohen finnigen Schweinefleisches im menschlichen Darm die adulten Bandwürmer (Taenien) heranwachsen und dass durch Infektion über die Bandwurmeier im Stuhl der Mensch auch zum Finnenträger (also Zwischenwirt) werden kann. Dies kann durchaus auch als Selbstinfektion stattfinden. Das ist auch ein wesentlicher Unterschied zum Rinderbandwurm und Fischbandwurm, wo der Mensch ausschließlich als Träger des erwachsenen Bandwurms (Endwirt) dient.

Bandwürmer *und* Kettenwürmer

Bremser spricht vom Bandwurm (ohne das Präfix *Fisch-*), wenn er den Fischbandwurm *(Diphyllobotrium latum)*, und vom Kettenwurm oder Nestelwurm, wenn er den Schweine- respektive Rinderbandwurm *(Taenia saginata)* meint, und sucht nach erklärenden Zusammenhängen für den Befall mit solchen, insbesondere durch die Nationalität der Erkrankten: *Bei Deutschen, dem größten Theile der Franzosen, bei Italienern und selbst Tyrolern findet man in der Regel nur den Kettenwurm, indes vielleicht nie ein ächter Schweizer, von einer Schweizer Mutter geboren, je am Kettenwurme gelitten hat. Bei den Russen und Pohlen kommt der Bandwurm auch vor, indes Herr Rudolphi nach seiner Versicherung aus*

Abb. 18: Bandwürmer aus der Sammlung Bremsers, Naturhistorisches Museum (Foto A. Schumacher)

Schweden nur Kettenwürmer erhalten hat. Hier könnte nun wohl die Eigenthümlichkeit der Völkerschaft, der Menschenrasse, wovon die eine und die andere abstammt und bei Russen und Schweden verschieden ist, liegen. Aber wie kommen die Schweizer zu dem nämlichen Wurme, wie die Russen? Dies ist bis jetzt ein Räthsel, und wird es auch wohl noch lange bleiben. Bei den Holländern mag allerdings die Beschaffenheit des Dunstkreises, des Klimas, die schon so viel Einfluss auf das Temperament dieser Nation äußert, eine der häufigsten Ursachen des Vorkommens von Würmern sein. Aber man irrt, wenn man dieselbe in dem reichlicheren Genusse von Fischen sucht.[343] Vielmehr, nach Bremsers Ansicht, könnte der häufige Genuss von Käse und Milch die Ursache für häufigen Bandwurmbefall sein.

Die Band- und Kettenwürmer haben es Bremser in besonderer Weise angetan, sind Letztere ja auch die, mit denen er in seiner ärztlichen Praxis am meisten zu tun hat. Bremser meint mit dem Bandwurm den heute wissenschaftlich *Diphyllobotrium latum* benannten Fischbandwurm. Dieser Wurm, der im Dünndarm verschiedener fischfressender Säuger gefunden wird, kann im Menschen bis zu 20 Meter Länge erreichen. Die Infektion erfolgt über den Verzehr rohen Fisches. Die Infestation der Fische erfolgt wiederum über den Verzehr von Kleinkrebsen, die die Eier mit den Erstlarven aufgenommen haben. Aber das war zu jener Zeit ebenso wenig bekannt wie der Infektionsweg des Schweine- bzw. Rinderbandwurms *(Taenia)* über den Genuss infizierten rohen Schweine- oder Rindfleischs. Bremser befasst sich erfolgreich mit der Beschreibung und morphologischen Unterscheidung des »Breiten Bandwurms« *(Diphyllobothrium latum = Bothriocephalus latus)* vom »Kettenwurm« *(Taenia)*, indem er eine gute Abbildung vom Kopf und eine ausführliche Beschreibung von den Bandwurmgliedern gibt. Er erklärt auch die Ursache für wiederholte Verwechslungen von Ketten- und Bandwürmern: *...daran ist Niemand schuld als Bonnet, welcher zuerst ein angebliches Kopfende dieses Wurmes zeichnen ließ.* Der Schweizer Naturwissenschaftler Charles Bonnet (1720–1793) hatte in seiner Dissertation[344] offensichtlich einem Bandwurm die Zeichnung des Kopfes eines Kettenwurms *(Taenia)*, allerdings ohne Hakenkranz, zugeordnet. Erst viel später, 1777, berichtigte Bonnet diesen Irrtum, eine Korrektur, die aber von der Fachwelt kaum wahrgenommen wurde, bis Bremser mit seiner richtigen Abbildung und seinen Erläuterungen das Knäuel löste. Allerdings gelang es ihm auch gleichzeitig, neue Verwirrung zu stiften. Er interpretierte das Fehlen der Haken bei Taenien nicht als Merkmal, das eine andere Art charakterisiert, sondern als »Alterserscheinung« – eine Glatze sozusagen. Tatsächlich unterscheidet sich der Rinderbandwurm *(Taenia saginata)* vom Schweinebandwurm *(Taenia solium)* unter anderem durch das Fehlen eines Hakenkranzes. Doch Bremser *scheint, dass der Wurm mit dem Alter den Hakenkranz verliert.* Dem setzt der Arzt Andreas Ignaz Wawruch, allerdings 25 Jahre später, ironisch ein... *Mir scheint, dass dieser zu einer anderen Species gehöre... entgegen.*[345]

Andreas Ignaz Wawruch (1782–1842), *geboren zu Niemcziz in Mähren war seit Ende 1810 Assistent an der medizinischen Klinik für Aerzte in Wien, auch supplirender Lehrer der Pathologie und Arzneimittellehre, erlangte 1812 in Wien mit der Inauguralabhandlung »Tentamen inaug. philologico-medicum sistens antiquitates typhi contagiosi« die Doctorwürde und wurde noch in demselben Jahre ordentlicher Professor für die genannten Fächer, 1819 Professor der medicinischen Klinik für Wundärzte an der Wiener Universität. In dieser Stellung verblieb er bis zu seinem Tode.*[346] Was verband Andreas Ignaz Wawruch mit Bremser? Das Interesse an den Bandwürmern! In seiner Schrift über Bandwurmkrankheiten bezieht er sich des Öfteren auf Bremser. Wawruch war ein Schüler Johann Valentin Hildenbrands (1763–1818), des Direktors des Allgemeinen Krankenhauses und des Findelhauses in Wien. Wawruch ist es auch, der über den helminthologischen Wettstreit zwischen Bremser und Hildenbrand im anatomischen Theater berichtet,[347] Seite 166. Das oben erwähnte Unwissen um die Entstehung und die Lebenszyklen der Eingeweidewürmer zieht sich bis in das späte 19. Jahrhundert. Auch bei den Bandwürmern war man aufgrund vieler praktischer Beobachtungen schon so nah an der Wahrheit. Aber gerade das ideologisch-dogmatische Festhalten an der Urzeugung verhinderte, dass die richtigen Schlüsse gezogen wurden. Wie Bremser zieht Wawruch das Klima, die Lebens- und Wohnumstände und die Ernährung als *erregende Ursachen* für den Befall in Betracht. Vor allem der Zusammenhang mit den Essensgewohnheiten sticht ihm ins Auge. Entgegen Bremsers Meinung, dass vorzüglich der Genuss von fettigen, mehligen und milchigen Speisen den Wurm entstehen lasse, ist Wawruch der Ansicht, dass nicht die Art der Ernährung, sondern das Übermaß die Ursache dieser Urzeugung sei. Seine Beobachtung, dass Köchinnen und Fleischer überdurchschnittlich oft von Würmern betroffen sind, interpretiert er ebenfalls in dieser Weise. Auch konstatiert er, dass diese Bandwürmer bei Juden so gut wie nicht vorkommen. Doch selbst das Geständnis von drei Bandwurm-

Abb. 19: Andreas Ignaz Wawruch, Lithografie Frid. Dewehrt 1836, Porträtsammlung der ÖNB (PORT_00076910_01)

befallenen Jüdinnen, dass sie entgegen ihren Speisegeboten gerne Schweinefleisch äßen, führte nicht zur Erkenntnis, dass die Bandwurmlarven im Schweinfleisch leben und mit dessen Verzehr übertragen werden.³⁴⁸ Professor Jacob Reinlein, der übrigens auch der Meinung war, dass Milch und Käse den Bandwurm förderten,³⁴⁹ teilte auch Beobachtungen und Vermutungen mit, wie die von Wawruch zitierte, und bestätigte, dass *vorzüglich jene am Bandwurm* [Anm.: hier ist *Taenia*, Bremsers Kettenwurm, gemeint] *leiden, die in der Küche oder in Schlachtbänken beschäftigt sind.* Wawruch macht dafür die Vielfresserei verantwortlich sowie den Duft des frisch geschlachteten Viehs, *einer wahrhaft animalischen Substanz, ... die ... auch zur Entstehung belebter Organismen ein genetisches Moment abgeben muß.*³⁵⁰

Jacob Reinlein (1844–1816) war ein Mediziner, der sich insbesondere für die Bandwürmer des Menschen und die damit verbundenen Erkrankungen interessiert hatte, was mit sich brachte, dass Bremser dessen Ansichten und Ergebnisse in besonderer Weise reflektierte. Reinlein hatte die Nachfolge des berühmten Maximilian Stoll (1742–1787) nach dessen Tod angetreten, erhielt aber von einigen seiner Zeitgenossen nicht die besten Beurteilungen: *Stolls Nachfolger im Lehramt wurde Jacob Reinlein aus Amberg in der Oberpfalz. Er hatte in Wien studiert und 1768 promoviert, hierauf Militärarzt in Mailand, Lodi, Como und Pavia, 1774 in Wien zurück, im spanischen Spital, dann Lehrer an der militärärztliche Schule zu Gumpendorf zugleich an der practischen Lehrschule für Zivil- und Landwundärzte angestellt ... hatte sich das Wohlwollen Störck's in dem Grad zu erwerben gewußt, dass ihm dieser nach Stoll's Tod die Leitung der medicinischen Klinik übertrug. Reinlein vermochte seinen Vorgänger in keiner Weise zu ersetzen; er vernachlässigte den klinischen Unterricht und ließ einen Teil der ohnehin zu kleinen Klinik unbesetzt. Der Ruf der Klinik schwand daher und die Studierenden blieben aus. Der Verfall der klinischen Studien war so augenfällig, dass die Regierung sich genöthigt sah, sein Amt mit einem fähigerem Mann zu besetzen. Peter Frank erhielt 1795 die Leitung ... und Reinlein wurde pensioniert. Als die ... medizinische Klinik der niederen Kategorien von derjenigen der Ärzte und Chirurgen abgetrennt wurde, übernahm Reinlein die erstere und stand bis 1814 an ihrer Spitze. ... trat abermals in den Ruhestand und starb 1816 im Alter von 72 Jahren. Ebenso wenig wie als Lehrer hatte er als Schriftsteller geleistet; außer einer kleinen Abhandlung über den Bandwurm hatte er keine literarischen Arbeiten hinterlassen.*[351]

Bremser erwähnt Reinleins Beobachtungen und zitiert dessen Arbeit über Bandwürmer.[352] Kritisch merkt er allerdings Reinleins Ansicht zur Entstehung der Würmer an, auch hier geht es – wie auch beim Verhältnis zu Brera (siehe unten) – um die Verteidigung seiner Urzeugungstheorie. Im Zentrum steht die Diskussion, ob Eingeweidewürmer oder deren Eier von einem Wirt auf den anderen übertragen werden können oder ob sie im Körper durch Urzeugung entständen. *Neuerdings fand sie* [Anm.: die Möglichkeit der Übertragung von außen durch Eier] *auch Anhänger an den Professoren Reinlein und Brera, doch hat nur Letzterer eine Beobachtung angeführt... welche wir am Ende dieses Paragraphen besonders prüfen werden.*[353] Osiander ist in der Sache jedenfalls eindeutig auf Bremsers Seite und hebt hervor, dessen *Theorie von der Entstehung der Eingeweidewürmer kommt mit der der meisten neuern Naturforscher überein, die nicht nach der ältern, noch von Linne angenommenen Meinung nach, die Eyer von Würmern von außen, auf eine abentheuerliche Weise in den Organismus gelangen lassen, sondern sie gleich den Infusionsthierchen in den Organen, in welchen sie sich befinden, durch sogenannte generatio spontanea enstehen lassen.* An derselben Stelle erfahren wir, dass *der Wiener Arzt J. Reinlein... vor einigen Jahren noch in seiner Schrift... die unwahrscheinliche Hypothese, wie die Eyer der Würmer von außen in den Darmkanal gelangen, wahrscheinlich zu machen gesucht, indem er sagt: Schmeißfliegen fänden die Bandwurmeyer in menschlichen Excrementen auf und verschleppen sie auf die Nahrungsmittel, mit denen sie dann genossen und im Darmkanal ausgebrütet werden.*[354] Ähnliches kann man bei anderen Autoren lesen: *J. Reinleins Abhandlung über den Bandwurm ist ohne hinreichende Kenntnis des Gegenstandes verfasst. Herr R. behauptet darin, die Fliegen sögen die Eyer von ausgeleerten Bandwumgliedern in sich und brächten sie auf Nahrungsmittel wodurch sie in den menschlichen Körper kämen!*[355] Reinleins Vermutungen waren näher an der Wirklichkeit als die Interpretationen der Anhänger der Urzeugung. Wurmeier sind ja tatsächlich die Quelle der Infektion, allerdings sind im Falle der Taenien Zwischenwirte eingeschaltet, etwa das Schwein oder das Rind. Die Infektion des Menschen erfolgt dann über das Fleisch. Der ganze Zyklus wird durch geringe Hygiene erleichtert. Auch hier hat Reinlein schon Zusammenhänge geahnt, denn ihm ist aufgefallen, dass eine Häufung des Bandwurmbefalls bei Menschen in Fleisch verarbeitenden Berufen zu finden ist! Dass beide Seiten unrecht hatten, aber Reinlein (wie auch Brera) in gewisser Weise näher an der Wahrheit waren, erscheint uns heute erst klar.

Die THEORIE der URZEUGUNG
(GENERATIO spontanea)

Die Erstlarven des heute »Fischbandwurm« genannten Parasiten *(Diphyllobothrium latum)* leben in Kleinkrebsen. Wenn diese von Fischen gefressen werden, entwickelt sich im Fisch die Zweitlarve. Die Infektion des Endwirtes erfolgt durch den Verzehr rohen Fisches. Als Endwirte kommen zahlreiche fischfressende Säuger infrage, etwa Bär, Fischotter, Katze, Mensch. Doch die Tatsache, dass die Infektion durch Genuss rohen Fisches erfolgt, wurde ein halbes Jahrhundert nach Bremsers Tod experimentell bewiesen. Der obligate Kleinkrebs im Entwicklungszyklus wurde 1917, also erst 90 Jahre nach Bremsers Tod, durch Janicki und Rosen[356] aufgeklärt. Da man diese komplexen Zusammenhänge nicht erkennen konnte, gingen führende Systematiker des frühen 19. Jahrhunderts etwa J. G. Bremser und C. A. Rudolphi immer noch von Urzeugung *(Generatio spontanea)* als Entstehungsursache primitiver Lebewesen, wie der Würmer, aus. Man bedenke, dass zu dieser Zeit noch Koryphäen wie Christian Ludwig Nitzsch (1782–1837), Mediziner und Naturforscher, Professor für Zoologie an der Universität von Halle an der Saale, und Friedrich Sigismund Leuckart (1794–1843), Mediziner und Naturforscher, Professor der Physiologie, der vergleichenden Anatomie und Zoologie an der Universität Freiburg in Breisgau, die Spermien *(Saamenthiere)* für parasitische Würmer hielten.[357] Die Spermien waren zwar von Johan Ham (1650–1723) 1677 beschrieben und von Antoine van Leeuwenhoek (1632–1723), einem niederländischen Handwerker und Naturforscher aus Delft, der als erster Mikrobiologe und Erfinder des Mikroskops gilt,[358] bekannt gemacht worden, doch die geschlechtlichen Vorgänge der Reduktionsteilung, Befruchtung und Ontogenese blieben noch lange im Dunkeln. Die Befruchtung einer Eizelle durch eine Spermienzelle wurde erstmals 1879 durch Hermann Fol (1845–1892) bei Seeigeln beobachtet und dokumentiert,[359] also 50 Jahre nach Bremsers Tod. Über Vermehrungsvorgänge von wirbellosen Tieren wusste man zu Bremsers Zeiten noch wenig, außer, dass viele von ihnen augenscheinlich Eier legten, aus denen Nachkommen schlüpften. Was die Eingeweidewürmer betraf, tappte man noch orientierungsloser im Dunkeln.

Bremser jedenfalls war ein überzeugter Verfechter der Urzeugungstheorie bei Eingeweidewürmern. Und das, obwohl er Geschlechtsorgane identifizierte, Geschlechter unterschied und Eier als solche erkannte. Wie ist das möglich, fragt man sich heute. Dazu muss man das Wissen und Weltbild der Zeit verstehen und auch Bremsers spezielle Sicht der Dinge.

Die Urzeugungstheorie war seit der Antike eine zentrale These in den Naturwissenschaften gewesen. Sie ging von der Möglichkeit der spontanen Entstehung lebender Organismen zu jeder Zeit aus. Im Fall der Eingeweidewürmer nahm man an, dass sie aus Schleim und Säften der inneren Organe, gefördert durch äußere Bedingungen, spontan entstünden. Erst der italienische Arzt, Naturforscher und Dichter Francesco Redi (1626–1697) begann zu argumentieren und zu experimentieren. Er wurde mit einem Versuch berühmt, in dem er 1668 die Urzeugung bei Fliegenmaden in Fleisch widerlegte.[360] Redi ließ Fleisch einerseits frei, andererseits verschlossen über mehrere Tage stehen. In der abgeschirmten Probe entwickelten sich keine Fliegenmaden (weil die Fliegen nicht in der Lage waren, ihre Eier darauf abzulegen). Redi formulierte daraufhin die These, alles entstünde aus einem Ei. Hundert Jahre später widerlegte ein weiterer italienischer Naturforscher, Lazzaro Spallanzani (1729–1799), er war auch Priester und Forschungsreisender, 1768 mit einem Experiment die Spontanentstehung von »Infusorien«. Doch diese Ansichten setzten sich nicht so schnell durch und die Experimente vermochten die Urzeugungstheorie lediglich etwas zu schwächen. Bis in das späte 19. Jahrhundert gingen die meisten Mediziner und Naturforscher bei vielen »niederen Tieren« von einer Spontanerzeugung aus. Bremser war zwar ein kritischer Geist, aber in dieser Frage sozusagen im »Mainstream« seiner Zeit. Seine Argumentation für die Möglichkeit der Urzeugung ist lange und wortreich. Einleitend erwähnt er die Aufgusstierchen (aber nicht das Experiment von Spallanzani), die wir auch aus Versuchen im Biologieunterricht kennen: Man gebe Heu oder Blätter in Wasser und lasse das Glas einige Zeit in im Warmen stehen und es wimmelt bald von winzigen Räder-, Geißel- und Wimperntierchen, die scheinbar aus dem Nichts entstanden sind. Heute wissen wir, dass sie aus noch winzigeren trockenresistenten Zysten, allgegenwärtig durch Wind und Wasser verbreitet, geschlüpft sind, die den damaligen Mikroskopen leicht entgehen konnten. Schwieriger erschien es schon, die Urzeugung bei komplexeren (und größeren) Tieren zu argumentieren. Sichtlich ist Bremser klar, dass man sich die Urbildung bei sehr primitiven Lebewesen leichter vorstellen kann als bei »Läusen, Krätzmilben und Eingeweidewürmern«, weil diese komplizierter organisiert sind, Eier bilden und auch Fortpflanzungsorgane besitzen. Nichtsdestotrotz nimmt er die Urzeugung nicht nur bei Eingeweidewürmern, sondern bei Läusen in bestimmten Fällen immer noch an, und ebenso bei den Krätzmilben. *Auch die Krätzmilbe (Acarus exulcerans L.) halte ich nicht für eine Ursache, sondern für ein Erzeugnis der Krätze, des Eiters.*[361] Bremser erkennt und anerkennt aber auch Fortpflanzungsweisen bei den Eingeweidewürmern, sei es die ungeschlechtliche Sprossung bei den Blasenschwänzen (*Cysticercus* und *Coenurus* = Bandwurmfinnen) oder Geschlechtlichkeit und Fortpflanzungsorgane vieler Würmer, doch hat man den Eindruck, er windet sich, um bloß den Gegnern der Urzeugung nicht unfreiwillig ein Argument zu liefern. *Obwohl nun die Eingeweidewürmer auf so verschiedene Art sich fortzupflanzen vermögen, so ist es doch, da sie, wie bewiesen worden ist, von keinem Thiere in das andere übergehen können, erforderlich, daß die ersten derselben jedesmahl sich wieder in dem thierischen Körper, er sei welcher er wolle, neu erzeugen oder urbilden müssen.*[362]

Wie man sich den Vorgang der Urzeugung vorstellte, schildert anschaulich Friedrich Sigismund Leuckart,[363] Schüler, Freund und Bewunderer Bremsers. *Durch den in höhere Lebensthätigkeit gesetzten Schleim entstehen in der animalischen Welt zuerst die Infusorien der Gewässer (Chaos aquaticum), dann die der Eingeweide (Chaos intestinale) und die des Saamens (Chaos spermaticum), wie auch die schon höher beginnenden Helminthen, welche sich nachher auch theils durch allmählige Evolution, theils durch Ableger, theils durch Sexualverrichtung fortpflanzen. Wo der Schleim am meisten vorwaltet, entstehen unter gewissen Bedingungen dieselben vorzugsweise ja also im Darmkanale überhaupt, und dann bei den Fischen insbesondere, weil diese mehr schleimartiger Natur sind als die übrigen Wirbelthiere. Dass wir bei wenigen wirbellosen Thieren, und, die Sepien ausgenommen, die den Fischen schon nahe stehen, bei keinem Weichthiere bis jetzt Würmer gefunden haben, obgleich dieselben ganz Schleimthiere sind, wird aus der schwächern Lebenskraft dieser Thiere erklärbar, die mir nicht mehr im Stande zu sein scheint, solche dem Körper fremdartige Organismen erzeugen zu helfen. Bei manchen Insecten, die in gewisser Hinsicht wieder höher stehen als die Mollusken, hat man nur Filarien gefunden, die meiner Meinung nach schon deswegen, weil sie bei niedern wirbellosen Thieren, ja selbst bei Larven vorkommen, in der Reihe der Helminthen auch eine niederere Stelle einnehmen müssen.*

Was der Streitpunkt war, konstatiert Bremser in klaren Worten: *Kurz, man streitet sich darum: ob jeder lebende organische Körper durchaus von anderen, ihm gleichen, organischen Körpern erzeugt sein müsse, oder ob auch manche unter günstigen Umständen sich selbst hervorbringen können. Diese Selbsterzeugung wird von den Naturforschern mit dem Namen Generatio spontanea oder aequivoca belegt. Ich glaube jedoch, dass man sie schicklicher Formatio primitiva, Urbildung nennen könnte...*[364]

Bremsers eigentliches Hauptargument ist, dass die Eingeweidewürmer nicht von außen in das Innere des Körpers gelangen können. Daher müssten sie sich spontan aus Körpersäften und Schleim bilden. Dann aber könnten sich die Würmer im Körper des Wirtsorganismus mithilfe ihrer Reproduktionsorgane weitervermehren. Somit sind für ihn auch die Fortpflanzungsorgane erklärt. Zuallererst argumentiert Bremser gegen die These, dass die Eingeweidewürmer lediglich Abkömmlinge von frei lebenden Tieren seien. Dagegen findet Bremser viele Argumente. Eines davon ist die Wirts- und Organspezifität vieler Parasiten, das heißt, dass einzelne Tiere ihre eigenen Parasiten haben und bestimmte Parasiten nur in bestimmten Organen vorkommen. Für frei lebende Würmer, die mitunter und beliebig auch in Tiere eindringen, wäre diese Spezifität unwahrscheinlich. Und er hat in diesem Punkt eindeutig recht. Bremser stützt sich natürlich auf seine große Erfahrung in der Sektion von vielen Tausend Tieren und er hat ja seine berühmte Sammlung im Rücken. Sein stärkstes Argument ist daher auch, dass all jene, die Derartiges – dass die Würmer Abkömmlinge frei lebender Tiere seien – behaupten, keine Ahnung von den Helminthen hätten. Unter jenen, denen er helminthologische Kompetenzen abspricht, befinden sich prominente Namen wie der schwedische Naturforscher Carl v. Linné (1707–1778), dem in helminthologischen Fragen nicht zu trauen sei, der finnische Naturforscher und Ökonom Pehr Adrian Gadd (1727–1797), der Hamburger Mediziner Johann August Unzer (1727–1799), der Universalgelehrte Gottfried Christoph Beireis (1730–1809) aus Helmstedt, er war Arzt, Chemiker und Physiker, der Regensburger Theologe und Naturgelehrte Jacob Christian Schäffer (1716–1790) und auch der berühmte deutsche Forschungsreisende Samuel Gottlieb Gmelin (1744–1774). Letzterer hatte eine *Taenia* (Kettenwurm) aus einem stehenden Sumpf beschrieben *und legt ihnen bey der Abbildung den sehr schicklichen Namen Taenia dubia bei. Denn es unterliegt gar keinem Zweifel, dass diese dubiösen Würmer gar nichts anderes als Krötenlaich waren.*[365] Tatsächlich entbehren diese Persönlichkeiten der speziellen helminthologischen Autorität, wenngleich sie berühmte und anerkannte Naturforscher waren. Die maßgeblichen Argumente Bremsers gegen die Herkunft der Helminthen von frei lebenden Arten sind einerseits die eindeutigen Unterschiede im Körperbau von Eingeweidewürmern zu frei lebenden Würmern. *Die in Menschen und Thieren lebenden Würmer haben einen ganz eigenthümlichen Bau, wodurch sie sich von den Erd- und Wasserwürmern deutlich unterscheiden.*[366] Das kann er auch gut beurteilen, da er sich jahrelang mit der Untersuchung, Beschreibung und Abbildung der Morphologie der Würmer befasst hatte. Andererseits argumentiert Bremser immer wieder, dass frei lebende Würmer von außen nicht in den Körper gelangen können, und wenn doch, dort nicht überleben können. Umgekehrt würden sich die parasitischen Würmer im Körper vermehren, außerhalb des Körpers aber baldig absterben. Aus heutiger Sicht hat Bremser insofern recht, dass parasitische Würmer nicht dieselben sind, wie die in Wasser und Erde frei lebenden Würmer, seine Behauptung, dass Tiere im Laufe ihrer Entwicklung ihre Gestalt nicht ändern könnten, trifft hingegen in Hinblick auf die Entwicklungsstadien der Würmer ganz und gar nicht zu. Auch seine Argumentation, dass die Tiere nicht von außen in den Körper gelangen könnten, ist nicht richtig. Es sind Entwicklungsstadien, die oft mikroskopisch klein sind, die den Wirt infestieren. Aber davon wusste man eben noch nichts.

Auch seine Annahme, dass die Würmer sich im Wirt vermehren, entspricht nicht den Tatsachen. Die Eier und Larven, die erzeugt werden, sind in den meisten Fällen Stadien, die ausgeschieden werden, um die nächsten Wirte zu befallen. Nur in einigen wenigen Fällen bleibt die nächste Parasitengeneration im selben Wirt. Auch das wusste und erkannte man noch nicht.

Bremser hat also als ersten Argumentationsschritt die Unterschiedlichkeit von frei lebenden und parasitischen Würmern quasi bewiesen.

In der (rhetorischen) Frage, wie die Tiere in den Körper kommen könnten, zitiert er die Ansicht anderer Autoren, dass die *Würmer, oder ihre Eier, von Menschen oder Thieren abgesetzt, ... durch Speisen und Getränke, ja selbst durch die Luft, wieder anderen Menschen oder Thieren mitgetheilt* werden.[367] In diesem Satz wäre ja schon die ganze Wahrheit verpackt! Doch Bremser bemüht sich viele Seiten lang, dies zu widerlegen. Unter den Anhängern dieser These nennt Bremser neben dem Wiener »Wurmdoktor« Jacob Reinlein und seinen »Kontrahenten Brera« auch den von ihm hoch geschätzten deutschen Naturforscher und Geografen Peter Simon Pallas (1741–1811). Pallas argumentiert aus heutiger Sicht sehr klug. Erstens, dass die Helminthen (beim Menschen) in dicht besiedelten Wohngegenden mit geringer Hygiene (also den Städten) häufig sind, zweitens, dass in verschiedenen Tiergruppen gänzlich unterschiedliche Würmer vorkommen, weil die

Eier nur unter den jeweils speziellen Bedingungen zur Entwicklung kämen, und drittens, dass Tiereltern und ihre Jungtiere, sogar Embryonen, sowie auch Menschen innerhalb der Familie dieselben Parasiten hätten, diente Pallas als Argumentation, dass die Parasiten von außen in den Körper gelangten, also eine Übertragung zwischen Individuen stattfände. Ihm fällt auch auf, dass Helminthen in fleischfressenden Tieren viel häufiger sind als in Pflanzenfressern.[368] Na also, das erklärt viel und stimmt mit modernen wissenschaftlichen Erkenntnissen weitgehend überein. Doch Bremser entgegnet entschieden.

Gegen den ersten Punkt wendet er ein, dass wohl die nahrungsbedingt schlechtere Verdauungskraft der Städter für den häufigeren Wurmbefall verantwortlich sei. Aus dem Schleim des trägen Darms entstünden dann die Würmer. Also wieder ein Beweis für die Urbildung! Er vermutet auch, dass der Grund für den geringen Parasitenbefall *bei Russen in entfernten Provinzen, ... auch in dem reichlicheren Genusse des Branntweins seine Ursache haben mag.*

Das zweite Argument, jenes der Wirtsspezifität, lässt er überhaupt nicht gelten. Falls man nur die eigene Spezies mit den eigentümlichen Würmern infizieren könnte, müssten die Menschen entweder Kannibalen sein oder die Infektion über die Unhygiene erfolgen (wie nah Bremser hier schon an der Wahrheit dran wäre!) – aber er wischt diesen Gedanken gleich weg, weil die *Fäkalien sondern wir Menschen ja sehr sorgfältig von dem ab, was uns zur Nahrung dient.*[369] Auch ist ihm klar, dass die Kloake über die Bäche und Flüsse wieder mit dem Wasser der Brunnen in Verbindung steht. *Allein, welchen langen Weg hat nicht ein solches Wurmei zu machen? Wie lange müsste es nicht unter den ungünstigsten Umständen, unter welchen alle Eingeweidewürmer schnell sterben, sein Leben erhalten?* (Man würde ihm gerne an dieser Stelle zurufen: Ja so ist es, die Wurmeier können das!) Schließlich setzt er noch dieses drauf: *das häufige Vorkommen beim Menschen, zumahl bei den so äusserst reinlichen Holländer, bleibt dabei unerklärlich.*[370] Ein weiteres Argument liefern ihm die Blasenwürmer: *denn nur durch die Verunreinigung der Nahrung, oder des Getränkes mit dem Kothe eines mit Würmern behafteten Schafes z. B. könnten die Darmwürmer, oder deren Eier einem anderen Schaf mitgeteilt werden. Aber wie lässt sich eine solche Übersiedlung der Blasenwürmer, von denen wir keine Eier kennen, die in eigene Kapseln eingeschlossen sind, die in Eingeweiden sitzen, die mit dem Darmkanal in keiner unmittelbaren Verbindung stehen, also auf diesem Weg nicht abgesetzt werden können, denken? Und auf welchem Wege sollen sie in die Organe, in welchen wir sie finden, gelangen? Und doch sind gerade die Nagetiere und die Wiederkäuenden diejenigen, bei denen Blasenwürmer am häufigsten angetroffen werden.*[371] Dass er auch hier wieder ganz knapp an der Wahrheit vorbeischrammt, ist bezeichnend. Dass gerade jene Blasenwürmer die Infektionsstadien von Bandwürmern sind, deren Endwirte jene Fleischfresser sind, die Schafe fressen, ist für Bremser noch nicht denkbar, obwohl für ihn die Ähnlichkeit der Blasenwurm-Köpfchen mit jenen der adulten Würmer sichtbar war.

Von dem Gedanken der Urzeugung bis hin zum Erkennen komplizierter Entwicklungszyklen, der Infektionsmechanismen und des Wirtswechsels, war die Zeit noch nicht gereift, obwohl manche schon in diese Richtung schauten, wie die Experimente verschiedener Forscher und nicht zuletzt Bremsers Argumentation zeigen.

Den dritten Punkt von Pallas nimmt er überhaupt für die Untermauerung seiner Sicht in Anspruch. Wie sollten die Würmer denn in den Embryo gelangen? Durch die Mutter könnten die Eier jedenfalls nicht der Frucht mitgeteilt werden. Als Argument dagegen, dass die Parasitenstadien von den Eltern auf die Kinder übertragen werden, führt er auch die hohe Diversität der Parasiten ins Feld. Beispielsweise fragt er, wie könne die große Vielfalt von Eingeweidewürmern in unterschiedlichen Organen im Wasserfrosch erklärt werden? Wie sollen nun aus all diesen verschiedenen Eingeweiden die Eier dieser Würmer in die Hoden gelangen und von dort mit dem Samen ausgeschieden werden? Wie sollen sie ferner in das Ei des Frosches dringen, daselbst verweilen bis der Frosch zur Reife kommt? Bremser bezieht sich dabei in erster Linie auf die direkte Übertragung von den Eltern auf den Em-

bryo, die er sich nicht vorstellen kann. Tatsächlich können manche Parasiten von der Mutter auf den Embryo übertragen werden.
Und die Behauptungen, dass Pflanzenfresser ärmer an Parasiten seien und dass die Wurmlast in dichten Populationen höher sei, widerlegt er mit Beispielen aus seiner reichen parasitologischen Erfahrung, z. B. *im September 1816 wurden von mir siebenzehn auf einer Jagd in den steierschen Alpen erlegte Gemsen untersucht. Nur eine Einzige war ganz wurmfrei, alle Übrigen hatten theils Peitschenwürmer, teils Pallisadenwürmer, und acht derselben Kettenwürmer. Diese Thiere leben doch gewiss von großen Städten entfernt.*[372] Man merkt hier wieder einmal, dass Bremser nicht frei von Polemik ist. Pallas' Beobachtung bezüglich der Städte hatte sich wohl eindeutig auf den Menschen bezogen. Untersuchungen über die Häufigkeit der Parasiten bei verschiedenen Populationen kann man ja nur anstellen, wenn man Vergleiche ziehen kann. Aber über die Populationsdichten der von ihm untersuchten Gämsen und Vergleichen mit Gämsen aus anderen Revieren kann Bremser naturgemäß keine Angaben machen. Gämsen in Städten sind halt selten, wär man versucht zurückzupolemisieren.
In diesem Zusammenhang erwähnt Bremser, dass der Direktor des Naturalienkabinetts Carl v. Schreibers einen Infektionsversuch durchgeführt hatte. *Im Jahre 1806 wurde im k. k. Naturalienkabinette ein zahm gemachter Iltis (Mustela Putorius L.) sechs Monate durch Herrn Director von Schreibers mit nichts anderem gefüttert, als mit Milch und frischen meist noch lebenden Eingeweidewürmern aller Art und ihren Eiern, ... Der Iltis wurde hierauf getödtet, und nicht eine Spur von einem Wurme war in dem ganzen Thiere zu finden.*[373]
Bremser gesteht immerhin noch die Möglichkeit zu, dass ein Wurm, der von einem Tier zum anderen durch Verschlucken gerät, dort noch eine Zeit lang überleben kann, und nennt wieder Beispiele aus eigener Beobachtung. In diesem Zusammenhang erwähnt er auch, dass Riemenwürmer *(Ligula)* aus Fischen auch eine Zeit lang im Nahrungskanal von Sumpf- und Schwimmvögeln überleben können, weil sie ein zähes Leben hätten, aber schließlich fielen sie doch den Verdauungssäften zum Opfer. Tat-

sächlich wissen wir heute, dass die Riemenwürmer in den Fischen die Larven jener erwachsenen Würmer im Darm von fischfressenden Vögeln sind. Diese Vermutung hatte ja bereits 1790 Peter Christian Abildgaard durch den Nachweis, dass Ligulidae aus Fischen im Darm von Vögeln weiterleben, zu bestätigen versucht. Dieser erste positive Infektionsversuch mit Eingeweidewürmern wurde in der Fachwelt weitgehend ignoriert. Auch der erneute, 1829 durch den deutschen Naturforscher und Mediziner Friedrich Heinrich Creplin (1788–1863) erbrachte Nachweis fand wenig Beachtung. Trotz der zahlreichen Widerlegungsversuche war die Urzeugungstheorie noch lange nicht am Ende.

Der Durchbruch gelang erst dem französischen Naturwissenschaftler und Mikrobiologen Louis Pasteur (1822–1895), der, bestätigt durch Versuche mit Mikroorganismen, postulieren konnte: Alles Lebende entsteht aus Lebendem. Der Begriff der Urzeugung ist heute auf seine ursprüngliche Bedeutung für das Entstehen des Lebens in der Ursuppe beschränkt.

Man muss Bremser schon zugutehalten, dass zu seiner Zeit die Ansichten der Gegner kaum besser argumentiert waren als seine, weil auf vielen Gebieten das Wissen noch sehr lückenhaft war. So führt Bremser auch ungewohnt einsichtig aus: *Allein höre ich sagen: ... wir können nun einmal schlechterdings nicht begreifen, wie ... ein lebender Körper entstehen soll, ohne einem anderen lebenden Körper sein Dasein zu verdanken ... Das mag sehr wohl sein, denn es gibt für uns überhaupt des Unbegreiflichen mehr, als des Begreiflichen, wenn wir uns nicht bloß einbilden wollen, dieses oder jenes zu begreifen, wie das wohl sehr häufig der Fall sein mag. Denn ich frage, hat denn irgend Jemand schon deutlich begriffen, wie neues individuelles Leben auf dem Weg der Zeugung entsteht? Die Fortpflanzung der Säugethiere ist für uns noch die am wenigsten unbegreifliche, die aber des größten Theils aller übrigen Thiere bleibt uns schlechterdings ebenso unbegreiflich, wie die Urbildung.*[374] Bei den Säugetieren geht Bremser übrigens von einer Vermischung der männlichen und weiblichen *Samenfeuchtigkeiten* aus[375] (die Spermien galten immer noch als unbeteiligte »Mitbewohner«). Doch bei allen eierlegenden Tieren, auch bei den Vögeln, meint er, dass bei der geschlechtlichen Fortpflanzung keine Vermischung stattfindet, weil die Samenflüssigkeit nicht bis zum Ei vordringe (weil die männlichen Begattungsorgane zu klein und die Federn im Weg seien), sondern hier liegt das Befruchtende *in einer eigenen Kraft, ... welche auf eine uns unbegreifliche Art ... fähig macht, dass nun aus ihm ein junges den Aeltern ähnliches Thier ausgebrütet werden kann.*[376]

Inzwischen sind die Reproduktionsmechanismen der meisten Tiere durch Beobachtung und Experiment bekannt und die Entwicklungszyklen der Würmer und anderer einfach organisierter Organismen entschlüsselt. Wir brauchen die Urzeugung nicht mehr als Erklärung. Daher erscheinen uns heute die Vorstellungen der Verfechter der Urzeugungstheorie hoffnungslos veraltet. Bremser hingegen sieht deren Gegner als die Konservativen an, deren Vorstellungen von dogmatisch religiösem Denken bestimmt sind und denen die Idee von spontaner Entstehung von Leben ein Gräuel ist, weil sie ihnen als unbiblisch, gotteslästerlich und ketzerisch erscheinen. Die Schöpfung ist für sie in der Schöpfungsgeschichte beschrieben und abgebildet. Den aufgeklärten kritischen Christen ebenso wie den Atheisten kam damals die Theorie der Spontanzeugung eher entgegen, während Bibeldogmatiker ihre entschiedenen Gegner waren. Wahrheit ist eben eine schwierige Materie. Doch es stünde uns auch heute an, bescheiden zu sein, denn es gibt auch weiterhin *des Unbegreiflichen mehr, als des Begreiflichen.*

BREMSERS WELTBILD

In seinem Opus Magnum (1819) geht Bremser, um die Entstehung der Eingeweidewürmer erklären zu können, weit zurück, bis zur Genesis.

Seine Vorstellung von der Entstehung und Entwicklung des Lebens ist von Georges de Cuviers Katastrophentheorie geprägt, aber auch von Jean-Baptiste de Lamarcks oder Étienne Geoffroy Saint-Hilaires Transformationstheorien nicht ganz unberührt, obwohl er die beiden Letzteren nicht nennt und auch nicht zitiert. Alle drei genannten waren Professoren im berühmten Pariser Naturhistorischen Museum und Zeitgenossen Bremsers.

Aufgrund seiner Kenntnis der Fossilien nahm Cuvier an, dass viele Tiere durch wiederholte regionale Katastrophen im Laufe der Erdgeschichte ausstarben und diese Gebiete mit anderen Arten neu besiedelt wurden. Er war jedenfalls von der Unveränderlichkeit der Arten überzeugt. Lamarck ging dagegen von einer graduellen Veränderung der Arten aus. Diese Veränderungen seien durch die Funktion (der Organe) und somit von äußeren Einflüssen bestimmt. Saint Hilaire ging von einem einheitlichen Grundbauplan aller Tiere aus und nahm gewissermaßen die gemeinsame Abstammung der Organismen vorweg. Alle diese Theorien basieren auf Kenntnis und Beobachtungen und entfernen sich bereits von der kreationistischen Vorstellung eines einzigen, nicht allzu lange zurückliegenden Schöpfungsaktes, nach dem die Arten bis heute unverändert verblieben sind. Sie sind schon Evolutionstheorien.

Bremsers Vorstellung von der Entstehung der Erde beinhaltet aufeinanderfolgende Katastrophen und göttliche Schöpfungsakte, dass *uranfänglich ... unsere Erde ein Tropfen formlosen, belebten d. i. mit dem lebendigem Geiste ... geparten Stoffs gewesen* sei, der sich von der Sonne losgerissen habe. Die Materie dieses Tropfens hätte sich nach und nach verfestigt, einen Kern gebildet – das Urgebirge.[377] In weiteren Schritten hätten sich weitere Schichten gebildet, wobei immer der weniger zum Leben taugliche »Stoff« kristallisiert habe. Dazwischen hätten sogenannte *Gährungen, Aufruhre* und *Niederschläge* stattgefunden. Nach jedem erfolgten Niederschlag wäre die Erde mit neuen Lebewesen bevölkert worden. *Nur soviel ist gewiss, dass nach jedem Niederschlage eine neue Schöpfung stattfand und dass der Mensch ein Erzeugnis der letzten ist.*[378] Auf jeden Fall geht Bremser von Schöpfungsakten aus – *Gott sprach: es werde – und es ward. – Denn ich kann nicht glauben, dass die Ceder am Libanon ursprünglich einer Flechte, noch dass der Elephant einer Auster, oder Koralle, sei es auch durch tausend Abstufungen, ihre Abstammung zu verdanken haben sollten; weniger noch dass der Mensch ein Fisch oder ein mit Schuppen bedecktes Thier gewesen sein soll, wie uns dies unsere neuersten Naturkündiger begreiflich zu machen, sich bemühen.*[379] Der Sicht St. Hilaires, Lamarcks oder auch Erasmus Darwins (die entsprechenden Schriften der beiden Letztgenannten fanden sich im Nachlass Bremsers) wird hier unausgesprochen – ohne Namen oder Zitate zu nennen –, aber eindeutig eine Abfuhr erteilt. Ein paar Seiten zuvor hatte Bremser allerdings doch kleine »Transformationsschritte« zugestanden: *Dass ... weil vielleicht durch Bastardisierung, durch Einfluss des Klimas, der Nahrung ... mehrere, vielleicht ursprünglich zu ein und derselben Art gehörigen Würmer eine von ihrer ersten Form so mannigfaltig verschiedene, Gestaltung erhalten haben dergestalt, dass ... sie von unseren jetzigen Systematikern als eben so viele Arten aufgeführt würden; wie wir auch selbst bei den vollkommenern Thieren Ursache haben, zu glauben, dass manche nunmehr als eigene Rassen betrachtete Thiere, ursprünglich bloß Spielarten waren.*[380] Doch mehr Transformation oder gar gemeinsame Abstammung lässt er keinesfalls zu. Wir teilen nicht die Ansicht Adolf Kronfelds, der überzeugt war, *Bremser sei erfüllt von Darwinistischen Ideen vor* Küchenmeister *gewesen, habe aber nicht den Mut gehabt entscheidende Schlüsse zu ziehen.*[381] Aus parasitologischer Sicht argumentiert Bremser in gewohnt ironischer Art, dass bei gemeinsamer Abstammung der Arten von einer Stammart jene ja schon die Würmer der künftigen Arten beinhaltet haben müssten: *... dass die ersten Stammältern des Menschen sowohl als aller übrigen Thiere, die einer jeden Species eigenthümlichen Wurmarten beherbergt haben müssen ... müssen diese ersten Stammältern wahre Wurmnester gewesen sein ...*, und setzt spöttisch-wehmütig hinzu, in der Vorzeit hätte demnach *das wahre goldenes Zeitalter der Helminthologen geblüht, ... sodass also auch ... die Helminthologen gerechte Ursachen hätten, über den Verfall der Zeiten zu klagen.*[382] Bei allem Witz in dieser Argumentation entgeht ihm, dass bei angenommener Veränderlichkeit der Arten diese die Würmer auch einschließt, also eine Ko-Evolution von Wirt und Wurm stattfinden könnte oder müsste.

Der Mensch ist nach Bremser zwar die Krone der Schöpfung und dem letzten »Niederschlag« entsprungen, doch perfekt wähnt er ihn beileibe nicht: *und wir müssen bedenken, dass der Mensch nicht reiner Geist, sondern ein, durch den Stoff auf mannigfache Weise beschränkter Geist ist... der Geist im Menschen verhält sich zum Stoff vielleicht wie 50:50...*, und, fügt Bremser in freudiger Hoffnung auf die nächste Katastrophe hinzu, *bei einer etwa nachfolgenden Schöpfung... wird er vielleicht stehen wie 75:25!* Der Mensch, schreibt Bremser einsichtig über unsere Unzulänglichkeit, *ist ein unseliges Mittelding zwischen Thier und Engel... der Mensch will die letzte Ursache allen Seins ergründen, und vermag es nicht*,[383] relativiert aber in einer Fußnote geflissentlich, dass er damit den Menschen nicht für schlecht oder erbärmlich hält, sondern sehr wohl für das Meisterstück der Schöpfung, das vollkommenste Geschöpf. *Ich wollte dadurch nur andeuten, dass der Mensch kein Engel, kein Gott ist; dass es aber für ihn höchst peinlich sein muss, gerade nur soviel Verstand zu haben, als erforderlich ist, um einzusehen, dass er dessen nicht genug hat, um zu ergründen, was ergründen zu wollen der Trieb in ihm liegt. Jedoch ist er nicht berechtiget, darüber zu murren.* Hier hat die Zensur mitgeschrieben! Wir wissen aus einem Brief an Sömmerring,[384] dass Bremser mit dieser seine Not hatte. *Das schwerste Kapitel, das über die Entstehung derselben* [Anm.: der Eingeweidewürmer] *habe ich bereits vollendet, und es bruchstückweise in unserer mediz. Gesellschaft vorgelesen. Einer, der von Amtswegen mein Censor sein wird, war gerade niemals gegenwärtig, hatte aber doch davon sprechen gehört. Er bat mich um eine Mittheilung, welche ich ihm nicht verweigern konnte. Er brachte mir die Abhandlung zurück, und nach vorläufigen übertriebenen Lobeserhebungen und Beifallsbezeugungen erklärte er mir, dass wenn sie zu ihm zur Censur käme, er sie nicht dürfte passieren lassen.* Bremser zog die Konsequenz, legte die Schrift einem anderen Zensor vor und versuchte, durch Fußnoten was *unbiblisch* scheinen könnte wieder *biblisch zu machen*.

JOHANN GOTTFRIED BREMSERS HELMINTHOLOGISCHE SCHRIFTEN

1811: NACHRICHT *von einer beträchtlichen* SAMMLUNG *thierischer* EINGEWEIDEWÜRMER, *und* EINLADUNG *zu einer literarischen* VERBINDUNG, *um dieselbe zu vervollkommnen, und sie für die* WISSENSCHAFT *und die* LIEBHABER *allgemein nützlich zu machen.*

Die Schrift, sie stellt einen Katalog der damaligen Eingeweidewurm-Sammlung im kaiserlichen Kabinett dar, wurde von der »k. k. Naturalienkabinets-Direction in Wien« herausgegeben ohne Angabe eines Autors. Inhaltlich ist sie auf jeden Fall Bremsers Werk, geschrieben oder mitgeschrieben mag sie Carl von Schreibers haben, die Brüder Natterer waren als Helfer unentbehrlich gewesen. Laut Fitzinger verfasste Schreibers diese Arbeit gemeinsam mit Bremser und Joseph Natterer d. J. Eine Wirt-Parasiten- und eine Parasiten-Wirt-Liste finden sich in der Nachricht, auch Vorgangsweise und Protokollierung sind angegeben. Nachdem dieses Heftchen eine Aufforderung enthält, dem Kabinett Eingeweidewürmer *mitzutheilen*, wurde es auch an Museen und Kollegen weltweit weitergegeben. Es wundert daher nicht, dass auch eine lateinische Übersetzung vorliegt.

1819: *Über lebende* WÜRMER *im lebenden* MENSCHEN – *ein* BUCH *für ausübende* ÄRZTE

Für Bremser war dieses Buch die Erfüllung seiner Berufung, das Ergebnis langjähriger Forschung, seine wichtigste Schrift – das Opus Magnum. *Hätte ich nicht Tausende von Thieren untersucht, hätte ich nicht Tausende von Würmern verglichen, nicht ihren inneren Haushalt in den Thieren fleissig studirt; so wäre ich nie im Stande gewesen, mein oben berührtes Buch zu schreiben. Über die-*

ses Buch sind mir bis jetzt nur die günstigsten Urtheile, und zwar von fachkundigen Männern geschrieben, zu Gesichte gekommen.[385]

Das Buch ist in 12 Kapitel unterteilt:
1. Über die Bildung lebender Organismen in andern organischen Körpern
2. Systematische Eintheilung der Eingeweidewürmer überhaupt
3. Beschreibung der im Darmkanale des Menschen wohnenden Würmer
4. Von den Ursachen der Erzeugung der Würmer im menschlichen Darmkanale
5. Von der Erkenntniss des Vorhandenseins von Würmern im Darmkanale, und von den durch sie verursachten Krankheitszufällen
6. Von den Mitteln gegen die Würmer
7. Von der speciellen Behandlung der verschiedenen Wurmarten
8. Von den außerhalb des im Menschen wohnenden Würmern
9. Von den Saugwürmern
10. Von den Blasenwürmern
11. Arzneiformeln
12. Anhang über Pseudohelminthen
    Anhang über zitierte Literatur, Tafelerklärungen, Abbildungen

Noch zu Lebzeiten Bremsers, 1824, erschien die französische Fassung des Buches. Übersetzt hatte der in Paris lebende deutsche Arzt Adolf Grundler, zusätzliche Kommentare und Erklärungen wurden von Henri de Blainville abgefasst. Gedruckt wurde das Werk vom Verleger Charles Louis Fleury Panckoucke auf Empfehlung und Befürwortung Alexander von Humboldts hin. Vierzehn Jahre später entstand eine zweite Auflage, erweitert mit einem neuen Atlas samt Bemerkungen von Charles Leblond. Dieses Werk aber war wenig zu rühmen,[386] die Abbildungen von schlechter Qualität und die Zusätze waren früheren helminthologischen Schriften entnommen und brachten nichts Neues. Eine italienische Übersetzung wurde 1828 in Pavia gedruckt.

Sehr ausführlich beschrieben und rezensiert wurde die deutsche Auflage der Schrift Bremsers 1820 in den »Medicinischen Jahrbüchern«. Der Autor, der diesem Werk auf 17 Seiten größte Aufmerksamkeit schenkte, blieb anonym. *Es ist ... ein Buch, das dem Arzte über Würmer im lebenden Menschen in literarischer, naturhistorischer und allseitiger medicinischer Beziehung nur wenig zu wünschen übrig lässt*, doch der Rezensent wies darauf hin, dass der Verfasser bei der zweiten Auflage die neueren Ansichten über die Erzeugung der Eingeweidewürmer berücksichtigen möge.[387] Auch Lorenz Ludwig Oken lobte dieses Werk in den höchsten Tönen:[388] *Es ist aber nicht nur eine meisterliche Naturgeschichte dieser Tiere, sondern auch ein medicinisches Werk, in dem die Erkenntniss und Behandlung der Würmer vollständig, nach eigenen vielseitigen Erfahrungen und mit Vergleichung alles bereits Vorhandenen vorgetragen ist. Keine Seite ist ausgelassen, von welcher aus diese Würmer betrachtet werden können.*

Doch nicht nur positiv bewertet wurde dieses Buch; eine etwas boshafte und nicht sonderlich schmeichelhafte Kritik wurde anonym im »The London Medical and Physical Journal« veröffentlicht, und zwar der erste Teil in der Novembernummer 1820[389], die Fortsetzung folgte im Jänner 1821[390]. *Frankness and simplicity* wird da Bremser attestiert, wenn dieser über seine Erfahrungen und Erfolge als »Wurmdoktor« berichtet. Die Auseinandersetzung mit dem bisherigen Wissen über Parasiten allgemein seien entbehrlich, Bremsers Argumente über die Urzeugung simpel, unlogisch. Auf essenzielle ernst zu nehmende Literatur gehe Bremser zu wenig ein, dafür würden obskure Wissenschaftler, wie der deutsche Arzt und Naturforscher Gottfried Reinhard Treviranus (1776–1837), zitiert. Die schönen Tafeln erwähnt der Autor in keiner Weise. Auffallend oft werden als seriöses Gegenargument zu Bremsers Ausführungen die Studien des italienischen Arztes und k.k. Gubernialrates Valeriano Luigi Brera (1772–1840), einem Widersacher Bremsers (Seite 183), angeführt. Bremser, offenbar nur Lob gewöhnt, war beleidigt und verärgert.

Abb. 20: Titelblatt von: Bremser J. G. 1819: »Lebende Würmer im lebenden Menschen. Ein Buch für ausübende Ärzte«

Er berichtete am 25. Mai 1825 Sömmerring in einem Brief darüber – und *er ist vollkommen überzeugt, dass dieses Pasquill* [ital. Schmäh- und Spottschrift] *von dem welschen Banditen herstammt.* Als solchen kann Bremser nur den Arzt Giuseppe Montesanto aus Padua (1779–1839) verteufelt haben, der 1820 eine harsche Kritik über das Buch veröffentlicht hatte.[391] Bremser erkannte die gleichen Argumente, dieselbe Diktion und dieselbe Schreibweise mancher Namen. Hier war wohl Intrige und Animosität im Spiel, denn Montesanto war offensichtlich ein Freund oder Günstling des mächtigen Freiherrn Andreas Joseph von Stifft (1760–1836) gewesen, widmete er diesem doch 1827 sein Werk »Dell'origine della Clinica medica in Padova«[392]. Stifft, der böse Dämon für das Naturalienkabinett, für den neben Schreibers mit Sicherheit auch Bremser zu den zu bekämpfenden Persönlichkeiten zählte (Seite 83) (siehe auch Abb. 28–29).

1820: *Etwas über* ECHINOCOCCUS *hominis* RUD.

Am 21. Februar 1820 wurde Bremser vom Leibchirurgen Vincenz von Kern, Professor der chirurgischen Klinik in Wien, ein »Hydatidensack« geschickt, der einer Frau unter dem Schlüsselbein herausoperiert worden war. Bei der mikroskopischen Untersuchung stellte sich heraus, dass die »Hydatiden« die gleichen waren, wie sie in Klauentieren vorzufinden sind, also echte Echinococci. Bremser hatte immer schon, zum Unterschied von Carl Asmund Rudolphi, dieses vermutet, aber erst jetzt durch die vorliegende Sektion war der Beweis erbracht. Als Zeugen seiner Untersuchung führt er neben Direktor Schreibers und Custos Joseph Natterer Dr. Schmidt aus Bremen an, der für ihn die Untersuchung am Mikroskop durchgeführt hatte, weiters seine Gäste in der Sammlung und zwar: Mehlis aus Klausthal, Murray aus Göttingen, Westrumb aus Hammeln und Fischer aus Wien. In dieser Schrift stellt Bremser die Grundgedanken an, dass viele Krankheiten, die den Würmern zugeschrieben werden, meistens in den *wurmerzeugenden Gelegenheitsursachen selbst zu suchen sind. Ärzte müssen lernen, nicht mit Arzneimitteln gegen die so übelberüchtigte Taenia zu kämpfen und dadurch ihre Patienten zu Grunde richten in Fällen, wo vielleicht seit Jahren schon kein solches Tier mehr im Körper hause.*

1824: ICONES *Helminthum Systema* RUDOLPHII *Entozoologicum illustrantes*

Dieses prächtig illustrierte Werk war *nur durch die großmüthige Unterstützung möglich, welche der Kaiser diesem Unternehmen zugewendet hatte.*[393] Dem Buch vorangestellt ist ein Profil von Francesco Redi (Seite 140). Es ist eine Art Bildatlas mit 18 Farbtafeln zu Carl Asmund Rudolphis »Synopsis«. Da viele der Arten, die Rudolphi in seinem Werk beschrieb, aus der Wiener Sammlung stammten, gilt Wien als »locus typicus« zahlreicher Helminthenarten.[394] Durch die beträchtliche Anzahl an Eingeweide-

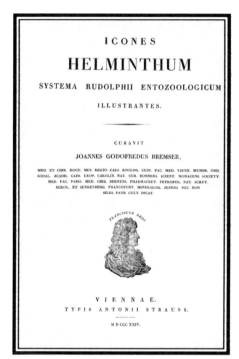

Abb. 21: Titelblatt von: Bremser J. G. 1824: »Icones Helminthum Systema Rudolphii Entozoologicum illustrantes« mit einem Profil von Francesco Redi

würmern im Naturalienkabinett und durch die Großzügigkeit Rudolphis in Berlin, der Bremser Tiere, die der Wiener Sammlung fehlten, zukommen ließ, war es möglich gewesen, die »Icones« herauszugeben. Die wichtigsten damals bekannten Parasiten sind hier *im natürlichen und vergrößertem Maßstabe* abgebildet. *Bremser bedient sich bei der Darstellung dieser meist weissen oder durchsichtigen Thiere der jetzt nicht ungewöhnlichen Manier, auf schwarzem Grunde zu zeichnen*[395] (siehe auch Abb. 30–34).

Die Icones wurden in drei Einzellieferungen herausgegeben. Das erste Heft erschien Anfang des Jahres 1824, das zweite *in der Jubilate Messe (25. April) und das dritte und letzte zu Michaelis 1824 (29. September)*[396]. Joseph Zehner und Johann Jebmayer hatten die Tiere nach Bremsers Anweisungen gezeichnet. Letzterer fertigte, wohl auf Vermittlung Bremsers, auch für andere

Helminthologen Zeichnungen an, wie für Friedrich Sigismund Leuckart: *Die diesem Hefte beigefügten Kupfertafeln sind ganz nach der Art und Weise, wie in Bremser trefflichem Werke. Alles ist nach der Natur von dem geschickten Künstler Jebmeier* [Anm.: Schreibfehler: Jebmayer] *gemalt und für die Richtigkeit kann ich bürgen. Sollte auch diese Abhandlung ... sehr unvollkommen und ohne Werth sein, so sind es doch gewiss nicht die Abbildungen, worauf auch ich mir wohl etwas zu Guthe tun und sie keklich einem jeden, der eine ähnliche Arbeit unternehmen will, als Muster empfehlen kann.*[397] In Heinrich Mansfeld hatte Bremser, nach längerem Suchen, einen hervorragenden Kupferstecher gefunden, dem er getrost das Herstellen der Druckplatten überlassen konnte. *Ich habe ... über Jahr und Tag gesucht bis ich diesen Kupferstecher gefunden habe, der es mir recht machte. Ich hatte mich an einen Professor der hiesigen Akademie gewendet, der mir Jemanden dazu vorschlagen sollte. Allein er schickte mir ein Subjekt um das andere, wovon jedoch keines meinen Wünschen entsprach. Denn ernstlich arbeitet keiner mit Rouletten wie dieser, und blos allein mit Rouletten lassen sich solche feine Gegenstände, die schlechterdings, wenn es sich um sehr kleine Sachen handelt, kein Vorwurf der Schabkunst sein können, mit der gehörigen Zartheit behandeln; und 2tens traf keiner das schöne Korn des schwarzen Grundes. Denn dieser war immer entweder grießlich, nicht rein schwarz, oder er war geschmiert.*[398]

Wieder war es der berühmte Lorenz Ludwig Oken aus Jena, der auch dieses Werk mit der größten Bewunderung rezensierte.[399] *Ganz in derselben Manier gestochen und illuminirt erscheinen die vorliegenden Icones; und diese lassen ihre Vorbilder sowohl in ästhetischer als wissenschaftlicher Hinsicht weit hinter sich. Das gefällige Format, die schöne Vertheilung der Helminthen auf jeder Tafel, der sammtschwarze Grund auf welchem sie erscheinen, die Schönheit des Papiers, die rein gestochenen Nahmen am untern Rande der Tafeln auf der einen, und auf der andern Seite die jedem Naturforscher erfreuliche, treue, und lebendige Darstellung der Helminthen erheben diese Abbildungen zu einem Prachtwerke, das in dem Bereiche der Helminthologie einzig ist. Unverkennbar haben die Herren Jebmayer, Zehner und Mansfeld, unter dem Kennerblicke des Hrn. Verfassers, wetteifernd dahin gestrebt, dieselben, so viel möglich, zur Naturwahrheit zu erheben. Und wirklich vertreten sie auch nun die Stelle der lebendigen Würmer. Unser rüstiger Bremser hört nicht auf, seine herrlichen Entdeckungen und Arbeiten der Welt mitzutheilen und ihr zu zeigen was die Wiener Gelehrten und Künstler vermögen... Möge er noch lange Muße und Lust behalten, um noch alles Merkwürdige dieser Thierclasse der Welt mittheilen zu können, was gegenwärtig wohl nur aus der einzigen Sammlung zu Wien hervorkommen kann.*

Unübertroffen stehen Bremser's Icones helminthum da, und Felmayr [Anm.: Schreibfehler: Jebmayer] und Zehner, so wie der Kupferstecher Mansfeld, sind die Künstler, welche in diesem Werke nicht bloß ein Denkmal ihrer Kunst, sondern ihrer Liebe zur Sache, sich selbst errichtet haben.[400]

J. G. Bremsers Werke gehören zum Besten und durch die prachtvollen Aquatinta-Tafeln zum Schönsten, was im 19. Jahrhundert in der Helminthologie publiziert worden ist.[401]

Der WURMDOKTOR

Durch seine Tätigkeit als Helminthologe behandelte Bremser in seiner ärztlichen Praxis in erster Linie Wurmkranke. Wobei diese, seiner Ansicht nach, nicht unbedingt tatsächlich von Würmern befallen sein müssen. Denn die Wurmkrankheit bestehe in einer Form der Störung der Verdauungsfunktion, wodurch sich Stoffe anhäufen, die zur Entstehung von Würmern geeignet seien. *Hier scheint es, dass der Magen und die Gedärme oder die sogenannten ersten Wege sich in einem Zustande grösserer Lebensthätigkeit befinden, als wirklich zu Erhaltung des Körpers nothwendig ist,* wodurch, so Bremser, ein Missverhältnis entstehe, *so dass von den Dauungsorganen mehr Stoff animalisirt werde als diese aufnehmen.* In der Folge können sich aus dem überzähligen Stoff, lebendige Ganze, also Würmer, bilden, siehe Kapitel »Urzeugung«. *Diese Anlage (Opportunität) zur Wurmerzeugung* kann *angeerbt, angeboren oder auch erworben sein.*[402] Natürlich können auch andere Einflüsse, wie eine *sitzende, unthätige oder wenig Aufwand von Muskelkraft erfordernde Lebensart* dazu führen, wurmkrank zu werden, ebenso *feuchte, dumpfe Wohnungen* oder der *häufige Genuss von fetten, mehlichten und Milchspeisen* – aber diese Faktoren gehören zu den entfernteren Ursachen der Wurmerzeugung. Als ein untrügliches Zeichen für eine Wurmerkrankung sieht Bremser das Kopfleiden zusammen mit einer Störung der *Verrichtungen im Unterleibe. Denn es wird mir wohl Niemand widersprechen, wenn ich behaupte, dass die Leiden des Kopfes gar sehr oft durch Leiden im Unterleib bedingt sind und so umgekehrt.*[403]

Bremser wurde in Wien als kompetenter »Wurmdoktor« bekannt, galt er doch als *der Doctor, der für die Würmer hilft.*[404] *Bremser's beynahe ausschließliche Beschäftigung mit Helminthologie war die Ursache, welche ihn bestimmte, auch als Arzt sein vor-*

zügliches Augenmerk auf die durch Helminthen herbeygeführten Krankheiten zu richten; und bis zu seinen letzten Tagen widmete er täglich mehrere Stunden der unentgeltlichen Heilung der Wurmkranken aus der ärmeren Volksklasse. Sein Ruf als Spezialist für Würmer und Wurmerkrankungen ging weit über die Stadt- und Landesgrenzen hinaus.

Besonders hat ihm die große Stadt Wien durch den Zusammenfluß von Menschen aus allen Ländern Gelegenheit gegeben, über das climatische Vorkommen der Würmer, besonders des Bandwurms, Beobachtungen zu machen und durch seine vielen Versuche hat er besondere Wurmmittel entdeckt.[405]

Seine praktischen Erfahrungen zusammen mit den wissenschaftlichen Untersuchungen in der Eingeweidewurm-Sammlung des Naturalienkabinetts veranlassten ihn, das Buch »Über lebende Würmer in lebenden Menschen« als einen Leitfaden für ausübende Ärzte herauszugeben. Jahrelang hatte er daran geschrieben, ehe es schließlich 1819 zur Veröffentlichung gekommen war. Es war eine aktuelle Zusammenfassung der damaligen Kenntnisse über Würmer im Menschen und *zugleich über die specielle Austreibungsmethode jeder einzelnen Wurmart.*[406]

Viele meine ärztlichen Herrn Collegen, welche wussten, dass ich mich ganz besonders mit diesem Gegenstande beschäftigte, schickten mir ihre an Würmern, besonders an Kettenwürmern leidenden Kranken zu. Diese wurden von ihren Würmern befreit und empfohlen mich bald wieder anderen Leidensgenossen. Hierdurch bekam ich bald eine Art von Ruf, so dass die gewöhnliche Anfrage lautet: »Wohnt hier der Doktor, der für die Würmer hilft?« Auch kommen alljährlich 70 bis 80 auch mehr Wurmkranke, sich bei mir zu berathen. Mit dem Kettenwurme Behaftete aber habe ich binnen mehr als 10 Jahren über 500 behandelt, von jedem Alter, Geschlecht und Stande.[407]

Bremser testete die Wirkung verschiedener Wurmmittel an sich selbst, um mögliche unangenehme Reaktionen entdecken zu können, ehe er sie seinen Patienten verpasste. Er hielt es für unter seiner Würde und mit der Ehre eines Arztes als nicht vertretbar, die Zusammensetzung seiner bevorzugten Wurmmittel geheim zu halten. Bereitwillig veröffentlichte Bremser die Rezeptur. Viel Geld hätte er verdienen können, hätte man ein Fläschchen mit dem von ihm bevorzugt eingesetzten Wurmöls ausschließlich in seiner Praxis käuflich erwerben können.

Dieses bei der Behandlung gegen Bandwürmer von ihm verwendete sogenannte Chabert'sche Wurmöl war ein Mittel, das er zwar nicht selber entwickelt, wohl aber erstmalig bei Menschen eingesetzt hatte. Philibert Chabert (1737–1814) war Direktor der Veterinärschule von Alfort gewesen und hatte damit Haustiere erfolgreich gegen Eingeweidewürmer behandelt. Bremser verschrieb dieses Mittel seinen Patienten und ließ es in der Apotheke »Zum Römischen Kaiser« unter dem Namen *Oleum anthelminthicum* herstellen, da es dort, seiner Meinung nach, am besten bereitet wurde.[408] Diese Apotheke befand sich in der Inneren Stadt Nr. 776. Es gibt diese Apotheke heute noch in der Wollzeile Nr. 13. Besitzer war seinerzeit der Apotheker Johann Heinrich Jesovits, vormals Provisor der Apotheke im Allgemeinen Krankenhaus.[409] Die Rezeptur nach Chabert[410] war folgende: *1 Theil stinkendes Hirschhornöl und 3 Theile Terpenthinöl werden mit einander gemischt und so vier Tage lang stehen gelassen. Dann destillirt man die Mischung aus einer gläsernen Retorte im Sandbade, und zieht Dreiviertel davon ab. Das Uebergangene wird zum Gebrauche verwendet. Man thut wohl, es in lauter kleine Fläschgen, etwa eine bis anderthalb Unzen haltend, einzufüllen, gut zu verstopfen und mit Rindsblase zu verbinden. Denn durch Zutritt der Luft bekömmt es eine schwarzbraune Farbe, wird dick und zähe, und dadurch dem Kranken noch widerwärtiger.* Das Hirschhornöl *(Oleum animale foetidum)* wurde aus Hufen, Hörnern, Klauen und Knochen verschiedener Tiere destilliert und war äußerst übelriechend.[411] Doch der Geschmack dieses Wurmöls war weit weniger ekelerregend als sein Geruch.[412] Bremsers Wurmkur, sie galt als schonend und gut verträglich,[413] begann damit, dass die Patienten einige Tage, zwei- bis dreimal täglich, einen Kaffeelöffel einer Latwerge einnehmen mussten, ehe sie das Wurmöl zu sich nehmen durften. Die Latwerge war ein musartiger Brei, der aus verschiedenen Pflanzenteilen meist zusammen mit

Honig zubereitet wurde und häufig in der Arzneikunde Verwendung fand. Diese Latwerge[414] setzte sich zusammen aus den sogenannten Wurmsamen *Semen cinae* – es waren die ungeöffneten Blütenköpfchen des Zitwerbeifußes *(Artemisia cinae)* –, der pulverisierten Wurzel des Kleinen Baldrians *(Valeriana dioica var. sylvatica)*, der pulverisierten Wurzel von Jalapa *(Ipomoea purga)* [Anm.: syn. *Exogonium purga (Convolvulaceae)*], deren Hauptinhaltsstoff ein drastisch abführendes Harz ist, aus Kaliumsulfat sowie *Oxymel scilliticum*, einem zusammen mit Meerzwiebelessig erwärmten Honig. Der Meerzwiebelessig wurde aus der im Mittelmeerraum heimischen beliebten Heilpflanze *(Urginea maritima)* und destilliertem Essig hergestellt. Anstelle des teureren Wurmsamens konnten auch zerquetschte Samen des Rainfarnes *(Tanacetum vulgare)* genommen werden, beide waren als Wurmmittel bekannt.[415]

Anschließend bekamen die Patienten morgens und abends zwei Kaffeelöffel des Wurmöls mit einem Mund voll Wasser, etwa drei Wochen hindurch. Bremser sparte in seinem Buch nicht mit guten Ratschlägen zur besseren Verträglichkeit seiner Kur. *Diese Medicin hat einen Geruch, den manche Personen nicht lieben, indess ist der Geschmack gar nicht unangenehm. Um dieses Geruchs willen ist zu rathen, sich nach dem Einnehmen nicht auszugurgeln, sondern lieber ein paar Mundvoll Wasser mit einem gewissen Drücken nachzutrinken. Auf diese Art spült man die etwa im Halse klebenden Partikeln des Oehls vollends hinunter, da man sie bei dem Ausgurgeln leicht hinter den Gaumensegel in die Nase hinaufjagt, wo man dann lange den Geruch nicht los werden kann. Um den Geschmack aus dem Munde zu vertreiben, kann man etwas Zimmt oder eine Gewürznelke nachkäuen. Doch hüthe man sich vor solchen Dingen, welche Aufstossen (Ructus) verursachen; z. B. überzuckerte Pomeranzenschalen und dergleichen, weil dann immer der liebliche Geruch der Arzenei als der hervorstechende mit eructirt wird.*[416] Nach zehn bis zwölf Tagen wurde die Einnahme dieses Mittels kurz ausgesetzt, um wiederum ein leichtes Abführmittel geben zu können, wie ein Pulver, das sich aus der Jalapa-Wurzel (siehe oben) und pulverisierten Blättern aus *Senna alexandrina*, einem Johannesbrotgewächs, zusammensetzte. Hernach aber konnte die Wurmkur wieder fortgesetzt werden. Etwa drei Wochen sollte sie dauern. Oftmals sah Bremser schon nach wenigen Tagen Stücke eines Bandwurmes abgehen. *Späthin erfolgt häufig kein weiterer Abgang des Wurms, und doch hören alle Erscheinungen von seiner Gegenwart auf. Der abgestorbene Wurm nämlich, unterliegt im Darmkanale den nämlichen auflösenden Kräften, wie andere todte animalische, als Nahrungsmittel genossene Dinge; er wird aufgelöst und verdaut.*[417]

Patienten, bei denen Bremser Spulwürmer durch allerhand *üble Zufälle, die sie im Magen erregen*, und durch Erbrechen vermutete, wurden von ihm mit verschiedenen Latwergen und eigenen Abführtropfen behandelt.

Der Pfriemenschwanz oder Madenwurm, lebt im Darm des Menschen. Die am After Eier ablegenden Weibchen erzeugen einen heftigen Juckreiz und gehören zu den *ungebethenen Gästen*, denn *die Neckereien dieses Wurmes lassen sich nicht läugnen.*[418] Ihnen rückt Bremser mit Latwergen und Klistieren zu Leibe, gibt aber zu, bei der Behandlung oft nicht erfolgreich zu sein, da sie sich am schwersten vertilgen ließen, tröstet sich jedoch, weil *sie verlieren sich im reiferen Alter von selbst.*

Wie erfolgreich alle diese Behandlungen waren, darüber gehen allerdings die Meinungen auseinander. Bremser selbst war natürlich überzeugt davon, noch dazu heilte er oft »Wurmkranke«, auch wenn bei der Behandlung kein Wurm abgetrieben wurde – er heilte eben den krankhaften Zustand. *Man wird mich zwar fragen, ob ich dann alle diese Menschen nach dem Verlaufe von 3 oder 4 Monathen wieder gesehen, und mich erkundiget habe, ob ihnen denn seitdem nichts vom Wurme abgegangen sei? Hierauf muß ich antworten: Die wenigsten habe ich nach Verlauf dieser Zeit wieder gesehen, wenn sie mir nicht etwa zufällig in den Wurf kamen. »Aber woher weißt du, dass sie freigeblieben sind?« wird man weiter fragen. Dies weiß ich einmahl daher, weil sie nicht wieder gekommen sind; denn ist der Mensch von seinem Leiden durch den Arzt befreiet worden, so ist er ihm dafür Dank schuldig, das Danken ist aber eine Sache, welche viele Menschen gern vermei-*

den, wenn es möglich ist. Plagte sich hingegen der Kranke vergebens mit Arzneieinnehmen, so dient es ihm zu einer Art von Rache, die er an dem Arzte nimmt, wenn er ihm unter den Bart sagen kann, du hast mir Hülfe versprochen, und solche nicht geleistet. Zweitens aber schließe ich von der nicht unbedeutenden Anzahl derer, die ich öfters seither wieder zu sehen Gelegenheit hatte, auf jene, welche ich aus dem Gesichte verloren habe, von deren Befinden ich jedoch auch öfters Kunde erhalte, und zwar durch die Wurmbehafteten, welche mir von ihnen zugeschickt werden, die sich dann abermahls unsichtbar machen, und mir gleichfalls die Nachricht von ihrer Heilung durch neu zugewiesene Patienten verkünden lassen.[419]

Andreas Ignaz Wawruch (siehe Seite 135) hielt dem allerdings Folgendes entgegen: *Ich frage endlich, ob Doktor Bremser nicht eines Besseren belehrt worden wäre, wenn er anstatt in 20.000 thierischen Körpern nach Helminthen zu forschen, fleißiger und aufmerksamer seine eigenen Patienten beobachtet hätte, deren er so viele befreit zu haben vorgibt, und die dann laut Spitalprotokollen und Akten auf meiner Klinik behandelt wurden.*[420]

Folgender Bericht Wawruchs soll hier nicht vorenthalten werden, er lässt zwar keinen Schluss auf die Wirksamkeit von Bremsers Therapie zu, wirft aber ein Licht auf die damaligen Unsicherheiten der Diagnose:[421] *Vor etwa 30 Jahren, als der unerreichbare Kliniker Valentin Edler von Hildebrandt eine Art von Kunst-Wettstreit mit dem großen Helminthologen Bremser auf der medizinisch-praktischen Schule zu Wien zum Vergnügen und zur Belehrung der ärztlichen Kandidaten mit sechs Bandwurmkranken anstellte, wovon ein jeder drei nach ihrer eigenen Methode behandelte, ereignete sich ein interessanter klinischer Fall an einem Salami-Jungen, den Herr von Hildebrandt zu behandeln hatte. Als der Kranke mit einer Art von Heroismus die Medikamente zu sich nahm, und dieselben auch vortrefflich vertrug, sprang er plötzlich aus dem Bette, um sich auf den Leibstuhl zu setzen. Er erblaßte, zitterte und bebte, fing an, ungewöhnlich langsam und schwer zu athmen, das Auge brach, ... sein Puls wurde langsam, aussetzend, und bald darauf hörte er gänzlich auf zu schlagen. Ein kalter Todesschweiß bedeckte den ganzen Körper, die Körperwärme erlosch,*

Abb. 22: »Wälsche Würste kauft!/Salami Italiani«, Kupferstich, 1775, Carlo Conti nach Johann Christian Brand. Wien Museum Inv.-Nr. 97.225/15

die Bewegung des Herzens stockte, und der Kleine gerieth nach einigem Zähneknirschen in einen Starrkrampf. Der ergraute Hippokratiker gerieth beim Anblick des kleinen Salamimachers in eine sichtliche Verlegenheit. Man fing an Belebungsversuche zu machen, und etwa nach einer halben Stunde kehrte allmählich eine flüchtige Röthe in die Wangen, eine zitternde Bewegung des Herzens, ein allmähliches Schleichen des Pulses, eine langsame, tiefe Inspiration, ein matter Glanz in die Augen zurück, der Starrkrampf löste sich, und der Stumme fing an nach ein Paar tief geholten Seufzern einige unzusammenhängende Worte zu lallen, und die Umgebungen befremdend zu besehen. Er wurde nun erst vom Leibstuhl gehoben, und die Entbindung eines etwa 18 Ellen (14 m) langen Kettenwurmes war glücklich vollbracht. Beinahe hätte Bremser triumphiert, allein seine langsame Behandlungsweise strafte seine Freude durch einen in acht Tagen erfolgten Abortus bei der von ihm behandelten Frau, bei welcher er nichts weniger als eine Schwangerschaft vermuthet hatte.

Wer diesen Bericht aufmerksam liest, wird bemerken, dass der Chronist lediglich vom (risikoreichen) Erfolg des einen und der Fehldiagnose des anderen Arztes berichtet. Leider erzählt uns Wawruch nicht, wie die Behandlung bei den übrigen vier Probanden verlief.

ZEITGENOSSEN, FREUNDE, FÖRDERER

Im INLAND

Bremsers kollegiales und freundschaftliches Umfeld in Wien bestand hauptsächlich aus Naturforschern und Ärzten. Seine enge Kooperation mit Carl von Schreibers sowie dem Vater und den Söhnen Natterer wurde schon erwähnt. Unter den Ärzten dürfte er insbesondere Johann Peter Frank (Seite 42) und Jean de Carro (Seite 57) sehr geschätzt haben, die ihm auch als Pioniere der Kuhpockenschutzimpfung ein Vorbild und mit ihm eines Sinnes waren.

In der Einleitung der »Nachricht von einer beträchtlichen Sammlung thierischer Eingeweidewürmer...« (1811) und im Vorwort sowie im eigentlichen Fachtext seines Opus Magnum »Lebende Würmer im lebenden Menschen...« (1819) nennt Bremser zahlreiche Personen, denen er dankt, die beim Zustandekommen dieser Arbeiten hilfreich waren, aber auch solche, die er recht geradeaus kritisiert. Er widmete das Buch dem *bewährten Freunde Herrn Dr. Gottfried Ubald Fechner, vormahls Director des kais. kön. Thier-Arzenei-Instituts, der medicinischen Facultät, der kais. kön. Landwirtschafts-Gesellschaft in Wien, und der kön. Veterinär-Gesellschaft in Copenhagen ordentlichen Mitgliede, der Physisch-medicinischen Gesellschaft in Lüttich Correspondenten.* Gottfried Ubald Fechner (1765–1831) hat (vermutlich) in Prag Medizin studiert, war zunächst praktizierender Arzt in Istrien, später in Wien und trat 1807 in das Militär-Thierspital ein und wurde im Jahre 1809 zum Direktor und ersten Professor bestellt.

Er machte sich einen Namen mit der Übersetzung medizinischer und tiermedizinischer Schriften, eigene wissenschaftliche Publikationen sind von ihm nicht bekannt. Seine Direktion fiel in eine schwierige Zeit politischer und militärischer Auseinandersetzungen inklusive der Besetzung Wiens durch Napoleons Truppen.[422] 1811 trat er freiwillig vom Amt als Direktor der *Thierarzneischule* zurück, *um sich ganz seiner medicinischen Praxis zu widmen*.[423] Wir wissen, dass Fechner Bremser in seiner Ordination vertrat, als dieser in den Sommermonaten 1815 in Paris weilte: *Ueberdies verreiste mein Freund Fechner, der indeß meine Geschäfte besorgt hatte, gleich drei Tage nach meiner Ankunft selbst auf einige Tage, und ich mußte einen Theil der seinigen übernehmen*.[424] Bremser bedankte sich auch bei zwei weiteren Professoren an der Tierarzneischule, nämlich Johann Nepomuk Brosche (1775–1842) und Ignaz Josef Pessina von Czechorod (1766–1808), dem Vorgänger Gottfried Ubald Fechners als Direktor und ersten Professor.

Einige in Wien lebende Ärzte unterstützten Bremsers Untersuchungen tatkräftig, wie Georg Prochaska (1749–1820), Professor der Anatomie und Physiologie an der Universität Wien, und der Leibchirurgus Vincenz von Kern (1760–1829), Professor der theoretischen Chirurgie[425], der ihn mit Parasiten aus der pathologischen Abteilung des Allgemeinen Krankenhauses versorgte, auch Anton Rollet (1778–1842), Kreischirurg und Kurarzt in Baden, der seltene Tiere für die parasitologische Untersuchung gesammelt und teilweise selbst untersucht hatte. Auf ihn gehen die natur- und kulturgeschichtlichen Sammlungen des bekannten Rollet-Museums in Baden bei Wien zurück.

Weiters nennt Bremser (1819) den Arzt, Regierungsrath und späteren Stadtphysikus Eduard Vinzenz Guldener von Lobes (1763–1827), von dem zu erwähnen ist, dass er sich u. a. mit der Krätze befasst hatte, sowie Carl Borromäus Harrach (1761–1829), einen Arzt und Naturforscher mit ausgeprägtem sozialem Engagement. Harrach verband auch eine Freundschaft mit Johann Wolfgang von Goethe. Ebenso wie Bremser und Harrach durch eine soziale Ader ausgezeichnet dürfte der von Bremser für seine Unterstützung bedankte Dominik Edler von Vivenot (1764–1833) gewesen sein. Er hatte bei Gerard van Swieten (1700–1772), Nikolaus Josef von Jacquin (1727–1817), Maximilian Stoll (1742–1787) und dem Ordinarius für Anatomie und Augenheilkunde Georg Joseph Barth (1746–1818) Medizin studiert, war später Armenarzt und erwarb sich bald einen bedeutenden Ruf. Er *übernahm 1831 freiwillig und unentgeltlich die Leitung des ersten Choleraspitals als Primararzt und war überdies mit ganzer Seele Arzt und Menschenfreund.*[426] Bremser spricht auch Nikolaus Thomas Host (1761–1834) seinen Dank aus, er war k. k. Leibarzt, einflussreicher Berater Kaiser Franz' I. und auch als Botaniker tätig. Er gilt als Mitbegründer des Botanischen Gartens in Wien und publizierte Pflanzenmonografien, für die Johann Jebmayer wundervolle Zeichnungen anfertigte. Es ist wohl nicht von der Hand zu weisen, dass Bremser durch Host diesen großartigen Zeichner und Maler kennenlernte und in der Folge für Würmer begeistern konnte (Seite 92). Genannt wird auch Baron von Jacquin, wobei gleichermaßen der Vater Nicolaus Joseph als auch der Sohn Joseph Franz (1766–1839) gemeint sein könnten. Vater und Sohn waren berühmte Botaniker, beide waren Professoren der Botanik und Chemie an der Wiener Universität und beide hatten die Leitung des Botanischen Gartens inne. Unter den Unterstützern seiner Arbeit werden auch noch von Portenschlag-Ledermayer und von Türkheim erwähnt. Josef von Portenschlag-Ledermayer (1742–1834) war Mediziner und im Jahre 1822 Senior der Wiener medizinischen Fakultät. Sein jüngerer Sohn Franz von Portenschlag-Ledermayer, er war Rechtsgelehrter, Hof- und Gerichtsadvokat, ein begeisterter Kräuterkundler, starb nach langem Leiden am 7. November 1822. Bremser war als Arzt und wohl auch Freund der Familie bei der Leichenöffnung zugegen. *Den 8. November Abends um 5 Uhr, da die Augen schon eingefallen, das Seheloch beyder Augen sehr erweitert, und durch das Reiben der Augen keine Contractilität mehr zeigten, die Glieder alle steif waren, und die an dem Rücken und an den Lenden schon ausgebrochenen Todtenflecke auf die schon anfangende Verwesung hindeuteten, wurde die Leiche von Hrn. Dr. Burmayer, Professor der pathologischen Anatomie, in Gegenwart des Vaters und in Beyseyn des Hrn. Doctors Bremser, Custos in dem k. k. Thier-Cabinette, und des Hrn. Carl Scholz, bürgl. Wundarztes, welcher dem Verstorbenen in seinen Krankheiten durch chirurgische Mittel Beystand geleistet, eröffnet.*[427] Freiherr Ludwig von Türkheim (1777–1846) war einflussreicher Mediziner und Jurist, Rektor der Universität und hatte als Referent der Studien-Hofkommision bedeutenden Anteil an der Entstehung der »Wiener Medizinischen Schule«.

In gutem Einvernehmen war Bremser offenbar auch *mit den hiesigen ärztlichen Herrn Collegen welche mir Hydatiden aus verschiedenen Eingeweiden des Menschen zuzusenden die Güte hatten.* Er nennt namentlich einen *Canditatus Fischer.* Caspar Fischer wurde später Professor für Naturgeschichte an der Universität Wien und der Vormund der *bremserischen Pupillen* [Anm.: der minderjährigen Kinder] nach dem Tod des Vaters. Weiters erwähnt ist *der Hofspitaldirector von Hildenbrand* [Anm.: das ist jener ehrwürdige Hippokratiker mit dem Bremser den Wettstreit der Wurmtherapie im anatomischen Theater ausgetragen hatte] *teilte mir einen Hydatidensack mit, [aus] der Bauchhöhle einer sterbend[en] ... Frau*[428].

Im AUSLAND

Auch zahlreiche Naturforscher und Ärzte aus dem Ausland werden als hilfreich in der Beschaffung von Fachliteratur, Würmern und Beobachtungen erwähnt. Unter ihnen finden sich berühmte Namen. Georges de Cuvier lernte Bremser während seines Aufenthaltes in Paris im Sommer 1815 kennen (Seite 107). Nicht nur, dass das Pariser Museum Würmer vom Naturalienkabinett erhalten hatte, auch Cuvier bedachte Bremser mit solchen. Im Jahr 1815 ist die Zusendung eines *Strongylus gigas aus der Niere eines Marders von Baron Cuvier aus Paris* in dem Akquisitionsbuch verzeichnet. 1816 erhielt die Sammlung einige Helminthen von der Universität Pavia, aus der »Gözischen Sammlung« – sie stammte offensichtlich von dem Arzt und Pastor Johann August Ephraim Goeze (1731–1793). Zur Universität Pavia gab es offensichtlich Kontakte durch Professor Arcangelo Spedalieri (1779–1822), Professor der Physiologie und Anatomie in Pavia, sowie zu dem italienischen Naturforscher Pietro Configliacchi (1779–1844). Eine interessante Korrespondenz bestand auch mit dem Schweizer Naturforscher Louis Sébastien Jurine (1751–1819), dessen bedeutende Sammlung im Naturkundemuseum in Genf aufbewahrt wird. Einen weiteren Schweizer erwähnt Bremser dankend, den Naturforscher Carl Friedrich August Meisner (1765–1825), mit dem er in regem Briefwechsel stand[429].

Carl Asmund Rudolphi in Berlin (1771–1832) zählte zu Bremsers vertrauten Freunden; aus einem veröffentlichten Briefwechsel[430] geht ihr freundschaftliches Verhältnis hervor. Sie tauschten ihre wissenschaftlichen Ergebnisse aus, berieten sich und sandten einander ihr Untersuchungsmaterial zur Vermehrung der Sammlungen zu. Bremser verschaffte ihm eine Anzahl geprägter Medaillen, die er sammelte, sowie besondere Bücher. Doch der wichtigste Tauschgegenstand waren Eingeweidewürmer und diesbezügliche Beobachtungen und Meinungen. So wurden auch Eingeweidewürmer, die Johann Natterer einerseits 1816 aus Gibraltar, andererseits von der Seereise nach Brasilien gesandt hatte, sowie die ersten Funde aus Brasilien selbst an Rudolphi weitergeschickt. Nach Bremsers Meinung wurden aber die »Entozoa« von diesem als zu unschädlich dargestellt.[431] Wie überdies aus Bremsers Briefen an Sömmerring hervorgeht, war Bremser über Rudolphi mitunter verärgert, der seine Briefe oftmals über Monate unbeantwortet ließ. Im Brief vom 25. Juli 1814 ist zu lesen: *Ich werde sie* [Anm.: die Würmer] *zeichnen und Herrn Rudolphi darüber vernehmen, der mich in seinem Nachtrage nicht aufs glimpflichste behandelte, und mir jetzt, obwohl selten, wahrhaft zärtliche Briefe schreibt. Ich halte Kränklichkeit für die Ursache seiner verschiedenen Launen.* Rudolphis Briefe sind geprägt von überschwänglichen Anreden wie »Mein liebster Herzensfreund«, »Allervortrefflichster«, »Würdiger, Lieber, Getreuer«, »Herr rede, Dein Knecht höret«[432].

Abb. 23: *Carl Asmund Rudolphi*, Lithografie v. Schall, gezeichnet Heinrich Löwenstein. *Naturhistorisches Museum*

Ein weiterer Brief- und Wurmpartner Bremsers war der hier schon mehrmals erwähnte berühmte Samuel Thomas von Sömmerring (1755–1830), Mediziner, Erfinder, Revolutionär und Freund Goethes. Er war eines der Universalgenies seiner Zeit. Einen bleibenden Namen machte er sich als Anatom, insbesondere als Neuroanatom. Mit Bremser verbanden ihn nicht nur das Interesse an der Galvanik und sein Einsatz für die Einführung der Kuhpockenimpfung, sondern auch sein Interesse für die Eingeweidewürmer.

Mit zahlreichen Personen und Institutionen in Europa wurde wissenschaftliches Material getauscht, unter anderem mit Christian Ludwig Nitzsch (1782–1837). Er war Professor der Zoologie und Direktor des Zoologischen Museums in Halle. Nitsch befasste sich intensiv mit der Parasitologie, insbesondere mit den sogenannten Federlingen. Das sind Insekten, die als Außenparasiten auf Vögeln leben.

SCHÜLER

Die Persönlichkeit Bremsers und das Vorhandensein der berühmten Sammlung veranlassten viele angehende Ärzte und junge Wissenschaftler, in Wien zu studieren, zu arbeiten und ihre wissenschaftlichen Ergebnisse zu publizieren. *Überhaupt war schon vom Jahre 1818 an das Leben und Treiben am kaiserlichen Naturalien-Cabinete ein sehr bewegtes.* Die neugewonnenen jungen Kräfte wetteiferten mit einander, sich an Fleiß und Eifer gegenseitig zu überbieten, während sie in vollster Eintracht neben einander ihre Thätigkeiten bewährten und sich unermüdlich ihren Studien hingaben, jeder seinen eigenen Weg verfolgend. Bremser bildete den Vereinigungspunkt der jüngeren Forscher, die sich um ihn schaarten und kein Tag verging, ohne dass man sich gegenseitig Rechenschaft gegeben hätte, von den Erfolgen der unternommenen Forschungen und den gewonnenen Erfahrungen. Fitzinger berichtete begeistert darüber[433]: *In jener Zeit strömten auch viele junge Männer aus dem Auslande, angehende Zoologen und Zootomen und sämtlich schon Doctoren der Arzneikunde, nach Wien, um sich am kaiserl. Naturalien-Cabinete auszubilden und ihre Kenntnisse zu vermehren… Junge Leute, die sich an der reichen Helminthen-Sammlung des Museums unter der Leitung Bremsers dem Studium derselben hingaben und mit rastlosem jugendlichem Eifer die Aufsuchung von Helminthen in den verschiedensten Thierarten betrieben.*

So schon im Jahre 1817, der späterhin so hoch geachtete *Helmintholog und Zootom Dr. Friedrich Sigmund Leuckart aus Helmstädt in Braunschwaig, der sich an der Seite Bremser's vorzüglich mit Helminthen beschäftigte, aber auch gemeinschaftlich mit mir die Sammlung der Reptilien bestimmte und über zwei Jahre hier verweilte.*[434]

Friedrich Sigismund Leuckart (1894–1843) aus Helmstädt in Braunschweig studierte Medizin und Naturwissenschaften in Göttingen und war 1817–1818 in Wien als freiwilliger Mitarbeiter in der Sammlung (sieben Vierteljahre), danach bei Rudolphi in Berlin, später auch bei Cuvier in Paris gewesen. Ab 1829 ist er Professor der Naturwissenschaften in Heidelberg, ab 1832 in Freiburg im Breisgau. Als wissenschaftliches Ergebnis seines Aufenthaltes in Wien und der Studien in der großen Sammlung veröffentlichte Friedrich Sigismund Leuckart den ersten Teil seiner »Zoologischen Bruchstücke« (1819) und widmete das Werk (über die Bandwurmgattung *Bothriocephalus*) seinem Vater sowie *dem theuern, väterlichen Freunde meinem lieben Doctor Bremser, dessen Rath, Belehrung und Freundschaft mir meinen hiesigen Aufenthalt auf so mannigfache Weise angenehm und unvergeßlich machte; der mir auch in der weitesten Ferne bei der Erinnerung an Wien als das freundlichste männliche Bild vorschweben wird.* 1827 veröffentlichte Friedrich Sigismund Leuckart einen »Versuch einer naturgemäßigen Eintheilung der Helminthen«. In seinem Vorwort schrieb er: *Du aber, mein wackerer Bremser, der Du mich stets gleich einem Pflegesohn behandeltest, hast Dir – ich muß es auch hier erklären – den größten Anspruch auf meine unwandelbare, liebevolle Zuneigung und Dankbarkeit erworben. Du warst es, der mir nicht allein Lust und Liebe für diesen so interessanten Theil der Zoologie einflösste, nicht allein durch Wort und Schrift mir so viel Treffliches und Neues darüber mittheilte, sondern auch dadurch das Studium der Helminthen für mich lehrreich und anziehend machte, dass mir durch Deine Güte eine beträchtliche Sammlung derselben, die ich noch jetzt fast täglich benutze, zu Theil wurde.*[435]

Wie aus seinen Schriften hervorgeht, besuchte er 1834 abermals Wien, wo er mit den Kustoden Paul Partsch und wohl auch mit Carl (Karl) Moritz Diesing, dem Nachfolger Bremsers (siehe unten) zusammenarbeitete.[436] Diese Arbeit widmete er mit den wärmsten Worten Carl von Schreibers und vergaß auch nicht des verstorbenen Bremsers zu gedenken: *was für bessere Beweise des Wohlwollens und der Liberalität hätte wohl irgend Jemand einem jungen wissbegierigen Manne geben können, als Sie, verehrter Herr*

Hofrath [Anm.: Schreibers] *mir gaben! Ich bin stets stolz darauf gewesen; denn ich glaube, dass ein solches, mir bisdahin unbekannt gebliebene Vertrauen auch ehrenvoll für mich sein musste. Ich werde das Alles nie vergessen; nie vergessen was Sie, so wie, was unser dahingeschiedener, theurer, gemeinschaftlicher Freund Bremser mir waren, und wie viele mündliche Belehrungen ich Ihnen sowohl, wie dem unvergesslichen Entschlafenen zu danken habe!*[437]

Im dritten Teil seiner »Zoologischen Bruchstücke« (1842) merkt Leuckart an, dass er sein *Versprechen ein Handbuch der Helminthologie herauszugeben, bis jetzt noch nicht erfüllte... Ich werde jedoch im nächsten Jahre, so ich gesund bleibe, jenes Versprechen erfüllen.* Dieses Vorhaben durchzuführen war ihm leider nicht mehr vergönnt. Friedrich Sigismund Leuckart verstarb 1843.

Die von Bremsers Schülern veröffentlichten Arbeiten fanden durchaus Anerkennung in der Fachwelt. August Heinrich Ludwig Westrumbs (1798–?) 1821 erschienene Arbeit »De Helminthibus acanthocephalis...« wurde im »Göttingischen Gelehrten Anzeiger« rezensiert:[438] *Hirzu munterte ihn zu Wien H. Dr. Bremser nicht nur auf, sondern leistete ihm auch bey seiner Arbeit väterlich liebreichen Beystand.* Westrumb arbeitete lange, von 1819–1823, bei Bremser in Wien. Er veröffentlichte Untersuchungen über *Paramphistomidae* (1822) und zur Anatomie von *Pferdestrongyliden* (1823). Seine wichtigste helminthologische Arbeit ist eine Monografie über Kratzer *(Acanthocephalen)* (1824), die auf die reichen Bestände der Wiener Sammlung aufbaute. Als Anhang veröffentlichte er einen aktualisierten »Katalog« der Wiener Sammlung.[439] Auch in diesem Werk finden wir eine Widmung für den *amico paterno ac integerrimo* J. G. Bremser. August Heinrich Ludwig Westrumb war Sohn des bekannten Chemikers Johann Friedrich Westrumb (1751–1819), praktizierte anfänglich als Arzt in Marburg, wurde 1837 Hofmedicus und Landphysikus im Stiftsgericht Loccum und 1843 Medicinalrath in Winstorf.[440] Weiter konnten wir seine Spur nicht verfolgen.

Ein weiterer Schüler Bremsers, dessen Namen untrennbar mit der Zoologie und Parasitologie verbunden ist, ist Karl Friedrich Eduard Mehlis (1796–1832), »Bergmedicus« und Lehrer der Naturgeschichte und Physik an der Berg- und Forstsschule zu Clausthal in Hannover. *Nach zurückgelegten Universitätsstudien und Beendigung einer wissenschaftlichen Reise ward er als Gehilfe seines Vaters, des Bergmedicus und Medicinalrathes Dr. Mehlis, zu Clausthal, angestellt...*[441] Eine Station der erwähnten Reise war Wien, wo er von Jänner bis März 1820 unter der Anleitung Bremsers im kaiserlichen Museum in Wien wissenschaftliche Arbeiten durchführte. Seine 1825 in Göttingen erschienene Monografie widmete er *dem Viro celeberrimo Jo. Godofr. Bremser, Med. Doct., Imperialis Musei Vindobonensis Custodi etc., Helminthologo illustrissima laude conspicuo, amico paterno in summae venerationis et gratitudinis testimonium hasce observations auctor.* Was in Kürze so viel heißt, als dass der »Autor dem gefeierten Johann G. Bremser, dem berühmten und geehrten Helminthologen und väterlichen Freund in größter Verehrung und Dankbarkeit diese Beobachtungen widmet«. Überschwänglich bedankt er sich in seiner Schrift nicht nur bei Bremser, sondern auch beim Museumsdirektor Schreibers und bei Vater und Sohn Natterer, wobei er mit Letzterem wohl Joseph junior meinte, denn Johann Natterer war zu dieser Zeit schon in Brasilien. Mehlis hatte sich mit genauen Beobachtungen und anatomischen Studien an Helminthen einen Namen in der Fachwelt gemacht. Ihm zu Ehren wurde die »Mehlische Drüse« benannt, ein Gewebe bei Saugwürmern, das dem sogenannten Ootyp anliegt, jenem Organ, in dem die Eier gebildet werden. Seine Funktion ist bis heute nicht restlos geklärt. Zahlreiche Untersuchungen Mehlis' blieben unpubliziert, manche wurden posthum von Friedrich C. H. Creplin, einem Naturforscher, der ebenfalls zu den Ersten gehörte, die Beobachtungen zu Embryonalentwicklung und Larvenstadien von Helminthen machten, veröffentlicht. Mehlis war als Naturforscher in keiner Weise spezialisiert. Er war auch ein ausgezeichneter Kenner der Vögel und der allgemeinen Naturgeschichte, die er in der Berg- und Forstschule in Clausthal auch lehrte. Er gründete ein Naturalienkabinett, in dem vor allem die Wirbeltierfauna des Harz vertreten war. Karl Friedrich Eduard Mehlis starb mit 36 Jahren plötzlich am Fleckfieber.[442]

Dr. Wilhelm von Soemmering, Sohn des berühmten Zootomen Samuel Thomas von Soemmering, aus Frankfurt a. M. und Dr. Wutzer, welche sich vorzüglich mit Zootomie an dieser Anstalt beschäftigten waren ebenfalls als Schüler Bremsers in Wien.[443] Detmar Wilhelm von Sömmerring (1793–1871) hatte in Göttingen Medizin studiert. Bevor er sich in Frankfurt als Arzt niederließ, besuchte er im Jahre 1818 Bremser in Wien. Mit Dr. Wutzer war möglicherweise Karl Wilhelm Wutzer (geboren 1787 in Berlin, verstorben 1863 in Bonn) gemeint, ein Chirurg, der ab 1817 Studienreisen zu Universitäten in Deutschland, Frankreich, Italien und England unternahm, später Professor in Halle und Bonn wurde.[444]

Auch Carl Behr (1796–1864) war einer von diesen wiss- und lernbegierigen jungen Ärzte, die aus Deutschland angereist waren, um bei Bremser »in die Schule zu gehen«. Er hielt sich in den Jahren 1817 und 1818 in Wien auf, nachdem er gerade in Halle an der Saale zum Doktor der Medizin promoviert hatte. Nach seiner Rückkehr wurde er praktischer Arzt in Bernburg an der Saale. Jahre später, 1837, veröffentlichte er in der »Wochenschrift für die gesammte Heilkunde« einen Bericht über seine Erfahrungen mit Wurmkranken, über die verschiedenen Krankheitszeichen und welche Therapien er anwende.[445]

Fitzinger nennt auch noch *Dr. Schmidt aus Bremen, Dr. Jassoy und Dr. Müller aus Frankfurt a. M., sowie die Doctoren Slawikowsky, Temml*... Unter den genannten Studenten waren für uns einige Personen nicht eruierbar, einerseits, weil sie leider nicht mit Vornamen spezifiziert wurden, andererseits, weil vielleicht manche andere Laufbahnen einschlugen oder früh verstarben. So mag das bei Ernst T. Jassoy der Fall gewesen sein. Bremser erwähnt ihn 1820 noch als zuverlässigen Zeugen seiner Entdeckung der humanen Echinokokken und kündigt das Erscheinen von Jassoys Arbeit über *Echinorhynchus* an. Tatsächlich ist diese Dissertation 1820 erschienen: »Echinorhynchus polymorphus, Jassoy, Diss. inaug. de Echin. Polymorph«. Sie ist wie jene seiner oben genannten Mitstreiter Leuckart, Westrumb und Mehlis dem Lehrer Bremser gewidmet: *helminthologorum decus, Bremserus*... Doch es war uns im Weiteren nicht möglich, über diesen

Abb. 24 Carl Moritz Diesing, Fotografie von Carl v. Jagemann, k. u. k. Hof Fotograph Wien, Naturhistorisches Museum

jungen Naturforscher mehr zu erfahren. Möglicherweise ist er ident mit Theodor Jassoy (1798–1825), Arzt und Sohn von Ludwig Daniel Jassoy. Beruf, Geburtsdatum und geistiges Umfeld passen jedenfalls gut. Der Vater L. D. Jassoy war Jurist, Schriftsteller und wohl auch Politiker, der mit den geistigen Größen seiner Zeit in Verbindung war und die Stadt Frankfurt 1815 beim Wiener Kongress vertrat. Denkbar wäre, dass der Vater bei diesem Anlass Bremser kennenlernte und in der Folge seinen Sohn zum Studium nach Wien schickte. Theodor Jassoy war, nach den Aufzeichnungen seiner Großnichte, ein Arzt mit sozialem Einfühlungsvermögen, einer Eigenschaft, die gut in Bremsers geistiges Umfeld gepasst hätte ... *im Jahre 1823, mit fünfundzwanzig Jahren, ist er ein gesuchter Arzt, der sich nebenbei noch viel mit sozialen Fragen beschäftigt und sich der Not der Armen in Sachsenhausen besonders liebevoll annimmt.* Tragisch ist sein früher Tod. Theodor Jassoy erschießt sich in seiner Wohnung am 29. November 1825 aus Liebeskummer.[446]

Carl Moritz Diesing (1800–1867) trat 1822 auf Betreiben Bremsers unentgeltlich seinen Dienst in der helminthologischen Sammlung an. Er wurde später Bremsers Nachfolger als Kustos im Naturalienkabinett und betreute die Helminthensammlung, war aber auch gleichzeitig ein angesehener Mineraloge und Botaniker. Vor allem als Bearbeiter der von Johann Natterer aus Brasilien mitgebrachten Eingeweidewürmer hatte er sich einen Namen gemacht. Im Jahre 1849 fingen seine Augen zu leiden an, bald erblindete er ganz und wurde 1852 pensioniert. Besonders sein »Systema Helminthum«, dessen beide ersten (einzigen) Bände 1850 und 1851 erschienen, geben ein Zeugnis seines Fleißes, seiner Ausdauer und seines Scharfblicks.[447]

RIVALEN

Von dem Schweizer Entomologen Johann Heinrich Sulzer (1735–1813) wurde ein Pseudohelminth unter dem Namen *Ditrachyceros rudis* als Eingeweidewurm beschrieben. Bremser erkannte den Fehler und publizierte seine Kritik in seinem Buch 1819. In der Folge kam es zu Auseinandersetzungen. Der dänische Zoologe Daniel Frederik Eschricht (1798–1863) unterstützte Sulzer, *während die Professoren der Botanik Endlicher und Unger und Dr. Fenzel einhellig zu dem Ergebnis kamen, dass dieser seynsollende Eingeweidewurm nichts als eine noch nicht vollkommen reife Einzelfrucht der allbekannten schwarzen Maulbeere (Morus nigra L.) ist, wodurch Bremser's Autorität neuerdings auf das Glänzendste bestätigt wurde.*[448]

Über den *welschen Banditen*, den Arzt Giuseppe Montesanto aus Padua, haben wir auf Seite 156 berichtet. Auch zu einem anderen Italiener stand Bremser in besonderer Beziehung:

HERR BRERA *und* HERR BREMSER

In der alphabetisch nach Autorennamen geordneten Bibliothek des Naturhistorischen Museums stehen sie ganz nah beieinander, die beiden Werke der beiden Herren. Bremsers »Lebende Würmer...« und Breras 1803 erschienenen »Medicinisch-practische Vorlesungen über die vornehmsten Eingeweidewürmer des menschlichen lebenden Körpers und die sogenannten Wurmkrankheiten«. Breras Werk war ursprünglich auf Italienisch erschienen und wurde ins Deutsche und Französische übersetzt. Bremser war auf Deutsch verlegt und ins Italienische und Französische übersetzt worden. Valeriano Luigi Brera (1772–1840) hatte in Pavia Medizin studiert, wo auch Johann Peter Frank sein Lehrer war. Nach einer kurzen Zeit, in der er in der praktischen Chirurgie in Mailand ausgebildet wurde, übersiedelte er 1794 nach Wien, um als Militärchirurg an der Josephinischen Akademie tätig zu sein. 1795 verließ er den Militärdienst, hörte aber weiterhin Vorlesungen in Wien bei renommierten Professoren. Kurz danach, noch im Sommer 1795, trat er zu Studienzwecken eine ausgedehnte Reise an, die ihn zu den bedeutendsten Universitäten Deutschlands, der Schweiz, Belgiens, Hollands und bis nach England führen sollte. In Jena hörte er Vorlesungen von Loder und Hufeland und könnte möglicherweise auch Bremser kennengelernt haben. Nach unseren Recherchen dürften sich die Wege der beiden, Brera und Bremser, nicht wieder gekreuzt haben. 1796 kehrte er nach Mailand zurück, nach Jahren in Pavia und Crema wurde er 1806 schließlich als Professor an die Universität Bologna berufen. Nach Bremsers eigener Aussage ist jener mit *ihm in keinem persönlichen Verhältnis...gestanden*[449], aber er verheimlicht in keiner Weise, dass er von Breras Werk, vor allem dessen Supplementen, nichts hält. Er lässt vielmehr kein gutes Haar daran und landet zahlreiche Volltreffer und Seitenhiebe in den »Lebenden Würmern«. In der Einleitung schreibt er: *...es gereicht dem Verfasser [Anm.: Brera] zur großen Ehre, dass dieses kleine Buch in kurzer Zeit eine deutsche und zwei französische Übersetzungen erlebt hat. – Hier hätte Herr Brera als Schriftsteller über Helminthologie stehen bleiben sollen. Aber es scheint, dass ihn die über dieses Buch gefällten Urtheile glauben gemacht haben, er sei wirklich ein Helmintholog. Ohne diesen Glauben würde er wohl schwerlich seine dickleibigen Supplemente geschrieben haben, welche klar und deutlich bekunden, dass er es nicht ist. Diese...sind nichts anderes als eine Anhäufung von Unrichtigkeiten, falschen Ansichten u.s.w. ohne irgend ein Interesse für den praktischen Arzt.* Und an anderer Stelle: *Allein Herr Brera meint gar viel, dem nicht also ist...so beschreibt er uns eine Fliegenlarve, die in dem Nachttopf einer Frau gefunden wurde, als neuen Eingeweidewurm aus der Harnblase.*[450] Doch an dieser Stelle scheint es angebracht, Herrn Brera zu Hilfe zu kommen. Denn es geht in diesem Kapitel auch darum, dass Bremser seine Urzeugungstheorie verteidigt und Brera vorwirft, *dreierlei anzunehmen. Erstlich, dass selbst ganz vertrocknete Wurmeier, wenn sie nur der Einwirkung der thierischen Wärme und Feuchtigkeit ausgesetzt werden, dennoch ausgebrütet werden können. Zweitens, dass Eier von Würmern von einem Thier in das andere übergehen und dasselbst ausgebrütet werden können. Und drittens, dass der ganze Bau der Würmer eine ganz andere Gestalt erhält, wenn sie in einem anderen Organismus ausgebrütet werden*[451], so kommt Brera mit seinen Vermutungen den heute bekannten Tatsachen der Widerstandsfähigkeit mancher Wurmeier und des Wirts- und Generationswechsels mit komplexen Lebenszyklen bei vielen Helminthen schon sehr nahe, jedenfalls näher als Bremser. Wenn Brera aber spekuliert, dass *Wurmeier des Großvaters durch den Körper des Sohnes, in welchen sie keine schickliche Gelegenheit zur Entwicklung gefunden haben sollen, in den Körper des Enkels übergegangen wären*, dann bezweifelt und belächelt Bremser diese Vorstellung ganz zu Recht. Und spöttisch kommentiert er auch Breras Ansicht, die Wurmeier würden durch den Geschlechtsverkehr übertragen: *... so wird man, will man Herrn Breras Hypothese vertheidigen, gezwungen, anzunehmen, es müsse ein besonderer Schutzengel diese Wurmeier bewachen, der sie gerade nur erst dann losläßt, wenn der Beischlaf befruchtend ist, und zwar wenn der Vater mehrere wurmbetheiligte Kinder zu zeugen gesonnen ist, jedesmal nur eine gewisse Anzahl derselben.*[452]

Abb. 25: Johann Gottfried Bremser, Lithografie von K. Lanzedelly, Porträtsammlung der ÖNB (PORT_0007540_01)

Abb. 26: Valeriano Luigi Brera, Ambroise Tardieu direxit, Porträtsammlung der ÖNB (PORT_00072496)

Mit besonderem Genuss überführt Bremser Brera eines oben kurz erwähnten peinlichen Irrtums, weil dieser eine Fliegenlarve aus dem Nachttopf einer Frau als eine neue Eingeweidewurmart beschrieben hatte: *Jedem aufmerksamen Leser zur Warnung, nicht jedes ungewöhnliche Ding, welches von einem Menschen abgeht, oder von ihm abgegangen zu sein scheint, sogleich für einen neuen Eingeweidewurm oder ein anderes in ihm erzeugtes Tier zu halten, ohne nicht vorher das Ding selbst sehr streng untersucht, und alle dabei vorkommenden Umstände genau erforscht und geprüft zu haben. Mich wenigstens wird Niemand überzeugen, dass es wirklich aus der Urinblase gekommen ist, bis mir nicht bewiesen wird, dass man, bevor diese Frau harnte, nicht nur den Nachttopf, sondern auch die Kleider und die darunter verborgenen Theile der Frau selbst genau durchsucht gehabt habe, weil ich sonst immer glauben werde, dieses Thierchen sei zufällig in dieses Geschirr gefallen. Denn wenn man alles das, was man in diesen Gefässen öfters findet, für abgegangen von dem Menschen betrachten wollte: so müßte mir selbst einmahl in einer Krankheit mit dem Stuhle eine Lichtschere abgegangen sein, da Niemand sie hineingeworfen haben wollte, und sie sich doch darin fand.*[453]

Warum Bremser eine so empfindliche Reaktion auf das Buch Breras, das ja schon viel früher als seines erschienen ist, zeigt, scheint sich uns in diesem Satz zu offenbaren[454]: *Die Leser aber, welche etwa glauben möchten, ich hätte mich zu lange mit der Widerlegung des Herrn Brera aufgehalten, bitte ich zu bedenken, dass... Herr Brera, ... fast der Einzige [ist], der in neueren Zeiten über menschliche Eingeweidewürmer, und zwar ein recht dickes Buch geschrieben hat.*

Waren hier aber nicht doch noch andere Gründe mit im Spiel? Böse Intrigen? Wie wir vermuten, haben sich beide Herren persönlich nie getroffen – jedoch der allmächtige Freiherr von Stifft war ein Gegner von Bremser, aber ein Gönner Breras, sonst hätte Letzterer nicht 1819 seine Schrift »De' Contagi e della cura dei loro effetti. Lezioni medico-pratiche« diesem mächtigen Herrn gewidmet.

REFLEXION des WERKES BREMSERS
auf die moderne PARASITOLOGIE

Auch Österreich hat Entscheidendes zum Gedeihen und zur Entwicklung der Medizinischen Parasitologie als einer eigenständigen Wissenschaft beigetragen, schreibt Horst Aspöck 2002 in der Einleitung zu »Amöben, Bandwürmer, Zecken...«. *Unter vielen Forschern, die durch spezielle Untersuchungen wichtige Bausteine geliefert haben, ragen zwei Personen besonders hervor: Johann Gottfried Bremser und* [Anm.: sein Schüler und Nachfolger] *Karl Moritz Diesing.*

Wir sollten nie aus den Augen verlieren, wie drastisch sich unser Wissen und damit auch unser Weltbild in allen Wissenschaften in den letzten 200 Jahren verändert haben. Dass dieser Fortschritt passiert ist, haben wir Forschern, wie den hier genannten, zu verdanken, die jeweils Grundlagen für neue Erkenntnisse schufen. Eine jener Persönlichkeiten war Johann Gottfried Bremser. Einmal finden wir Bremsers Wissen und Verdienste in seinen eigenen Werken. Mit den »Lebenden Würmern im lebenden Menschen« schuf er ein lange Zeit einflussreiches Fachbuch für Ärzte und Studierende. Es ist ihm in diesem Buch nicht nur gelungen, sein wissenschaftliches Weltbild darzustellen, sondern auch konkrete fachliche Inhalte zu vermitteln. Nebst anatomischen Beschreibungen vermittelt Bremser medizinisches Wissen und naturwissenschaftliche Überlegungen. Dieses Buch wurde noch Jahrzehnte nach Bremsers Tod verwendet und zitiert. Von großer Bedeutung sind auf jeden Fall auch die gelungenen Abbildungen der Parasiten. Dieses Verdienst hat Bremser mit seinen »Icones« noch übertroffen, in denen wir einen ersten Atlas der Eingeweidewürmer vorfinden. Seine weiteren medizinischen

Schriften bestechen ebenso durch Fakten wie auch durch Sendungsbewusstsein und eine kritisch ironische Sicht seiner Zeit und seiner Mitbürger und Ärztekollegen. Zoologisch hat sich Bremser nicht nur in eigenen Werken verewigt, sondern auch durch Artbeschreibungen im berühmten Werk seines deutschen Kollegen Carl Asmund Rudolphi. Viele damals neu beschriebenen Arten haben Wien als »Typuslokalität«, das bezeichnet jenen Ort, von wo sie erstmals beschrieben wurden.

Die vor etwa 200 Jahren von Schreibers und vor allem Bremser aufgebaute Helminthensammlung am Naturhistorischen Museum ist heute noch ein wichtiger Teil jener Infrastruktur und Qualität, die Wissenschaftler zum Forschen brauchen. Natürlich erkannten auch Zeitgenossen den Wert dieser Sammlung. *Und nun steht als Muster einer, die Wissenschaften fördernden Regierung die österreichische da! Durch ihre Förderung ward es nicht bloß vaterländischen Gelehrten möglich, dieses, hinsichtlich der Erforschung gewisser Maßen kostspielige Feld weiter zu kultiviren, sondern mit einer Liberalität, in welcher sie keiner benachbarten ausländischen nachsteht, setzte sie auch andere in den Stand, die in Wien aufgestellte Sammlung – wohl die Einzige in ihrer Art – so zu benutzen, daß die Wissenschaft ihr den größten Dank dafür auf lange Zeit schuldig seyn wird.*[455]

Viele der Ansichten, die Bremser vertrat, wie z. B. jene der Urzeugung, sind aus heutiger Sicht widerlegt. Manche seiner Ansichten konnte er vielleicht auch nicht ganz offen aussprechen. Im damaligen Österreich unter Metternichs starkem reaktionärem Einfluss war das geistige Klima der Entwicklung neuer geistiger Ideen keineswegs förderlich, wenn auch die Medizin sich gewisse Freiräume schaffen konnte.[456] Bremser hat es jedenfalls verstanden, seine Meinung und andere Meinungen kontrovers zu diskutieren. Aber gerade die Diskussion ist es, die zur Beweissuche anregt und den Fortschritt bewirkt. Auch die ihm nachfolgenden Generationen, die mit Infektionsversuchen den Parasitenzyklen schon auf die Spur kamen, hatten ihre Standpunkte vorerst auf Vermutungen und zweifelhafte Beweisführungen stützen müssen, bevor wiederholte und exaktere Experimente seriöse

Beweise erbrachten. Johann Gottfried Bremser war einer der einflussreichsten Parasitologen seiner Zeit, seine Beobachtungen, Beschreibungen und Publikationen wirkten lange über seine Lebensspanne hinaus. Er war ein Forscher *der in seinen Untersuchungen das einem Menschenleben Mögliche gleichsam überbot, und sich selbst ein Denkmal errichtete, dauerhafter als Monumente von Erz und Stein.*[457]

VERZEICHNIS der SCHRIFTEN JOHANN GOTTFRIED BREMSERS

Bremser J.G. 1796: Dissertatio chemico-medica Calce Antimonii Hoffmanni cum sulfure Jena.

Bremser J.G. 1797: Von dem Hoffmannschen Spießglanzkalk mit Schwefel. Journal der Pharmacie für Aerzte, Apotheker und Chemisten. Leipzig: Vierter Band S. 152–168.

Bremser J.G. 1801: Über die Kuhpocken. Schaumburg, Wien 1801: 68 S.

Bremser J.G. 1802: Warnung an das Publikum vor dem Mißbrauche der Brech- und Abführungsmittel und des Aderlassens von Doktor J.G. Bremser, praktischem Arzte zu Wien Gesundheits Taschenbuch für das Jahr 1802 von einer Gesellschaft Wiener Aerzte. Wien, bey Karl Schaumburg und Kompagnie: 29 S.

Bremser J.G. 1806a: Medizinische Parömien, oder Erklärung medizinisch-diätischer Sprichwörter nebst der Nutzanwendung. Ein Nachtrag zum Gesundheits-Taschenbuch. Schaumburg, Wien 1806: 308 S.

Bremser J.G. 1806b: Die Kuhpocken als Staats-Angelegenheit betrachtet. Ein Vorschlag zur gesetzlichen Ausrottung der Blatternpest. Kupffer Wien 1806: 60 S.

Bremser J.G. 1806c: Ein paar Worte über Scharlachkrankheiten und Masern. Schaumburg, Wien 1806.

Bremser J.G. 1807: Anweisung, wie man sich bei schlechter und der Gesundheit nachtheiliger Witterung gegen Krankheiten überhaupt, als gegen ansteckende insbesondere verwahren kann. Kupffer, Wien 1807.

Bremser J.G. 1810: Ueber die Schutzpocken-Impfung (Veranlasst durch die Blatternpest, welche in einigen Bezirken Wiens herrscht.) Vaterländische Blätter für den österreichischen Kaiserstaat. Dritter Jahrgang, Nr. LXVI, LXVII, LXVIII, Freytag den 21. December 1810.

Schreibers C., Bremser J. G., Natterer Joseph d. Jüngere 1811: Nachricht von einer beträchtlichen Sammlung thierischer Eingeweidewürmer, und Einladung zu einer literarischen Verbindung, um dieselbe zu vervollkommnen, und sie für die Wissenschaft und die Liebhaber allgemein nützlich zu machen. K. K. Naturalienkabinets-Direktion in Wien, 32 S.

Schreibers C., Bremser J. G., Natterer Joseph d. Jüngere 1811: Notitia collectionis insignis vermium intestinalium et exhortatio ad commercium litterarium quo illa perficiatur, et scientiae atque amatoribus reddatur communiter prosicua. Ab Administratione reg. caes. Musei Historiae naturalis Viennensis. 1811, S. 1–32.

Bremser J. G. 1819: Lebende Würmer im lebenden Menschen. Ein Buch für ausübende Ärzte. Schaumburg Wien: 284 S., 4 Taf.

Bremser J. G. 1820: Etwas über *Echinococcus hominis* Rud. Deutsches Archiv für die Physiologie. In Verbindung mit einer Gesellschaft von Gelehrten hg. von J. F. Meckel, Halle in der Buchhandlung des Waisenhauses: S. 292–302, 2 Taf.

Bremser J. G. 1824: Icones Helminthum Systema Rudolphii Entozoologicum illustrantes. Viennae Typis Antonii Strauss: MDCCCXXIV, 13 S., 18 Taf.

Bremser J. G. 1824: Icones Helminthum Systema Rudolphii entozoologicum illustrantes. Curavit J. G. Bremser: ISIS 1824, Beylage No. 5.

Bremser J. G., traduit de l'allemand Gundler A., revu et augmenté de notes Blainville H. H. D. de, 1824: Traite Zoologique et Physiologique sur les Vers Intestinaux de l'homme. C. L. F Panckoucke, Paris: 575 S., 1 Atlas, 12 Taf.

Bremser J. G. 1828: Trattato zoologico, e fisiologico sui vermi intestinali dell'uomo. Prima traduzione italiana dall'originale tedesco. Pietro Bizzoni editore, Pavia: XV [1], 344 S., 5 Taf.

Bremser J. G., traduit de l'allemand Gundler A., revu et augmenté de notes Blainville H. H. D. de, 1837: Traité Zoologique et Physiologique sur les Vers Intestinaux de l'homme. Paris Méquignon-Marvis père et fils, Paris 575 S. avec nouvel atlas avec un texte explicatif renfermant des observations inédites, par Ch. Leblond, 15 Taf.

AUSGEWÄHLTE LITERATUR

ACKERL (1988)
Ackerl Isabella: Die Chronik Wiens. Die Weltstadt von ihren Anfängen bis heute – Chronik Verlag Harenberg, Dortmund: 526 S.

ARNOLD (1840)
Arnold Johann Wilhelm: Das Erbrechen, die Wirkung und Anwendung der Brechmittel. Eine physiologische, pathologische und therapeutische Monographie. Verlag der Balz'schen Buchhandlung, Stuttgart: 403 S.

ASPÖCK (2002)
Aspöck Horst (Hrsg.): Amöben, Bandwürmer, Zecken ... Parasiten und Parasitäre Erkrankungen des Menschen in Mitteleuropa. Denisia 6 zugleich Kataloge des Oö. Landesmuseums: Neue Folge Nr. 184, 600 S.

BERTUCH (1810)
Bertuch Carl: Nachträge zum zweiten Hefte dieser Reise-Bemerkungen, geschrieben im März 1810. In: Bemerkungen auf einer Reise aus Thüringen nach Wien im Winter 1805–1806. Verlag des Landes-Industrie-Comptoirs Weimar: 58 S.

BIRKE (2005)
Birke Veronika: Johann Jebmayer (1770–1858) »Hofpflanzenmaler« in Wien. Römische Historische Mitteilungen, Österreichische Akademie der Wissenschaften, Wien: 47 Band, S. 395–409.

BÖCKH (1822)
Böckh Franz Heinrich: Wiens lebende Künstler, Schriftsteller und Dilettanten im Kunstfache. Dann Bücher-, Kunst- und Naturschätze und andere Sehenswürdigkeiten dieser Residenz-Stadt. Ein Handbuch für Einheimische und Fremde. Hrsg. von Franz Heinrich Böckh. B. Ph. Bauer, Wien: 540 S.

BÖCKH (1823)
Böckh Franz Heinrich: Merkwürdigkeiten der Haupt- und Residenz-Stadt Wien und ihrer nächsten Umgebung. Ein Handbuch für Einheimische und Fremde. B. Ph. Bauer, Wien: 184 S.

BOUCHAL & SACHSLEHNER (2008)
Bouchal Robert & Sachslehner Johannes: Napoleon in Wien. Fakten und Legenden. Pichler Verlag, Wien/Graz/Klagenfurt: 207 S.

BRERA (1803)
Brera Valeriano Luigi: Medicinisch-practische Vorlesungen über die vornehmsten Eingeweidewürmer des menschlichen lebenden Körpers und die sogenannten Wurmkrankheiten. Breitkopf und Härtel, Leipzig: Mit 5 Kupfern, 156 S.

BRIGHT (1818)
Bright Richard: Travels from Vienna through Lower Hungary with some remarks on the state of Vienna during the congress, in the year 1814. A. Constable, Edinburgh: 642 S.

BRUNNER & SCHNEIDER (2005)
Brunner Karl & Schneider Petra (Hrsg.): Umwelt Stadt Geschichte des Natur- und Lebensraumes Wien. Böhlau, Wien/Köln/Weimar: 659 S.

BUCHMANN (2006)
Buchmann Bertrand Michael: Demographie und Gesellschaft. In: Peter Csendes/Ferdinand Opll (Hrsg.): Wien Geschichte einer Stadt Von 1790 bis zur Gegenwart. Böhlau, Wien/Köln/Weimar: Band 3, S. 15–43.

CZEIKE (2010)
Czeike, Felix, Czeike, Helga, Nikolay, Sabine, Pils, Susanne Claudine (Hrsg.): Geschichte der Wiener Apotheken: die Apotheken im heutigen ersten Wiener Gemeindebezirk. Studien Verlag, Innsbruck: 632 S.

ECKART (2011)
Eckart Wolfgang U.: Illustrierte Geschichte der Medizin. Von der französischen Revolution bis zur Gegenwart. Berlin, Heidelberg, New York, Springer Verlag: 374 S.

EHRHART EHRHARTSTEIN (1828)
Ehrhart Edler von Ehrhartstein Johann Nepomuck: Nachruf für Hr. Joh. Gottfried Bremser. Medicinisch-chirurgische Zeitung. Gedruckt mit Rauchischen Schriften, Innsbruck: Erster Band, S. 125–128.

ENIGK (1986)
Enigk Karl: Geschichte der Helminthologie im deutschsprachigen Raum. Gustav Fischer Verlag, Stuttgart, New York: 356 S.

ERDMANN (1803)
Erdmann Johann Friederich: Beschreibung zweier vom Herrn Dr. Bremser in Wien erfundener voltaiisch-electrischer Apparate. Annalen der Physik: Band 12, S. 450–457, Taf. III.

ESCHKE (1803)
Eschke Ernst Adolf: Galvanische Versuche. Berlin im Taubstummen-Institute in der Linienstraße Nr. 110 zum Besten desselben, und in Commission bei Wilhelm Vieweg in der Spandauerstraße neben der Landschaft: No. 58, 174 S.

FITZINGER (1824)
Fitzinger Leopold: Bemerkungen über das k. k. zoologische Museum in Wien. In: Archiv für Geschichte, Statistik, Literatur und Kunst. Wien: 15. Jahrgang, S. 793–796.

FITZINGER (1827)
Fitzinger Leopold: Nekrolog Johann Gottlieb Bremser, Wiener Zeitung, 7. November 1827, No. 256, S. 1150.

FITZINGER (1868a)
Fitzinger Leopold: Geschichte des kais. kön. Hof-Naturalien-Cabinetes zu Wien. II. Abtheilung. Periode unter Franz II. (Franz I. Kaiser von Österreich) bis zu Ende des Jahres 1815. Sitzungsber. der math.-naturwiss. Classe der kaiserl. Akad. Wiss.: 57, S. 1013–1092.

FITZINGER (1868b)
Fitzinger Leopold: Geschichte des kais. kön. Hof-Naturalien-Cabinetes zu Wien. III. Abtheilung. Periode unter Kaiser Franz I. von Österreich von 1816 bis dessen Tode 1835. Sitzungsber. der math.-naturwiss. Classe der kaiserl. Akad. Wiss.: 58, S. 35–120.

FLAMM & SABLIK (2000)
Flamm Heinz & Sablik Karl: 200 Jahre Schutzimpfung in Österreich. Ausgabe anlässlich der Sonderpostmarke »200 Jahre Schutzimpfung in Österreich«. Österr. Staatsdruckerei.

GRÄFFER (1846)
Gräffer Franz: Kleine Wiener-Memoiren zur Geschichte und Charakteristik Wiens und der Wiener, in älterer und neuerer Zeit. Mörschner's Witwe und W. Bianchi, Spänglergasse Nro. 427, Wien: Vierter Theil, 282 S.

GROOVE (1990)
Groove David: A History of Human Helminthology. C.A.B. International, Wallingford Oxon UK: 848 S.

GRUITHUISEN (1828)
Gruithuisen Franz von Paula: Naturwissenschaftlicher Reisebericht. Proteus. Zeitschrift für Geschichte der gesammten Naturlehre, bearbeitet in Verbindung mit mehreren Gelehrten. Hrsg. K.W.G. Kastner: Erster Band S. 83–167.

HAMANN (1976)
Hamann Günther: Die Geschichte der Wiener naturhistorischen Sammlungen bis zum Ende der Monarchie. Verlag Naturhistorisches Museum Wien: 98 S.

HOLTHUIS (1993)
Holthuis Lipke B.: History of carcinological collections of the Rijksmuseum van Natuurlijke Historie, Leiden, Netherlands (1820–1950). In: Truesdale F. History of Carcinology, A.A. Balkema/Rotterdam/Brookfield: 445 S.

JENNER (1798)
Jenner Edward: An inquiry into the causes and Effects of Variolae Vaccinae, a disease discovered in some Western Counties of England, Sampson Low, London: 182 S.

KARGER-DECKER (1992)
Karger-Decker Barbara: Die Geschichte der Medizin von der Antike bis zur Gegenwart. Albatros, Berlin: 448 S.

KILIAN (1828)
Kilian Hermann Friedrich: Die Universitäten Deutschlands in medicinisch-naturwissenschaftlicher Hinsicht betrachtet. Neue akademische Buchhandlung von Karl Groos, Heidelberg und Leipzig: 404 S.

KRAMER (1836)
Kramer Wilhelm: Die Erkenntnis und Heilung der Ohrenkrankheiten. Nicolai'sche Buchhandlung, Berlin: 400 S.

KRONFELD (1896)
Kronfeld Adolf: Das medizinische Wien vor 100 Jahren. Feuilleton in der Wiener Medzinischen Wochenschrift Nr. 10 (S. 417–419), Nr. 11 (S. 465–467), Nr. 12 (S. 502–504).

KÜHL (1798)
Kühl Gottdank Anton: Zeichnung der Universität Jena. Für Jünglinge welche diese Akademie besuchen wollen. Auf Kosten des Verfassers, und in Commission in Leipzig bey Friedrich Leopold Supprian: 246 S.

LANGGUTH (1930)
Langguth Otto: Das Gasthaus »zur Krone« in Wertheim. Den Nachkommen Josef Benedikt Uihleins gewidmet. In: Historischer Verein Alt-Wertheim. Jahrbuch für das Vereinsjahr 1929, E. Bechstein, Wertheim: S. 69–79.

LEUCKART (1819)
Leuckart Friedrich Sigmund: Zoologische Bruchstücke I: Das Genus Bothriocephalus. Rud.- J. R. G. Leuckart, Helmstädt: 70 S., 2 Taf.

LEUCKART (1827)
Leuckart Friedrich Sigmund: Versuch einer naturgemässen Eintheilung der Helminthen nebst dem Entwurfe einer Verwandtschafts- und Stufenfolge der Thiere überhaupt. Prodrom und Einleitung seines Handbuchs der Helminthologie. Neue akad. Buchhandlung v. Karl Groos, Heidelberg und Leipzig: 90 S.

LEUCKART (1841)
Leuckart Friedrich Sigmund: Zoologische Bruchstücke II: Einige Bemerkungen über die Familie der Halopteriden oder Seefedern, insbesondere über das Genus *Veretillum*, und eine von mir *Veretillum clavatum* benannte Art. F. L. Rieger & Comp., Stuttgart: 130 S., 6 Taf.

LEUCKART (1842)
Leuckart Friedrich Sigmund: Zoologische Bruchstücke III: Helminthologische Beiträge. Gebrüder Groos, Freiburg: 60 S., 2 Taf.

LINCKE (1840)
Lincke Carl Gustav: Handbuch der theoretischen und praktischen Ohrenheilkunde. Zweiter Band, Erste Abtheilung: Die Nosologie und Therapie der Ohrenkrankheiten, Verlag d. J. C. Hinrichsschen Buchhandlung, Leipzig: 682 S., 5 Taf.

LÜHE (1901)
Lühe Max: Auszüge aus Briefen K. A. Rudolphis an J. G. Bremser: Zur Ergänzung der in Tome III No. 4 erschienenen Biographie Rudolphis von Max Lühe, Société d'Éditions Scientifiques, Paris: 562 S.

MARTIN (1850)
Martin Aloys: Philip Franz von Walther's Leben und Wirken skizzirt von Dr. Aloys Martin, Privatdozenten und praktischem Arzte in München, V. Walther's und v. Ammon's Journal der Chirurgie und Augenheilkunde: Bd. IX, Hft 5, 96 S.

MEHLIS (1825)
Mehlis Eduard C. F.: Observationes anatomicas de Distoma hepatico et lanceolato ad Entozoorum humani corporis. Vandenhoeck et Ruprecht, Gottinga: S. 1–42, 1 Taf.

MEIER (2003)
Meier Robert: Alltag und Abenteuer. Geschichten aus Stadt und Grafschaft Wertheim. Schmidt, Neustadt an der Aisch: 211 S.

MOSER & PATZAK (2008)
Moser Markus & Patzak Beatrix: Variola: zur Geschichte einer museal präsenten Seuche. Wien, Kleine Wochenschrift: 120, S. 3–10.

MUTZ & SPORK (2007)
Mutz Ingomar & Spork Dieter: Geschichte der Impfempfehlungen in Österreich. Wiener med. Wochenschrift: 157/5–6: S. 94–97.

NEIDHART (1793)
Neidhart Johann Friedrich: Topographisch, statistische Nachrichten von der Stadt Wertheim, in der Grafschaft gleiches Namens, im Fränkischen Kreise. Verlag d. Rawischen Buchhandlung, Nürnberg: 38 S.

NEUBURGER (1921a)
Neuburger Max: Die Wiener Medizinische Schule im Vormärz. Rikola Verlag, Wien/Berlin/Leipzig/München: 312 S.

NEUBURGER (1921b)
Neuburger Max: Das alte medizinische Wien in zeitgenössischen Schilderungen. Verlag Moritz Perles, Wien und Leipzig: 266 S.

OSIANDER (1817)
Osiander Johann Friedrich: Nachrichten von Wien über Gegenstände der Medicin, Chirurgie und Geburtshülfe. Tübingen, bey Christian Friedrich Osiander: 280 S.

PAMMER (1995)
Pammer Michael: Vom Beichtzettel zum Impfzeugnis. Beamte, Ärzte, Priester und die Einführung der Vaccination. ÖGL 39, S. 11–29.

PEZZL (1805)
Pezzl Johann: Neue Skizze von Wien. Erstes Heft bey J. B. Degen, Buchdrucker und Buchhändler, Wien: 180 S.

PEZZL (1816)
Pezzl Johann: Beschreibung der Haupt- und Residenz-Stadt Wien. Chr. Kaulfuß und C. Armbruster, Wien: 412 S.

PICHLER (1844) (posthum)
Pichler Caroline 1844: Denkwürdigkeiten aus meinem Leben (1769–1843): 2. Buch 1798–1813. Druck und Verlag von A. Pichler's sel. Witwe, Wien: 257 S.

PRINZ (1990)
Prinz Armin: Johann Gottfried Bremser (1767–1827) – Arzt, Hygieniker, Helminthologe. Mitt. Österr. Ges. Tropenmed. Parasitol.: 12, S. 243–254.

PUSCHMANN (1884)
Theodor Puschmann: Die Medizin in Wien während der letzten 100 Jahre. Wien, Moritz Perles, Wien: 327 S.

REINHOLD (1803)
Reinhold Johann Christoph Leopold: Geschichte des Galvanismus. Nach Sue d. ä. bearbeitet nebst Zusätzen und einer Abhandlung über die Anwendung des Galvanismus in der praktischen Heilkunde. Jo-

hann Conrad Hinrichs, Leipzig: Zwey Abtheilungen mit Kupfern 177 S., 2 Taf.

RIEDL-DORN (1998)
Riedl Dorn Christa: Das Haus der Wunder. Zur Geschichte des Naurhistorischen Museums in Wien. Holzhausen, Wien: 308 S.

SATTMANN ET AL.(1999)
Sattmann Helmut, Konecny Robert & Stagl Verena: Die Geschichte der Helminthensammlung am Naturhistorischen Museum in Wien, Teil 1 (1797–1897). – Mitt. Österr. Ges. Tropenmed. Parasitol.: 21, S. 83–92.

SATTMANN (2000)
Sattmann Helmut: Profile: Johann Gottfried Bremser (1767–1827). Systematic Parasitology: 47, S. 231–232.

SATTMANN (2002)
Sattmann Helmut: Anfänge der systematischen Helminthologie in Österreich. In: Aspöck, Horst (Hrsg.): Amöben, Bandwürmer, Zecken. Denisia: 6, S. 271–290.

SAVAGERI (1832)
Savageri Johann Nepomuck Edler von: Chronologisch-geschichtliche Sammlung aller bestehenden Stiftungen, Institute, öffentlichen Erziehungs- und Unterrichts-Anstalten der k.k. Monarchie, gedruckt bei Rud. Rohrer, Brünn: 1. Band, 436 S.

SCHMUTZER (2007)
Schmutzer Kurt 2007: Der Liebe zur Naturgeschichte halber. Johann Natterers Reisen in Brasilien 1817–1835. Dissertation der Univ. Wien: 293 S.

SCHOLLER (1953)
Scholler Hubert: Carl Franz Anton Ritter von Schreibers. Zur 100. Wiederkehr seines Todestages. Annalen des Naturhistorischen Museums in Wien: 59. Bd., S. 23–49.

Scholler (1957)
Scholler Hubert: Paul Partsch zum Gedächtnis. Zur 100. Wiederkehr seines Todestages. Annalen d. Naturhist. Mus. Wien, 61 Bd, S. 8–32, 2 Taf.

SCHOLLER (1958)
Scholler Hubert: Naturhistorisches Museum in Wien. Die Geschichte der Wiener naturhistorischen Sammlungen. Führer durch das naturhistorische Museum Nr. 1, 53 S., 14 Abb.

SCHREIBERS (1793)
Schreibers Carl von: Versuch einer vollständigen Conchylien-Kenntnis nach Linnés System. 2 Bde. bey Joseph Edlen von Kurzbeck, Wien: Band 1, S. 446, Band 2, 416 S.

SEYFFER (1848)
Seyffer Otto Ernst Julius: Geschichtliche Darstellung des Galvanismus. J. G. Cotta'scher Verlag, Stuttgart u. Tübingen: 638 S.

STAGL & DWORSCHAK (1998)
Stagl Verena & Dworschak Peter C.: Die Krebstiersammlung des Naturhistorischen Museums in Wien mit besonderer Berücksichtigung der Flußkrebse. Stapfia, Linz: 58, Neue Folge Nr. 137, S. 103–108.

STANEK & MACHE (2002)
Stanek Christian & Mache Christa: Zur Frühgeschichte der Wiener Tierärztlichen Bildungsstätte (IV): Gottfried Ubald Fechner, Direktor des k. k. Thirarzneyinstituts von 1809–1812. Wien. Tierärtl. Mschr.: 87, S. 262–268.

SUESS (1816)
Suess Eduard von: Erinnerungen, Hirzel, Leipzig: 451 S.

SUNDELIN (1822)
Sundelin Karl: Anleitung zur medizinischen Anwendung der Elektrizität und des Galvanismus. Aus vorhandenen Schriften und aus der Erfahrung zusammengetragen. G. Reimer, Berlin: 116 S., 2 Steintafeln.

VEIGL (2006)
Veigl Hans: Der Friedhof zu St. Marx. Eine letzte biedermeierliche Begräbnisstätte in Wien. Böhlau, Wien/Köln/Weimar: 203 S.

WAGNER (1844)
Wagner Rudolph: Samuel Thomas von Sömmerrings Leben und Verkehr mit seinen Zeitgenossen. Erste Abtheilung. Briefe berühmter Zeitgenossen an Sömmerring. Verlag Leopold Voß, Leipzig: 285 S.

WAWRUCH (1844)
Wawruch Andreas Ignaz: Praktische Monographie der Bandwurmkrankheit durch zweihundert sechs Krankheitsfälle erläutert. Gerold, Wien: 212 S.

WEGNER (1991)
Wegner Peter-Christian: Franz Josef Gall 1758–1828. Studien zu Leben, Werk und Wirkung. Olms, Hildesheim: 201 S.

WERTHEIM (1810)
Wertheim Zacharias: Versuch einer medicinischen Topographie von Wien. Kupffer und Wimmer, Wien: 458 S.

WESTRUMB (1793)
Westrumb Johann Friderich: Chemische Untersuchung eines geheimen Arzneymittels. Calx antimonii cum sulphure, auch Calx antimonii sine sulphure genannt. In: Chemische Abhandlungen, Gebrüder Hahn, Hannover: I, S. 329–342.

WINKLE (1997)
Winkle Stefan: Kulturgeschichte der Seuchen. Komet-Verlag, Frechen: 1415 S.

ZISKA (1824)
Ziska Franz: Johann Pezzl's Chronik von Wien. Berichtigt, vermehrt und bis auf die neueste Zeit fortgesetzt, Carl Armbrusters Verlags-Buchhandlung, Wien: 417 S.

NACHSCHLAGEWERKE

AEIOU (1996–2012)
Österreich-Lexikon online http://austria-lexikon.at/Af/AEIOU

ALLGEMEINE DEUTSCHE BIOGRAPHIE (ADB) (STAND 2012) [Online Fassung http://www.deutsche-biographie.de/index.html]

BLASIUS (1837)
Blasius Ernst: Handwörterbuch der gesammten Chirurgie und Augenheilkunde zum Gebrauch für angehende Ärzte und Wundärzte. Zweiter Band »D–H«, Berlin, Verlag Th. Chr. Fr. Enslin, 1837: 903 S.

ERSCH & GRUBER (1829)
Ersch Johann Samuel & Gruber Johann Gottfried: Allgemeine Encyklopädie der Wissenschaften und Künste in alphabetischer Folge von genannten Schriftstellern bearbeitet und herausgegeben von J. S. Ersch und J. G. Gruber. Leipzig, Verlage Glebitsch. D. Thon: 2. Section H–N, Hrsg. Hassel G. & Hoffmann A. G. Helminthen: S. 378–388.

HIRSCH (1884–1888)
Hirsch August (Hrsg.): Biographisches Lexikon der hervorragenden Ärzte aller Zeiten und Völker, Urban & Schwarzenberg, Wien, Leipzig: 6 Bände.

MEYERS KONVERSATIONS-LEXIKON (1885–1892)
Leipzig, Wien: Verlag des Bibliographischen Instituts, vierte Auflage, 16 Bände.

NEUE DEUTSCHE BIOGRAPHIE (NDB) (STAND 2012)
Hrsg. Historische Kommission der Bayerischen Akademie der Wissenschaften, München.

NEUER NEKROLOG DER DEUTSCHEN (ERSTES HEFT 1825)
Voigt Bernhard Friedrich (Hrsg.), 1827 Neuer Nekrolog der Deutschen, Ilmenau Verlag B. F. Voigt: 3. Jg. Erstes Heft 1825.

OETTINGER EDOUARD-MARIE (HRSG.) (1866–1882)
Moniteur des Dates contenant un million de renseignements biographiques, généalogiques et historiques. E.-M. Oettinger, Dresden: 9 Bände.

ÖBL (ERSTER BAND [A–D] WIEN 1835)
Oesterreichische National-Encyklopädie oder alphabetische Darlegung der wissenswürdigsten Eigenthümlichkeiten des österreichischen Kaiserthumes. Hrsg. von der Österreichischen Akademie der Wissenschaften. Fr. Beck'sche Univ. Buchhandlung.

WURZBACH (1856–1891)
Wurzbach, Constant von: Biographisches Lexikon des Kaiserthums Oesterreich. Wien: Verlag der k.k. Hof- und Staatsdruckerei, 60 Bände.

DANKSAGUNG

Wir danken Bayer Austria, dem Verein der Freunde des Naturhistorischen Museums und der Kulturabteilung der Stadt Wien für die finanzielle Unterstützung. Herr Prof. Dr. Horst Aspöck, der die Bedeutung von Johann Gottfried Bremser für die Parasitologie stets hervorgehoben hat, bestärkte uns in dem Vorhaben dieses Buch zu schreiben. Ganz besonders danken wir Mag. pharm. Christiane Reich-Rohrwig für detaillierte Erläuterungen zu pharmazeutischen Rezepturen und Herrn Mag. Walter Öhlinger vom Museum der Stadt Wien für die Hilfe bei Recherchen über die Wohnadressen Bremsers im alten Wien, sowie Wolfgang Brunnbauer und Andrea Kourgli von der Bibliothek des Naturhistorischen Museums, die keine Mühe gescheut haben, uns schwer zu eruierende Zitate und Schriften zugänglich zu machen. Frau Ulrike Kühnle war im Stadtarchiv von Wertheim am Main in Bromberg als Stadtarchivarin tätig und hat uns bei unseren Recherchen geholfen, wir danken ihr sehr. Unseren Dank für Einsicht in kirchliche Dokumente richten wir auch an Herrn Dipl.-Theologe Heinrich Löber von der evangelischen Landeskirche in Baden, Karlsruhe, Pater Martin und Eugenie Altenburg von der Pfarre St. Maria Rotunda, Postgasse 4 in Wien, Frau Rita Wilke, Pfarre St. Leopold & St. Josef, Peter-Poch-Platz 6, 1020 Wien, sowie an unsere Kollegin Eva Pribil-Hamberger. Dr. Ingrid Alge und Elisabeth Belicic haben uns beim Entziffern kurrent geschriebener Texte sehr geholfen, Rudolf Goth hat uns einen lateinischen Text übersetzt, Herr Wolfgang Reichmann und Frau Alice Schumacher haben Fotos und Repros angefertigt, Herr Harald Albrecht von der medizinischen Bibliothek der Universität Wien und Mag. Edmund Schiller haben uns mit Scans sehr geholfen. Ihnen allen danken wir sehr.

REGISTER

Abildgaard, Peter Christian 116, 117, 148
Andréossy, Antoine François 100
Aspöck, Horst 189

Barth, Georg Joseph 171
Batsch, August 129
Behr, Carl 179
Beireis, Gottfried Christoph 143
Binder von Kriegelstein, Friedrich Baron 108
Blainville, Henri Marie Ducrotay de 109, 154
Böckh, Franz Heinrich 96
Bonnet, Charles 134
Bremser, Barbara geb. Meier 15, 16
Bremser, Johann Christoph 16
Bremser, Maria Anna geb. Kaufmann 39
Bremser, Sophia Christina Louisa geb. Wegelin 15, 16, 39
Brera, Valeriano Luigi 137, 138, 144, 155, 183
Bright, Richard 87
Brosche, Johann Nepomuk 170
Buchholz, Wilhelm Heinrich Sebastian 104, 105

Carro, Jean de 57, 169
Chabert, Philibert 163
Configliacchi, Pietro 173
Creplin, Friedrich Heinrich 148, 178
Cuvier, Frédéric 107
Cuvier, Georges Baron de 68, 107, 149, 150, 172, 176

Darwin, Erasmus 151
Davy, Humphrey 98
Denon, Dominique-Vivant Baron 100

Diesing, Carl Moritz 176, 180
Duméril, André Marie Constant 107, 108
Erdmann, Johann Friedrich 66, 70, 72
Eschke, Ernst Adolf 69
Eschricht, Daniel Frederik 183
Fechner, Gottfried Ubald 47, 169, 170
Ferro, Pascal Joseph 57
Fischer, Caspar 40, 157, 172
Fitzinger, Leopold 11, 80
Fol, Hermann 139
Fortassin, Dr. 116
Frank, Johann Peter 42, 49, 82, 169, 184
Franz I., Kaiser von Österreich 44, 45, 77, 81, 83, 93, 106, 112, 171
Franz Stephan von Lothringen, Kaiser des Heiligen Römischen Reiches 79

Gadd, Pehr Adrian 143
Gall, Franz Josef 68, 77
Gilbert, Ludwig Wilhelm 66, 98
Gmelin, Samuel Gottlieb 143
Goethe, Johann Wolfgang von 13, 22, 105, 170
Goeze, Johann August Ephraim 116, 172
Gruithuisen, Franz von Paula 112
Grundler, Adolf 154
Gruner, Christian Gottfried 23
Guldener von Lobes, Eduard Vinzenz 47, 170

Halirsch, Thomas 40
Ham, Johan 139
Harrach, Carl Borromäus Graf 47, 170
Hieber, Johann Franz von 131
Hildenbrand, Johann Valentin von 135, 172
Hoffmann, Christoph Ludwig 24
Host, Nikolaus Thomas 92, 171
Hufeland, Christoph Wilhelm 21, 22, 24, 69, 184
Humboldt, Alexander von 13, 101, 107, 109, 154

Ingenhouz, Jan 55

Jacquin, Isabella 82
Jacquin, Joseph Franz Freiherr von 98, 171
Jacquin, Nicolaus Joseph Freiherr von 82, 171
Jassoy, Ernst T. 179
Jassoy, Ludwig Daniel 180
Jassoy, Theodor 179, 180
Jebmayer/Jebmeir, Johann 92, 93, 158, 159, 160, 171
Jenner, Edward 56
Jesovits, Johann Heinrich 163
Johann, Erzherzog 77, 99
Jurine, Louis Sébastien 173

Karl August von Sachsen-Weimar-Eisenach, Herzog 69, 105
Kaufmann, Peter 28
Kern, Vincenz von 130, 157, 170
Kilian, Hermann Friedrich 13, 22, 81
Koellner, Johannes 22
Köhler, Johann Valentin Heinrich 23
Kronfeld, Adolf 151
Küchenmeister, Gottlob Friedrich Heinrich 118
Kühl, Gottdank Anton 20, 21

Lamarck, Jean-Baptiste de 101, 149, 150, 151
Leblond, Charles 154
Leeuwenhoek, Antoine van 139
Lengsfeld, Josef 86
Lenz, Johann Georg 104, 105, 106
Leopoldine, Erzherzogin 103
Leuckart, Friedrich Sigismund 40, 93, 112, 118, 139, 141, 159, 175, 176, 177, 179
Leuckart, Rudolf 118
Linné, Carl von 143
Loder, Justus Christian 21, 24, 184

Mansfeld, Heinrich 159, 160
Maria Elisabeth von Österreich 55
Maria Josepha, Erzherzogin 55
Maria Josepha von Bayern 55
Maria Theresia von Österreich 55, 79

Mehlis, Karl Friedrich Eduard 93, 117, 118, 157, 177, 178, 179
Meisner, Carl Friedrich August 173
Mikan, Johann Christian 43, 44
Molitor, Niklas Karl 24
Montagu, Lady Mary Wortley 56
Montesanto, Giuseppe 156, 183
Murray, Johann Andreas 157

Natterer, Johann 85, 90, 91, 100, 106, 169, 173, 178, 180
Natterer, Joseph d. Ä. 89, 90, 169, 178
Natterer, Joseph d. J. 90, 153, 157, 169, 178
Neidhart, Johann Friedrich 19
Nitzsch, Christian Ludwig 139, 174

Oken, Lorenz Ludwig 97, 106, 155, 159
Osiander, Johann Friedrich 46, 80, 89, 93, 138

Pallas, Peter Simon 144, 145, 146, 147
Panckoucke Charles Louis Fleury 109, 154
Pasteur, Louis 148
Pessina von Czechorod, Ignaz Josef 170
Pezzl, Johann 25, 27, 80, 104
Pichler, Caroline 57
Portenschlag-Ledermayer, Franz von 59, 171
Portenschlag-Ledermayer, Josef von 59, 171
Posselt, Adolf 129
Prochaska, Georg 170

Redi, Francesco 140, 157
Reinhold, Johann Christoph Leopold 75
Reinlein, Jacob 136, 137, 138, 144
Renier, Stefano Andrea 87, 112
Rittig von Flammenstern, Andreas 43
Rollet, Anton 170
Rudolphi, Carl Asmund 94, 117, 118, 139, 157, 158, 173, 176, 190
Rust, Johann Nepomuk 82

Saint-Hilaire, Étienne Geoffroy 149, 151
Schäffer, Jacob Christian 143
Schenk, Johann Heinrich Christoph 23

Scherer, Alexander Nikolaus 23
Schmalz, Eduard 68
Schmid, Johann Wilhelm 22
Schreibers, Carl Franz Anton von 44, 77, 85, 86, 87, 92, 98, 100, 101, 103, 106, 109, 147, 153, 157, 169, 176
Schüch, Rochus 103
Serres, Marcel de 100, 101
Siebold, Carl Theodor Ernst von 129
Sömmerring, Detmar Wilhelm von 179
Sömmerring, Samuel Thomas von 41, 90, 103, 109, 110, 111, 156, 173, 174
Spallanzani, Lazzaro 140
Spedalieri, Arcangelo 173
Stark, Johann Christian 23
Stifft, Andreas Joseph Freiherr von 49, 82, 83, 156, 187
Stoll, Maximilian 137, 171
Sulzer, Johann Heinrich 183
Sundelin, Karl 74
Swieten, Gerard van 171

Tassara, Sebastian von 59
Thomas, Agernon 118
Tihavsky, Franz von 98
Treviranus, Gottfried Reinhard 155
Türkheim, Freiherr Ludwig von 47, 171, 172

Unzer, Johann August 143

Virchow, Rudolf 52, 118
Vivenot, Dominik Edler von 170
Vogel, Johannes 118, 129
Voigt, Christian Gottlob von 106
Voigt, Johann Heinrich 23
Volta, Alessandro Guiseppe 65

Wagner, Rudolph 41
Walther, Philipp Franz von 67
Wawruch, Andreas Ignaz 134, 135, 136, 166, 168
Weissenbach, Alois 47
Werner, Paul Christian Friedrich 132

Wertheim, Zacharias 26, 46
Westrumb, August Heinrich Ludwig 93, 157, 177, 179
Westrumb, Johann Friedrich 24, 177
Wrbna und Freudenthal, Rudolf Graf von 77, 82, 83
Wutzer, Karl Wilhelm 179

Zeder, Johann Georg Heinrich 117
Zehner, Joseph 92, 158, 160

ANMERKUNGEN

1 Fitzinger (1868b) S. 91
2 Neuburger (1921a) S. 67/68
3 Landeskirchl. Archiv der Evangelischen Kirche in Baden
4 Langguth (1930) S. 74
5 Staatsarchiv Wertheim – Archivalieneinheit, Übersicht:
(1729) Johann Gottfried Bremser aus Gotha erhält die Konzession für Perückenmacher in Wertheim
(1731/32) Rechnungen des Kronenwirtes Johann Andreas Fahm
(1735) In Sachen des Cronenwirts Bremsers contra die fürstlichen Hofkammer pcto. die Erbauung des herrschaftlichen Hauses am Brückentor
(1738–1744) Johann Gottfried Bremser und Johann Wilhelm Schmidt, Perückenmacher, contra verschiedene Störer ihrer Profession und die deswegen nachgesuchte Konfirmation ihrer Privilegien.
(1751) In Sachen des Abraham Heeger, Perückenmachergesellen, contra seinen Principal Johann Gottfried Bremser, Bürgermeister von Wertheim, wegen vorenthaltenen Lohns betr.
(1755) Johann Gottfried Bremser, Gastwirt zu Wertheim, gegen den Kanzleidirektor von Weltsch puncto intercessionalium wegen einer an denselben habenden Wechselschuld.
(1756) Forderung von 190 Gulden des Kronenwirtes Johann Gottfried Bremser zu Wertheim und deren Anweisung in die Breuberger Rentei
(1757) Kronenwirt Bremser zu Wertheim gegen den Major von Eberstein wegen Schulden indeque intercessionalium an die Prinzessin Stadthalterin in Holland
(1767) Forderungen des hiesigen (Wertheim) Ratsverwandten und Gastgebers zur Goldenen Kronen J.P. Bremser für herrschaftliche Zehrung von 362 Gulden 23 Kreuzer

(1771–1772) Abrechnung des Kronenwirts Johann Gottfried Bremser für Bewirtungen fürstlicher Diener

(1771) In Sachen des hiesigen Kronenwirtes Bremser gegen den abgekommenen Amtmann Schultz zu Abstatt wegen schuldiger 25 Gulden 37 Kreuzer für Zehrung

(1781–82) Zehrkosten des Prinzen Dominik Constantin im Gasthaus Krone in Wertheim. Enthält: Detaillierte Abrechnungen der Witwe des Kronenwirts Johann Gottfried Bremser

(1784) Die Bezahlung zweier von der verwitweten Kronenwirt Bremserin dahier übergebenen Zahlungsconti für den Herrn Rat Heimbach und dem Kutscher des Kammersecretärs Treffz

6 Staatsarchiv Wertheim – Archivalieneinheit, Übersicht

(1763) Bestallung des Johann Christoph Bremser als Regierungssekretär

(1764) Hochfürstlicher Regierungsbefehl an den Sekretär Bremser, daß er sich dem übernommenen Registraturgeschäft unterziehen und ein genüge leisten soll

(1764) Verwechslung der Funktionen zwischen den Herren Sekretären Bremser und Heigel

(1764) Komplettierung des Generalprotokolls durch den Regierungssekretär Bremser

(1765) Extradition der bei dem gewesenen Regierungssekretär und nunmehr gräflichen Landamtsmann Birckenstock deponiert liegende Gelder an den fürstlichen Regierungssekretär Bremser

(1766) Dem Regierungssekretär Bremser wegen der ad signandum dem Juden Fälklein Meyer dahier (Wertheim) offen gegeben haben sollenden Piecen angesetzten Strafe von 1 Reichstaler

(1766–1769) Anfrage des Regierungssekretärs Bremser, ob ihm nicht erlaubt sei, vor seine Mühe, welche er habe, von den in Depositum zu nehmenden herrschaftlichen Geldern etwas aufrechnen zu dürfen, nebst der Instruktion für denselben

(1769) Rescriptum ad regimen, die Wiederanstellung einer Werbung vor dem kaiserlich allerhöchsten Dienst in höchstdero Herrschaften item der Absendung des Regierungssekretari Bremsers nach Heubach um daselbst nachzusehen, ob keine fremde Werbung dort aufgestellt sei

(1775–1777) Verordnung, daß der Kanzlist Siegel die fehlenden Bremserischen Geldkontrollen und der Sekretär Vaconius die Register über das Generalprotokoll, welche der Sekretär Bremser nachzuholen hätte, gegen Remuneration verfertigen solle

(1794) Des Sekretärs Bremser zu Wertheim Gesuch um unentgeldliche Rezeption seiner und seiner Frau in die dasige Bürgerschaft

[7] Meier (2003) S. 184
[8] Langguth (1930) S. 74
[9] Ebenda S. 72
[10] J. Durm & F. X. Kraus 1908: Die Kunstdenkmäler des Grossherzogthums Baden. Baden, Ministerium des Kultus und des Unterrichts, J. C. B. Mohr S. 297
[11] Die Hochwassermarkierung ist heute noch zu sehen in der nunmehr hier befindlichen Samenhandlung
[12] Neidhart (1793) S. 16
[13] Ebenda S. 17
[14] Siehe gerahmtes Bild im Geschäftslokal, Brückengasse 4 in Wertheim
[15] Langguth (1930) S. 71
[16] Ebenda
[17] Bremser (1796) CV
[18] Neuer Nekrolog der Deutschen, 1825 3. Jg. Erstes Heft, Ilmenau 1827: Dr. Johann Friedrich Neidhart, S. 217
[19] Bremser (1796), Nachwort d. Dissertation
[20] Bremser (1806) S. 9
[21] Dankenswerterweise von Rudolf Goth übersetzt
[22] Jenaer Klinik Magazin 2008 (Web)
[23] Bremser (1796) Nachwort d. Dissertation
[24] Kühl (1798) S. 15
[25] Rudolf Goth in litteris: medizinische Semiotik, bis gegen 1800 für »Lehre von den Krankheitszeichen« verwendet; heute als Symptomatik zu übersetzen
[26] Bremser (1796) Nachwort d. Dissertation
[27] Hufeland Christoph Wilhelm: Ueber die trefflichen Wirkungen eines neuen Mittels, der Calyx Antimonii sulphurata, und seine Anwendung (Journal der prakt. Heilkunde, III Band 4. Stück, 1797). In:

Hufeland C. W.: Kleine medizinische Schriften. Berlin, G. Reimer, Zweiter Band (1823) S. 166
[28] Kilian (1828) S. 39
[29] Bremser (1819) S. 132
[30] Hufeland Christoph Wilhelm: Bemerkungen über die im Herbst 1795 in und bey Jena ausgebrochene Ruhrepidemie und den ausgezeichneten Nutzen der Nux Vomica in derselben (Journal der prakt. Heilkunde I. Band, 1. Stück 1795). In: Hufeland C. W.: Kleine medizinische Schriften. Berlin, G. Reimer, Zweiter Band (1823) S. 94
[31] Kühl (1798) S. 33
[32] Ebenda S. 36
[33] Nr. 98 (Jena u. Leipzig)
[34] Kühl (1798) S. 35
[35] Westrumb (1793) S. 329
[36] Bremser (1797)
[37] Kühl (1798) S. 202/203
[38] Buchmann (2006) S. 21
[39] Weigl (2005): Tod und (Über-)Leben. Krankheiten und Lebenserwartung in Wien. In: Umwelt Stadt; Geschichte des Natur- und Lebensraumes Wien. Hrsg. Karl Brunner, Petra Schneider. Böhlau, S. 250, 251–256, 258–261
[40] Koblizek (2005): Lauwarm und trübe. Trinkwasser in Wien vor 1850. In: Umwelt Stadt; Geschichte des Natur- und Lebensraumes Wien. Hrsg. Karl Brunner, Petra Schneider. Böhlau, S. 188–193
[41] Meissl (2005): Vernetzung. Wie die Stadt zur Maschine wurde. In: Umwelt Stadt; Geschichte des Natur- und Lebensraumes Wien. Hrsg. Karl Brunner, Petra Schneider. Böhlau, S. 150–161
[42] Pezzl (1816) S. 10
[43] Payer (2005): Unter der Stadt. Kanalisation und Entwässerung. In: Umwelt Stadt; Geschichte des Natur- und Lebensraumes Wien. Hrsg. Karl Brunner, Petra Schneider. Böhlau, S. 262–267
[44] B. M. Buchmann (2006) S. 17
[45] Zacharias Wertheim 1790–1852
[46] Pezzl (1816) S. 4
[47] Pezzl (1805) S. 10
[48] Wertheim (1810) S. 6

49 Ebenda S. 7
50 Pezzl (1805) S. 12
51 Wertheim (1810) S. 19
52 Pezzl (1816) S. 102
53 Ackerl (1988) S. 153
54 Payer (2005): Die Säuberung der Stadt. Straßenreinigung und Müllabfuhr. In: Umwelt Stadt; Geschichte des Natur- und Lebensraumes Wien. Hrsg. Karl Brunner, Petra Schneider. Böhlau, S. 274–278
55 Pezzl (1816) S. 105
56 Ackerl (1988) S. 153
57 Pezzl (1805) S. 159–162
58 Die gängige Abkürzung für Gulden war fl.
59 Wertheim (1810) S. 10
60 Ackerl (1988) S. 151
61 Hof- und Staats- Schematismus der röm. kaiserl. auch kaiserl. königl. und erzherzoglichen Haupt- und Residenzstadt Wien, Gerold 1798, S. 251 und 1799, S. 257
62 Hof- und Staats-Schematismus... 1800, S. 462, 1801 S. 271
63 Monatsblatt des Altertumsvereines zu Wien, 1899, Band 5, S. 33
64 Trauungsbuch der Pfarre St. Josef, Archiv der Pfarrkirche St. Leopold, Alexander-Poch-Platz 6, 1020 Wien
65 Aus Bremsers Nachlass (Wiener Stadt- und Landesarchiv, Gasometer D, Guglgasse 14, 1110 Wien)
66 Lanzinger, Barth-Scalmani, Forster & Langer-Ostrawsky 2010: Aushandeln von Ehe. Heiratsverträge der Neuzeit im europäischen Vergleich. L'Homme Archiv 3, Böhlau Weimar/Köln, Wien
67 Hof- und Staats- Schematismus der röm. kaiserl. auch kaiserl. königl. und erzherzoglichen Haupt- und Residenzstadt Wien, Gerold 1803, S. 22
68 Curiositäten- und Memorabilien Lexikon von Wien 1848, S. 17
69 Intelligenzblatt der allgemeinen Literatur-Zeitung Nr. 98 (Jena u. Leipzig) vom Mittwoch d. 18. Mai 1803
70 Bremser (1806) S. 296
71 Prinz (1990) S. 246
72 Veigl (2006) S. 29

73 Hof- und Staats-Schematismus...1806, S. 308, 1807 Anhang S. 51, 1812, S. 96, 1814, S. 102, 1816, S. 109, 1817, S. 122.; Taufbuch Pfarre Maria Rotunda 1805; Taufbuch St. Josef: 1813
74 Curiositäten- und Memorabilien-Lexikon von Wien 1848, S. 17, 121
75 Neuer Nekrolog der Deutschen, Ilmenau Friedrich Vogt, 3. Jahrg. 2. Heft S. 1589
76 1821: Auskunft Mag. Walter Öhlinger; 1824: Leopold Mathias Weschel, Die Leopoldstadt bei Wien, Anton Strauß Wien, S. 591
77 Sterbebuch der Pfarre St. Josef
78 Hof- und Staats-Schematismus...1827, 2. Theil S. 114; Wiener Zeitung, Verstorbene 25. August 1827, No. 195, S. 890; Fitzinger Leopold 1827: Nekrolog Johann Gottlieb Bremser, Wiener Zeitung, 7. November 1827, No. 256 S. 1150; Unterlagen des Staatsarchivs bez. d. Nachlasses J. G. Bremser, Wien Gasometer D.
79 Hof- und Staats-Schematismus...1827, 1. Theil, S. 120; Gemeinnütziger und erheiternder Haus-Kalender für das österreichische Kaiserthum, vorzüglich für Freunde des Vaterlandes oder Geschäfts-, Unterhaltungs- und Lesebuch: auf...alle Classen des Adels, der Geistlichkeit, des Militärs, der Honorationen und Bürger der gesammten österreichischen Monarchie S. 129
80 Bremser (1820) S. 296
81 Wagner (1844) S. 349, Brief Bremsers an Sömmerring vom 25. Mai 1821
82 Fitzinger (1827)
83 Dompfarre St. Stephan, Sterbebuch Tom. 41b, fol. 309, 1827
84 Bahrleihbuch der Dompfarre St. Stephan von 1. November 1826 bis Ende Oktober 1827, Fol. 157
85 Veigl (2006) S. 154
86 Aus Bremsers Nachlass, Schreiben vom 1. November 1828 (Wiener Stadt- und Landesarchiv, Gasometer D, Guglgasse 14, 1110 Wien)
87 Ebenda
88 Bremsers Nachlass (Wiener Stadt- und Landesarchiv, Gasometer D, Guglgasse 14, 1110 Wien)
89 Fitzinger (1886b) S. 55
90 Bremser (1820) S. 294
91 Wiener Zeitung vom 20. April 1840, S. 747, Der Adler, Allgemeine

Welt- und national Chronik, Unterhaltungsblatt, dritter Jahrgang, 1840 p. 768 vom 21. April
92 Allgemeines Beamten Adressbuch für die K.K. Haupt- und Residenzstadt Wien 1853, Hof- und Staats-Handbuch des Kaiserthums Österreich 1859
93 Czeike et al. (2010)
94 Wiener Stadt- und Landesarchiv, Gasometer D Guglgasse 14, 1110 Wien
95 Aus Bremsers Nachlass, Schreiben vom 28.12.1827 (Wiener Stadt- und Landesarchiv, Gasometer D, Guglgasse 14, 1110 Wien)
96 Ebenda, Schreiben von Oktober 1827 (Wiener Stadt- und Landesarchiv, Gasometer D, Guglgasse 14, 1110 Wien)
97 Aus Bremsers Nachlass, Schreiben vom 30.10.1827 (Wiener Stadt- und Landesarchiv, Gasometer D, Guglgasse 14, 1110 Wien)
98 Reinlein 1812: Bemerkungen über den Ursprung, die Entwicklung, die Ursachen, Symptome und Heilart des breiten Bandwurmes in den Gedärmen des Menschen. Mösle Wien, 203 S.
99 Aus Bremsers Nachlass, Schreiben vom 27.9.1827 (Wiener Stadt- und Landesarchiv, Gasometer D, Guglgasse 14, 1110 Wien)
100 Ebenda, Schreiben vom 17.8.1830 des Vormundes Dr. Caspar Fischer an den k.k. Magistrat in Wien (Wiener Stadt- und Landesarchiv, Gasometer D, Guglgasse 14, 1110 Wien)
101 Ebenda, Schreiben des Magistrates vom 30.5.1830
102 Ebenda, Schreiben des Vormundes Prof. Dr. Caspar Fischer vom 13. März 1830; Erklärung des Justiz Raths Engert als.Geschlechts Beistandes des Fräulein Juliana Bremser vom 9. Juli 1830
103 Ebenda, Schreiben vom 17.8.1830 des Vormundes Dr. Caspar Fischer an den k.k. Magistrat in Wien; Schreiben der Kurators Th. Halirsch 1830, ohne genaue Datumsangabe (Wiener Stadt- und Landesarchiv, Gasometer D, Guglgasse 14, 1110 Wien)
104 Bremser (1806) S. 19
105 Ebenda S. 21
106 Wagner (1844) S. 349 – Brief Bremsers an Sömmerring vom 25. Mai 1821
107 Wie! Braucht es so viele Kugeln um einen französischen Grenadier zu töten

[108] Wagner (1844) S. 342 – Brief Bremsers an Sömmerring vom 18. März 1815
[109] Gräffer (1846) S. 157
[110] Morgenblatt für gebildete Stände. 7. Jahrgang 1813, Januar S. 340
[111] Hesperus, Jahrgang 1812, Nr. 65, November S. 618–620
[112] Hesperus, Jahrgang 1813, Nr. 1, Januar S. 8
[113] Max Neuburger (1921b) fügt folgende Anekdote als Fußnote zu J. F. Osianders Nachrichten über Wien… (1817) auf Seite 256 an, die sich während des Wiener Kongresses ereignet haben soll
[114] Eduard Suess (1816) S. 91
[115] Ziska (1824) S. 333
[116] Ebenda S. 264
[117] Ebenda S. 268
[118] Kilian (1828) S. 84
[119] Curiositäten- und Memorabilien-Lexicon von Wien. hg. v. Anton Köhler, 1. Band 1846
[120] Fitzinger Leopold 1827: Nekrolog Johann Gottlieb Bremser, Wiener Zeitung, 7. November 1827, No. 256 S. 1150
[121] Ehrhart Ehrhartstein Johann Nepomuk (1828)
[122] Hof- und Staats-Schematismus des österreichischen Kaiserthums, 1818, II. Theil, S. 133
[123] Wiener Universitats- Schematismus hg. von Anton Phillebois (1798–1802); Taschenbuch der Universitat Wien (1803–1826). Im Eigenverlag der Universität Wien. Hof- und Staats-Schematismus d. österreichischen Kaiserthums 1807, Anhang S. 51
[124] Osiander (1817) S. 147
[125] Weissenbach (1816) S. 123
[126] Wertheim (1810) S. 290
[127] Ebenda S. 292
[128] Ebenda S. 127
[129] Bremser (1806a) S. 175
[130] Bremser (1806a) S. 174
[131] Wagner (1844) S. 349 – Brief Bremsers an Sömmerring vom 25. Mai 1821
[132] Arnold (1840) S. 240
[133] Ebenda S. 214

134 Wertheim (1810). S. 291
135 Prinz (1990) S. 246
136 Bremser (1806) S. 200
137 Ebenda S. 110
138 Ebenda S. 114
139 Ebenda S, 122
140 Eckart (2011) S. 50
141 Bremser (1806a) S. 118
142 Rudolf Virchow: Die Cellularpathologie in ihrer Begründung auf physiologische und pathologische Gewebelehre, Verlag A. Hirschwald, Berlin 1858
143 Bremser (1806a) S. 212
144 Johann Wilhelm Anold 1840: Das Erbrechen, die Wirkung und Anwendung der Brechmittel. Stuttgart, Verlag d. Balz'schen Buchhandlung S. 240
145 Buchmann (2006) S. 21
146 Bremser (1806a), S. 169
147 Winkle (1997)
148 Ebenda
149 Wiener Zeitung (1799) No. 32, 20. April 1799, S. 1209
150 Wertheim (1810) S. 225
151 Jenner (1798)
152 Ferro J. (1799) zitiert bei F. Katscher. (1999): Vor 200 Jahren: die ersten Pockenimpfungen in Wien. Wien Klinische Wochenschrift 111: 299–306
153 Pichler (1844) S. 9
154 Wertheim (1810) S. 222
155 Bremser (1806a) S. 287
156 Mutz. & Spork. (2007) S. 94
157 Wertheim (1810) S. 426
158 Flamm & Sablik. 2000
159 Wertheim (1810) S. 226
160 Ebenda S. 427. Bremser 1806b, S. 7
161 Czendes & Oppl (2006) S. 15
162 Medicinische Jahrbücher des kaiserl, königl. österreichischen Staates Hrsg. vn den Directoren und Professoren des Studiums der Heil-

kunde an der Universität zu Wien. I. Band, 1. Stück, Wien 1811 bey Carl Ferdinand Beck, S. 101

[163] Ebenda
[164] Siehe Appendix
[165] Fitzinger Leopold 1827: Nekrolog Johann Gottlieb Bremser, Wiener Zeitung, 7. November 1827, No. 256 S. 1150
[166] Bremser (1801), S. 9
[167] Ebenda, S. 16
[168] Ebenda, S. 18
[169] Ebenda, S. 26
[170] Bremser (1806a) S. 286
[171] Bremser (1806b) S. 30
[172] Ebenda S. 7
[173] Bremser (1806a) S. 60
[174] Prinz (1990) S. 248
[175] Bremser (1806b) S. 38
[176] Pammer (1995) S. 18
[177] Bremser (1806b) S. 47
[178] Ebenda S. 288
[179] Blasius (1837) S. 94
[180] Caspari Carl Gottlob: Bibliothek für die homöopathische Medizin und Materia medica. 3. Band. Die allgemeine homöopathische Therapie nach reinen Erfahrungen bearbeitet nebst Untersuchungen über die Heilkräfte des Galvanismus und des Magnetsteins, Leipzig 1828; S. 176 zitiert bei: Kastner Raimund Friedrich: Bönninghausens Physiognomik der homöopathischen Arzneimittel. Haug Verlag, Stuttgart, 2005, S. 595
[181] Annalen der Physik hg. v. L. W. Gilbert, 12. Band, Drittes Stück, 1803 S. 374
[182] Ehrhart Ehrhartstein (1828) S. 126
[183] Savageri (1832) S. 71/72
[184] Lincke (1840) S. 123
[185] Erdmann (1803) S. 374
[186] Martin (1850) S. 25
[187] Kramer (1836) S. 61
[188] Erschienen in Wien in der Camesianischen Buchhandlung 8°, VIII,

[188] 278 Seiten mit drey tabellarischen Uibersichten und zwey gefalt. Kupfertafeln
[189] Ebenda S. 376
[190] Venus Michael: Methodenbuch, oder Anleitung zum Unterrichte der Taubstummen. Wien, Gerold (392 Seiten) 1826 zitiert (S. 14). In: E. Schmalz: Ueber die Taubstummen und ihre Bildung, Arnoldische Buchhandlung Dresden und Leipzig 1848, S. 88
[191] Wegner (1991) S. 95
[192] Kronfeld (1896) S. 502
[193] Dr. W. Hermann anlässlich der Wiedereröffnung des städt. Rollet-Museums: Dr. Gall und seine Schädellehre, Badener Zeitung Nr. 38 1926, S. 2
[194] Eschke (1803) S. 110
[195] Karger-Decker (1992) S. 368
[196] Ebenda
[197] Erdmann (1803) S. 376
[198] Ebenda S. 450
[199] Ebenda S. 451
[200] Seyffer (1848) S. 410
[201] Erdmann (1803) S. 450
[202] 1 Pariser Linie ′′′ = 2,2566 mm; 1 Pariser Zoll ″ = 27,07 mm
[203] *Im Lichten*: technischer Ausdruck bei Angabe des Maßes eines hohlen Gegenstandes, bezeichnet, dass die Stärke der Wandung desselben nicht mit eingerechnet, sondern nur die Höhlung selbst gemessen ist. Daher auch der Ausdruck: die Lichtweite. Aus: Meyers Konversationslexikon, 6. Auflage 1907, Bd. 9, S. 768
[204] 14,88 cm lang; 3,15 cm tief; 6,76 cm breit
[205] Erdmann (1803) S. 454
[206] Sundelin (1822) S. 114
[207] Ebenda S. 111
[208] Reinhold (1803) S. 121
[209] Schreibers (1793)
[210] Scholler (1953) S. 24
[211] Fitzinger (1868a) S. 1038
[212] Scholler (1953) S. 26
[213] Ebenda

[214] Scholler (1953) S. 29
[215] Osiander (1817) S. 263
[216] Pezzl (1816) S. 210
[217] Hamann (1976) S. 30
[218] Kilian (1828) S. 99
[219] Puschmann (1884) S. 133, 160
[220] Scholler (1958) S. 23:
[221] Hamann (1976) S. 28
[222] Fitzinger (1868b) S. 74
[223] Ebenda
[224] Scholler (1957) S. 11
[225] Ehrhart Ehrhartstein (1828) S. 126
[226] Édouard-Maie Oettinger: Moniteur des Dates. Dresden. 3. Band S. 116
Oettinger (1867) S. 116
[227] Bremser (1811)
[228] Scholler (1953) S. 35
[229] Fitzinger (1868a), S. 1062
[230] Bremser (1919), VI (Einleitung)
[231] Fitzinger (1868) S. 44
[232] Sattmann (2002) S. 277
[233] Schreibers et al.. (2011) S. 3
[234] Osiander (1817) S. 265
[235] Cabinet of intestinal worms In: The medical School of Vienna in he Quarterely Journal of Foreign Medicine and Surgery. Vol.1 S. 191–192
[236] Encyclopaedia londinensis; or, Universal Dictionary of Arts, Sciences, and Literature. London 1823, Vol. XIX »Pathology«, S. 63
[237] Wagner (1844) S. 333 – Brief Bremsers an Sömmerring vom 1. März 1814
[238] Wagner (1844) S. 330 – Brief Bremsers an Sömmerring vom 4. August 1813
[239] Bremser (1820) S. 296
[240] Bremser (1919), VII (Einleitung)
[241] Schmutzer (2007) S. 9
[242] Bremser (1919), VI (Einleitung)

[243] Fitzinger (1868 a) S. 1062
[244] North American medical and surgical journal, Philadelphia 1826, Vol. II, S. 298
[245] Schreibers et al. (1811)
[246] Bremser (1919), VII (Einleitung)
[247] Fitzinger (1868 a) S. 1062
[248] Bremser (1819) Erklärung der vierten Tafel, Fußnote
[249] Fitzinger (1868b) S. 22, Bremser (1824) Isis
[250] Birke (2005)
[251] Osiander (1817) S. 265
[252] Bremser (1824)
[253] The journal of foreign medical Science and literature 1822 Vol. II, S. 212
[254] Bremser (1919), VI (Einleitung)
[255] Fitzinger (1824) S. 793
[256] Fitzinger (1868) S. 1056
[257] Osiander (1817) S. 265
[258] Allgemeine Literatur-Zeitung (Halle und Leipzig) vom Jahre 1812, Nr. 52, 29. Febr. 1812 S. 411–412
[259] Osiander (1817) S. 265
[260] Wagner (1844) S. 338, 339 – Brief Bremsers an Sömmerring vom 25. Juli 1814
[261] Fett- und wachshaltige Substanz aus dem Vorderkopf des Pottwals
[262] Böckh (1823) S. 174
[263] Fitzinger (1868a) S. 1047
[264] Eigentliche Bedeutung ist Baumschule, im weiteren Sinn Kaderschmiede
[265] Bertuch (1810) S. 28 (aus Briefen von Wiener Freunden, geschrieben im November 1808)
[266] Oken Lorenz Ludwig in Isis 1819, zweiter Band, Heft VII
[267] Ehrhart Ehrhartstein (1828) S. 126
[268] Stagl & Dworschak (1998) S. 105
[269] Wiederholung von Davys Versuch von den Herren von Jacquin, Schreibers, Tihavsky und Bremser in Wien. Ein Schreiben des Herrn Freiherrn von Jacquin an den Professor Gilbert in Halle. Wien, den 5ten Febr. 1808. Annalen der Physik, 28. Band, erstes Stück S. 132–134

270 Zweites Schreiben des Herrn Freiherrn von Jacquin an den Prof. Gilbert in Halle. Wien den 12ten Februar 1808. Ebenda S. 146–147
Dritte Nachricht von den Versuchen der Herren v. Jacquin, Schreibers, Tihavsky und Bremser. In einem Schreiben des Herrn Freiherrn von Jacquin an den Professor Gilbert in Halle. Wien den 24ten Februar 1808. Ebenda, zweites Stück S. 252–256.
Vierte Nachricht von den Versuchen der Herren v. Jacquin, Schreibers, Tihavsky und Bremser. In einem Schreiben des Herrn Freiherrn von Jacquin an den Professor Gilbert in Halle. Wien den 19. März 1808, Wien den 22ten März, Wien den 26. März. Ebenda, drittes Stück, S. 329–342.
Fünfte Nachricht von den Versuchen der Herren von Jacquin, von Schreibers, Tihavsky und Bremser. In einem Schreiben des Herrn Freiherrn von Jacquin an den Prof. Gilbert in Halle. Wien den 27sten Mai 1808, S. 79–85

271 Ebenda Viertes Schreiben S. 341–342
272 Fitzinger (1868) S. 1047
273 Medicinische Jahrbücher des kaiserl, königl. österreichischen Staates hg. von den Directoren und Professoren des Studiums der Heilkunde, an der Universität zu Wien. I. Band, 4 Stück, Wien 1812, bey Carl Ferdinand Beck S. 22
274 Fitzinger (1827), Nekrolog
275 Bouchal & Sachslehner (2008) S. 160
276 Scholler (1953) S. 36
277 Hamann (1976) S. 26
278 Fitzinger (1868a) S. 1053
279 Ehrhart Ehrhartstein (1828) S. 127
280 Hamann (1976) S. 26
281 Ziska (1824) S. 339
282 Bouchal & Sachslehner (2008) S. 157
283 Carl von Schreibers, abgedruckt in Lhotsky Alphons (1941–45): Festschrift des Kunsthistorischen Museums. Zur Feier des fünfzigjährigen Bestandes. Die Geschichte der Sammlungen, Ferdinand Berger, Horn: 2. Teil: Die Geschichte der Sammlungen S. 514, siehe Riedl Dorn (1998) S. 73
284 Holthuis (1993) S. 226

[285] Ebenda S. 227
[286] Fitzinger (1868a) S. 1065
[287] Wagner (1844) S. 331 – Brief Bremsers an Sömmerring vom 4. August 1813
[288] *jemandes Vices vertreten* heißt im Rechtswesen: an der Stelle eines abwesenden Beamten fungieren (Meyers Konversations-Lexicon 1888, 16. Band: Uralsk–Zz, S. 238)
[289] Ebenda S. 1065
[290] In der Völkerschlacht bei Leipzig Mitte Oktober 1813 wurden die Franzosen unter ihrem Befehlshaber Napoleon von den Verbündeten Preußen, Russland, Österreich und Schweden vernichtend geschlagen
[291] Fitzinger (1868a), S. 1065
[292] Wagner (1844) S. 336 – Brief Bremsers an Sömmerring vom 25. Juli 1814
[293] Ebenda S. 337
[294] Fitzinger (1868a) S. 1067
[295] Ebenda S. 1065
[296] Wagner (1844) S. 339 – Brief Bremsers an Sömmerring vom 25. Juli 1814
[297] Ziska (1824) S. 341
[298] Allgemeine Literatur-Zeitung vom Jahre 1815, Halle und Leipzig: S. 368 unter: III. Vermischte Nachrichten. Aus Österreich. Vom Februar 1815
[299] Fitzinger (1868a) S. 1068
[300] Wagner (1844) S. 330–331 – Brief Bremsers an Sömmerring vom 4. August 1813
[301] Fitzinger (1868a) S. 1068
[302] Briefe an Goethe: Band 6, 1811–1815, bearb. v. Manfred Koltes, Böhlau 2000, S. 472
[303] Briefwechsel des Großherzogs Carl August von Sachsen-Weimar-Eisenach mit Goethe in den Jahren von 1775–1828. Zweiter Band, Weimar S. 52, oder: Goethes Werke. Herausgegeben im Auftrag der Großherzogin Sophie von Sachsen. IV. Abteilung: Goethes Briefe, Bd. 1–50, Weimar 1887–1912 (25/7002)
[304] Ebenda (25/7006)

[305] Oken Lorenz Ludwig in Isis 1819, zweiter Band, Heft VII S. 1174
[306] Bremser (1819) S. 231
[307] Allgemeine Literatur-Zeitung vom Jahre 1815, Halle und Leipzig: S. 368 unter: III. Vermischte Nachrichten. Aus Österreich. Vom Februar 1815
[308] Fitzinger (1868a) S. 1069
[309] Sketch of the history of the Museum of Natural History at Paris. In: The London Magazine, new series Sept. to Dec. 1826. London, publ. by Hunt and Clarke. Vol. VI, p. 412
[310] The Waller Manuscript Collection, Univ. Uppsala (Waller Ms de-00508)
[311] Lionel Richard (2001): Alexander von Humboldt, ein französisch-preußischer Gelehrter. In: Alexander von Humboldt – Aufbruch in die Moderne. Akademie Verlag Berlin, S. 233
[312] Wagner (1844) S. 347–331 – Brief Bremsers an Sömmerring vom 18. März 1815
[313] Ebenda S. 348
[314] Osiander (1817) S. 262
[315] Fitzinger (1868b) S. 1070
[316] Jahrbücher des kaiserlichen königlichen polytechnischen Institutes in Wien. In Verbindung mit den Professoren des Institutes herausgegeben, Wien, Carl Gerold, 1820, Zweiter Band, S. 435
[317] Wagner (1844) S. 343 – Brief Bremsers an Sömmerring vom 18. März 1815
[318] Fitzinger (1868b) S. 1070
[319] *Künstlich kohlensaures Mineralwasser schnell zubereiten*: Repertorium für die Pharmacie unter Mitwirkung des Apotheker-Vereins in Bayern, hg. v. Dr. Johann Andreas Buchner, sechster Band 1819, Nürnberg, S. 368
[320] Fitzinger (1868b) S. 45
[321] Fitzinger (1868b) S. 75
[322] Scholler (1857) S. 19
[323] Ehrhart Ehrhartstein (1828) S. 128
[324] Friedrich Sigismund Leuckart (1827) S. VI
[325] Gruithuisen (1828) S. 92
[326] Sattmann & Konecny (2005). In: Karl Brunner, Peter Schneider: Um-

welt Stadt: Geschichte des Natur- und Lebensraumes Wien. Wien, Böhlau, S. 249
[327] Johann August Ephraim Goeze u. a. (1782): Versuch einer Naturgeschichte der Eingeweidewürmer thierischer Körper. Blankenburg, Pape und (1784): Neueste Entdeckung, dass die Finnen im Schweinefleisch keine Drüsenkrankheit, sondern wahre Blasenwürmer sind. Halle, J. G. Heller
[328] Peter Christian Abildgaard (1793): allgemeine Betrachtungen über Eingeweidewürmer. Schriften der naturforschenden Gesellschaft zu Copenhagen Bd. I Abt. I, S. 24–59
[329] Bremser (1819) S. 120
[330] L. Fortassin (1804): Considerations sur l'histoire naturelleet medicale de vers du corps de l'homme. Presentees et soutenues a l'Ecole de Medecine de Paris, 64 S.
[331] Bremser (1819) S. 121
[332] Mehlis (1825)
[333] Isis (1831), 68–99, 166–199
[334] Ebenda S. 173/174
[335] Ebenda S. 190
[336] Zitiert nach D. Groove (1990)
[337] Bremser (1919) S. 96
[338] Auer & Aspöck in: Aspöck (Ed.) (2002)
[339] Bremser (1820) S. 295
[340] Hieber Edler von (1821): Merkwürdiger Fall von Hydatidenbildung an der Leber. Beobachtungen und Abhandlungen aus dem Gebiete der gesammten praktischen Heilkunde, von österreichischen Ärzten. Zweiter Band, Wien
[341] Bremser (1819) S. 241
[342] Ebenda S. 243
[343] Bremser (1819) S. 112
[344] Bonnet (1750): Diss. sur la ver nommè en latin Taenia et en francois Solitaire. Mem. d. Mathematics et de Physique, pres. à la Acad. Royale des Sciences, Paris, Tome I, 478 S.
[345] Wawruch (1844) S. 34
[346] Aus Pagel, Julius Leopold (1896) »Wawruch, Andreas Ignaz«, In: Allgemeine Deutsche Biographie 41, S. 277 [Online Fassung]

347 Wawruch (1844) S. 126–127
348 Ebenda S. 211
349 Ebenda S. 76
350 Ebenda S. 65
351 Puschmann (1884) S. 50
352 Jacob Reinlein's Bemerkungen über den Ursprung, die Entwicklung, die Ursachen, Symptome und Heilart des breiten Bandwurmes in den Gedärmen des Menschen – durch praktische Fälle erläutert. Mit 1 Kupfer; aus dem Lateinischen übersetzt von Michael Preu. Wien, Johann Georg Ritter von Mösle (1812)
353 Bremser (1819) S. 16
354 Osiander (1817) S. 271
355 Hufeland & Himly (1812), Bibliothek der practischen Heilkunde S. 347
356 Janicki C. & Rosen F. (1917): le cycle evolutiv du *Dibothriocephalus latus* L. Recherches experimentales et observation. – Bull. soc. sc. Nat. Neuchat. 42 S. 19–53
357 Leuckart (1827)
358 *Observationes D. Anthonii Lewenhoeck, de Natis è semine genitali Animalculis.* In: *Philosophical Transactions of the Royal Society of London.* Vol. 12, 1677, S. 1040–1046
W. Schönfeld: Um die Entdeckung der menschlichen Samenfäden (Ludwig von Hammen aus Danzig – Johan Ham aus Arnheim [Holland] – Antony van Leeuwenhoek aus Delft). In: Archives of Dermatological Research. Band 178, Nummer 3, 1938, S. 358–372
359 Jahn (2004) S. 823
360 Redi F. 1668: Esperienze intorno alla generatione degl'insetti, Firenze
361 Bremser (1819) S. 54–55
362 Ebenda S. 64
363 Leuckart (1919) Bruchstücke 1
364 Bremser (1819) S. 1
365 Bremser (1819) S. 5
366 Ebenda S. 9
367 Ebenda S. 16
368 Ebenda S. 16–17
369 Ebenda S. 19
370 Ebenda

[371] Ebenda S. 21
[372] Ebenda S. 20
[373] Ebenda S. 21
[374] Ebenda S. 56
[375] Ebenda S. 57
[376] Ebenda S. 59
[377] Bremser (1819) S. 38
[378] Ebenda S. 39
[379] Ebenda S. 43
[380] Ebenda S. 32
[381] Kronfeld A. (1898): Bremser und Davaine. Wiener Medizinische Wochenschrift Nr. 49, S. 1181–2022.
[382] Bremser (1819) S. 30
[383] Ebenda S. 43
[384] Wagner 331 – Brief Bremsers an Sömmerring vom S. 344 – Brief Bremsers an Sömmerring vom 18. März 1815
[385] Bremser (1820) S. 300
[386] Th. v. Siebold: Bericht über die Leistungen im Gebiete der Helminthologie. Archiv für Naturgeschichte Berlin 1839, 5. Jg. 2. Band S. 154
[387] Medicinische Jahrbücher des kaiserl.-königl. österreichischen Staates. Herausgegeben von den Directoren und Professoren des Studiums der Heilkunde an der Universität zu Wien. 1820, VI. Bd, 1. Stück. Wien, Gerold, 142–158
[388] Isis (1819), Nr. VII, S. 1169–1173
[389] The London Medical and Physical Journal, 1820, Vol. XLIV, S. 417–427
[390] The London Medical and Physical Journal, 1820, Vol. XLV, S. 71–82
[391] Analisi per servire di schiarimento, illustrazione e supplimento all' articolo comunicato. Annali Universati di Medicina, Padova Nr. XXXVIII, S. 216
[392] Padova, pei Tipi della Minerva
[393] Fitzinger (1868b) S. 83
[394] Sattmann (2002)
[395] Jahresbericht der schwedischen Academie der Wissenschaften über die Fortschritte der Naturgeschichte, Anatomie und Physiologie der

Thiere und Pflanzen, Bonn 1824, S. 41 (der Übersetzung erster Band 1826)
[396] Kritisches Repertorium für die gesamte Heilkunde, zweiter Band 1824, S. 364
[397] Leuckart (1819) Bruchstücke
[398] Wagner (1844) S. 332 – Brief Bremsers an Sömmerring vom 4. August 1813
[399] Isis 1824 (Nr. 1, Nr. IX) und 1825 (Nr. VIII).
[400] Ersch & Gruber (1829) S. 382
[401] Aspöck (2002) S. VI
[402] Bremser (1919) S. 109
[403] Ebenda S. 118
[404] Ebenda, Einleitung S. VII
[405] Oken Lorenz Ludwig in Isis (1819) Zweiter Band, Heft VII, S. 1170
[406] Bremser 1819, Einleitung S. VI
[407] Ebenda S. VII
[408] Osiander (1817) S. 273
[409] Czeike (2010) S. 385
[410] Bremser (1819) S. 156/157
[411] Mag. Pharm. Christiane Reich-Rohrwig in litteris
[412] Richter (1825) S. 368
[413] Wagner (1844) S. 335 – Bremser 1. März 1814 Brief an Sömmerring
[414] Richter (1825)
[415] Genaue Angaben von Mag. Pham. Christiane Reich-Rohrwig
[416] Bremser (1819) S. 192
[417] Osiander (1817) S. 274
[418] Bremser (1919) S. 167
[419] Ebenda S. 191
[420] Wawruch (1844) S. 89
[421] Ebenda S. 126
[422] Stanek & C. Mache (2000)
[423] Osiander (1817) S. 109
[424] Wagner (1844) S. 347 – Bremser 15. Oktober 1815 Brief an Sömmerring
[425] Puschmann (1884) S. 161
[426] Hirsch VI S. 131

427 Medicinische Jahrbücher des kaiserl.-königl. österreichischen Staates. Herausgegeben v. d. Directoren und Professoren des Studiums der Heilkunde an der Univ. zu Wien. Neue Folge, erster Band 1822, S. 564
428 Bremser (1820) S. 293
429 Annalen d. allgemeinen schweizerischen Gesellschaft für die gesamten Naturwissenschaften 1824, 1. Band S. 246
430 Lühe (1901)
431 Osiander (1817) S. 272
432 Lühe (1901)
433 Fitzinger (1868b) S. 54–56
434 Ebenda S. 55
435 Leuckart (1826) S. VI
436 Leuckart (Bruckstücke II 1841, S. 123)
437 Ebenda S. V
438 Göttingische Gelehrten Anzeiger 1823 S. 1953
439 Enigk (1986)
440 Pierer's Universal-Lexikon, Band 19. Altenburg 1865, S. 136
441 Neuer Nekrolog der Deutschen 1834 2. Theil. 215, S. 534
442 Enigk (1986)
443 Fitzinger (1868b) S. 55
444 C. O. Weber in v. Langenbeck's Archiv für klinische Chirurgie. Bd. 5. 1864. S. 342
445 Behr (1837) Wochenschrift für die gesammte Heilkunde. Berlin. Nr. 40 S. 633–637
446 Sophie Eckardt-Jassoy 1949: Unvergängliche Vergangenheit. Karl Winter Heidelberg
447 Victor Carus »Diesing, Karl Moritz« in: Allgemeine Deutsche Biographie, herausgegeben von der Historischen Kommission bei der Bayerischen Akademie der Wissenschaften, Band 5 (1877), S. 146–147
448 Österr. mediz. Wochenschrift, 1841
449 Bremser (1819) S. V
450 Ebenda S. 28
451 Ebenda S. 29
452 Ebenda S. 33

[453] Ebenda S. 264
[454] Ebenda S. 28
[455] Ersch & Gruber (1829) S. 382
[456] Ackerl (1988) S. 164
[457] Neuburger (1921a) S. 67/68

Von den FARBSTOFFEN zu einem führenden HERSTELLER von PARASITIZIDEN

Carl Duisberg (1861–1935); Bayer Identity Net, Corporate Branding – Bayer

Über 100 JAHRE PARASITENFORSCHUNG bei BAYER

Im Jahr 1910 wurde in Wuppertal (Nordrhein-Westfalen) das weltweit erste Forschungslabor zur Bekämpfung von Infektionskrankheiten in der chemischen Industrie eingerichtet. Das Interesse richtete sich auf die Erreger der Schlafkrankheit, parasitäre Einzeller, die im Blut von infizierten Menschen und Tieren vorkommen, die Trypanosomen. Dieser Zeitpunkt war auch der Beginn der parasitologischen Forschung bei Bayer, in deren Verlauf eine Vielzahl an innovativen Produkten zur Bekämpfung von Parasiteninfektionen und zur Vorbeugung von parasitär übertragenen Krankheiten entwickelt wurde.

Die Anfänge von Bayer im 19. Jahrhundert liegen in der Entwicklung und Vermarktung von synthetischen Farbstoffen auf der Grundlage der Steinkohlechemie.

Die wunderschönen neuen Farbstoffe weckten aber auch das Interesse vieler Naturforscher wie Paul Ehrlich, der als Begründer der medizinischen Chemotherapie gilt. Von ihm sagt man, dass er Hunderte kleiner mit verschiedenen Farbstoffen gefüllte Flaschen in seinem Labor hatte, um damit Gewebe und Mikroorganismen anzufärben. Er selbst spricht in einem seiner Briefe davon, dass Chemotherapie anfänglich eine »Farbtherapie« gewesen sei.

Mit Forschung und Innovationsgeist entwickelte das junge Unternehmen Bayer jedoch bald weitere Produkte, konnte schnell expandieren und sich auch als pharmazeutisches Unternehmen und später in weiteren Gebieten einen Namen machen.

Es spricht für die Weitsicht von Carl Duisberg, des späteren Generaldirektors der »Farbenfabriken Bayer«, dass er das Potenzial der Farbstoffe für die Medizin frühzeitig erkannte. 1888 wurde mit dem fiebersenkenden Mittel Phenacetin das erste Pharmaprodukt auf den Markt gebracht. Drei Jahre später wurde in Elberfeld das erste wissenschaftliche Hauptlabor eingerichtet. Im April 1910 engagierte er einen Mitarbeiter Paul Ehrlichs, Wilhelm Roehl, und richtete ihm in Elberfeld ein eigenes Labor für die chemotherapeutische Forschung ein. Roehl testete die bekannten Farbstoffe an Trypanosomen, den Erregern der Schlafkrankheit. Sein Ziel war es, solche Farbstoffe zu finden, die die im Blut ihrer Wirte zirkulierenden Trypanosomen sicher abtöten, ohne ihre Wirte zu schädigen. Diese Farbstoffgruppe wurde als Trypanfarbstoffe zusammengefasst.

Aus Röhls Grundlagenforschung entstanden bald marktreife Produkte: BAYER 205 oder Germanin bzw. ihr Wirkstoff Suramin sind Abkömmlinge des Trypanblaus – eines von Bayer produzierten Farbstoffes. Dies war das erste Präparat zur Therapie der Schlafkrankheit und der Flussblindheit bei Menschen. Als Naganol wurde es zur Behandlung der Naganaseuche bei Tieren eingesetzt und war damit im Jahr 1923 das erste Tierarzneimittel bei Bayer. Wilhelm Roehl gilt damit nicht nur als Begründer der chemotherapeutischen Forschung in der chemischen Industrie überhaupt, sondern legte auch den Grundstein der Parasitenforschung bei Bayer.

Naganol steht am Anfang einer Reihe von innovativen Produkten, mit denen Bayer im Laufe seiner Geschichte wesentlich zum Fortschritt in der Veterinärmedizin beigetragen hat. Innerhalb der Parasitologie wird zwischen den Bereichen der Ektoparasiten – Hautparasiten wie Zecken, Flöhe oder Mücken – und Endoparasiten (innere Parasiten) wie Würmern und Einzellern unterschieden. Bayer gelang es als erstem Unternehmen, Endo- und Ektoparasiten mit einer Anwendung gleichzeitig zu behandeln und setzte damit neue Standards. Beispiele für die Erfolgsgeschichte von Bayer-Parasitiziden sind Asuntol (1957), mit dem noch heute rund eine Million Rinder, die jährlich aus Mexiko in die USA exportiert werden, gegen Zecken, die das gefürchtete Texasfieber übertragen, behandelt werden. Citarin (1966) war das erste äußerlich anzuwendende Präparat zur Bekämpfung des Lungenwurmbefalls bei Rindern. Der Wirkstoff Praziquantel (1975) ist auch nach 35 Jahren immer noch der Standard bei der Bekämpfung von Saug- und Bandwürmern bei Menschen und Tieren. Er ist von der WHO als unentbehrliches Arzneimittel für diese Indikation eingestuft. Advantage®, Baycox®, Drontal®, Profender®, Perizin® und Tiguvon® sind ebenfalls Pionierprodukte, mit denen neue Wege in der veterinärmedizinischen Parasitenbekämpfung beschritten wurden. Die zu diesem Zeitpunkt neueste Entwicklung aus der antiparasitären Forschung bei Bayer heißt Seresto® und ist inzwischen der Goldstandard für einen langanhaltenden Schutz gegen Zecken und Flöhe bei Hunden und Katzen.

Auch in Zukunft werden neue Parasitizide benötigt. Durch die vermehrte Reisetätigkeit und den Klimawandel wird der Vormarsch von tropischen Parasiten in nördliche Breiten begünstigt. Veränderte Bedingungen in der intensiven Nutztierhaltung oder auch der verstärkte Trend zum Haustier, wie er jetzt auch in asiatischen Ländern beobachtet wird, erfordern neue, sichere und anwenderfreundliche Produkte zur Vorbeugung und zur Behandlung von Parasiteninfektionen. Für die Entwicklung innovativer Parasitizide profitieren die Forscher bei Bayer Animal Health von der umfangreichen Wirkstoffforschung bei Bayer Crop Science und bei Bayer Health Care wie auch von der traditionell engen Kooperation der Chemiker und Biologen in den verschiedenen Unternehmensbereichen.

Das, was schon Wilhelm Roehl vor 100 Jahren angetrieben hat, gilt bei seinen Nachfolgern in der parasitologischen Forschung bei Bayer Animal Health unverändert fort, es ist das Motto: »Science For A Better Life«.